D1927985

Tourenübersicht

Radtouren

Helmut Dumler

Wanderungen in Andalusien

40 Touren mit fünf Stadtrundgängen und fünf großen Radtouren

Mit 90 Fotos, davon 70 in Farbe, 41 Kartenskizzen und einer Übersichtskarte

Bruckmann

Einband/Vorderseite:
Die Alhambra über Granada mit der Sierra Nevada im Hintergrund (Tour 10).

Einband/Rückseite:
Das Felsenlabyrinth von El Torcal de Antequera (Tour 19).

Seite 2/3:
Andalusische Landschaft zwischen Campillos und Ronda (Tour 23).

Die Zusammenstellung und Beschreibung der Touren erfolgte mit größtmöglicher Sorgfalt und nach bestem Wissen und Gewissen des Autors. Nach dem Erscheinen des Buches kann sich an Wegführung, Unterkünften, Adressen etc. einiges ändern; eine Gewähr für die touristischen und bergsteigerischen Informationen wird nicht gegeben. Es wird um Verständnis dafür gebeten, daß Autor und Verlag nicht für Schäden haften können, die sich aus dem Nachvollzug der Touren oder geänderten Bedingungen im Land ergeben.

Gedruckt auf chlorarm gebleichtem Papier

Die Deutsche Bibliothek – CIP-Einheitsaufnahme

Dumler, Helmut:
Wanderungen in Andalusien: 40 Touren mit fünf Stadtrundgängen und fünf großen Radtouren/Helmut Dumler.
– München: Bruckmann, 1994
(Erlebnis Wandern)
ISBN 3-7654-2681-4

Gesamtherstellung: Bruckmann, München
Druck: Gerber + Bruckmann, München
Printed in Germany
ISBN 3-7654-2681-4

Inhaltsverzeichnis

Al-andalus – Land des Lichts

Aus dem arabischen Wort »al-andalus« wurde spanisch »Andalucia«, deutsch »Andalusien«. Das Licht der Farben flimmert im Jahreslauf, dem Rhythmus des Lebens folgend, von hellem Grün zu klarem Steppenbraun unter einem Himmelszelt von tiefblauer Seide. Dörfer und Treppenstädtchen tragen ihren weißen Kalkbewurf wie Burnusse. Die Landschaft zittert in der Hitze, die jede Bewegung dämpft. Nirgendwo schaut man auf den Sekundenzeiger. Hitze wird nicht nur durch Hitze spürbar. Sie lenkt das Denken, verwirrt, macht das Blut dick und schwerflüssig, aber auch wild, ungezügelt, stolz, leidenschaftlich, versenkt den Geist in schwarzgekleidete Klage, hinreißenden Tanz, den tödlichen Kampf in der Arena. Mitteleuropäische Mentalität tut sich schwer, Andalusien zu verstehen und zu begreifen, scheitert vielfach an Engstirnigkeit. »Somos diferentes« – wir

Eines der vielen Gesichter Andalusiens: rotbraune Erde und das Kalkweiß der kleinen »finca« bei der Laguna de la Fuente de Piedra, nordwestlich von Antequera.

sind anders, sagt mein Nachbar im kühlen Halbdunkel einer Bar am Hafen von Almería und starrt unentwegt auf den Bildschirm des Fernsehers: Miguel Muñoz tötet seinen zweiten Stier in der Arena zu Sevilla.

Wie eine Hand, die sich öffnet, weiten sich unterschiedliche Horizonte: solche, die man mit den Blicken sucht, und solche, die nur das Herz entdecken kann. Leg Dein Ohr auf die Lauer. Hör alte Geschichten, Märchen aus »Tausendundeiner Nacht«, Visionen von Heiligen, Legenden, Heldentaten, Räuberpossen. Wandere in Gedanken durch die Geschichte. Schau zurück. Erfahrene Erdhaftigkeit! Laß die Tage vorbeiziehen wie Treibholz!

»Andalusien ist das Land, wo der Lohn für den, der sich dort aufhält oder dorthin reist, hinterlegt ist…«, schrieb im 14. Jahrhundert der arabische Forscher Ibn-Battuta. Und das hat noch immer Gültigkeit!

Die südlichste und »spanischste« Region Spaniens nimmt eine Fläche von 87268 Quadratkilometern ein (davon stehen 20 Prozent unter Naturschutz), fast soviel wie Portugal, viermal größer als beispielsweise Hessen. Dies ist ein Sechstel der Gesamtfläche des Königreiches Spanien. Dem entspricht auch die Bevölkerungszahl: 6,95 Millionen. Allerdings haben seit den sechziger Jahren drei Millionen ihre Heimat verlassen.

Die nach Kastilien-León zweitgrößte autonome Region mit eingeschränkten Selbstverwaltungsrechten gliedert sich in acht Provinzen: Almería, Cádiz, Córdoba, Granada, Huelva, Jaén, Málaga, Sevilla. Von Dienstleistung und Tourismus leben insgesamt 59 Prozent. Ungefähr 18 Prozent sind noch in der Agrarwirtschaft tätig, pflegen und ernten die 200 Millionen Ölbäume, deren Früchte jährlich 600000 Tonnen Olivenöl bringen. Mancherorts, beispielsweise zwischen Sevilla und Almería, sind bis Anfang der neunziger Jahre 60 Prozent aller Ölbäume wegen Überproduktion bzw. mangelnder Rentabilität ausgerissen worden. Denn die Brüsseler Agrarkasse subventioniert lediglich Getreide- und Sonnenblumenanbau – 1993 mit 700 Millionen Mark. Diese Unterstützung entspricht dem Interesse der Großgrundbesitzer, weil sie für die Ernte statt Tagelöhnern Maschinen einsetzen können. Auch Erdbeeren sind zu einem modernen Exportartikel avanciert, und zwar die an der Küste wachsenden kalifornischen Erdbeeren (7700 Hektar), die im Gegensatz zu den erst im Juni reifenden europäischen Sorten ab Februar geliefert werden, jährlich für etwa 500 Millionen Mark, nicht gerade zur Freude mitteleuropäischer, insbesondere französischer Bauern.

Die Arbeitslosenquote betrug 1994 etwa 27 Prozent (oder 582000, ohne die 176000 Tagelöhner mit einer Monatsunterstützung von rund 440 Mark bei mindestens 60 Tagen Beschäftigung), gegenüber dem spanischen Durchschnitt von 23,9 Prozent. Das Pro-Kopf-Einkommen liegt um etwa 26 Prozent unter dem EU-Mittelwert. Vier Prozent der Bevölkerung besitzen etwa die Hälfte des Bodens! Daran konnte (oder wollte?) auch die Bodenreform der Sozialisten von 1984 unter Felipe González nichts Grundlegendes ändern. Obwohl ihm die Wähler 1993 zum vierten Mal das Vertrauen aussprachen, verlor seine Sozialistische Spanische Arbeiterpartei (PSOE) 16 Parlamentssitze bzw. die absolute Mehrheit, in der sie sich seit 1982 gesonnt hatte, blieb aber mit 38,6 Prozent stärkste Fraktion vor der konservativen Volkspartei (PP mit 34,8 Prozent).

Der Reichtum an kulturellen Kontrasten entstand durch die mehr als siebenhundertjährige Anwesenheit von Arabern bzw. Nordafrikanern. Sie schufen eine Naht zwischen Islam und Christentum, Morgenland und Abendland, formten den Schmelztiegel aus mohammedanischer, jüdischer und katholischer Geisteswelt. Andalusien besteht aus Mythos und Gegenwart. Es ist beschäftigt mit dem Brückenschlag von gestern auf morgen. Land im Aufbruch!

Nur an der Costa del Sol wurde Tourismus, die »weiße Industrie«, zum lauten, betonierten Alptraum, fesselt den größten Teil der jährlich etwa 11 Millionen Andalusienbesucher, wovon zwei Drittel Europäer sind. Doch dieser Küstenstreifen ist lediglich geographisch Andalusien, hat die gleiche Sonne, doch darüber hinaus fehlt ihm der phrasenlose Reiz des Landes, seine unverhüllten Gesichter gewissermaßen. Sie zu erkennen und zu erleben, dazu soll Ihnen mein Buch helfen.

Helmut Dumler

Einige Besonderheiten der spanischen Kultur

Tapas

Wörtlich übersetzt bedeutet »tapa« Deckel, »tapar« soviel wie zudecken, bedecken. Ursprünglich servierte man nämlich in Andalusien, dem Ursprungsland der »tapas«, in Bars und Weinschenken den Wein mit einem Tellerchen auf dem Glas: darauf Weißbrot, grüne Oliven, eine Scheibe Käse, Wurst oder Schinken. Heute sind »tapas« entweder Vorspeisen oder – meist – Appetithäppchen nebenbei zum Bier *(cerveza)*, Wein *(vino)* oder trockenen Sherry *(fino)*, ersetzen aber häufig die Mahlzeit beim Kneipenbummel. Viele, vom Tourismus nicht berührte Lokale, vornehmlich in Granada und Jaén, reichen eine warme »tapa« kostenlos zum Getränk, anderswo muß bezahlt werden.

Etwa 400 verschiedene »tapas« seien bekannt, erfuhr ich. Wirte haben üblicherweise wenigstens ein halbes Dutzend zur Auswahl. Sprachunkundige zeigen einfach auf das Gewünschte an der Theke: »por favor«! Größere Portionen heißen »ración«.

Etliche gängige Leckerbissen: »aceitunas« (Oliven), »calamar« (Tintenfisch), »albondigas en salsa« (Fleischklößchen in scharfer Soße), »boquerones fritos« (fritierte Sardellen), »pinchitos morunes de cerdo« (Fleischspießchen), »tortilla de patatas« (Kartoffelomelett), »higado de cordero o pollo« (Lamm- oder Hähnchenleber), »alcachofas con jamón« (Artischocken mit Schinken), »ensaladilla rusa« (Russischer Salat).

Flamenco

Flamenco ist ein Sammelbegriff für regional unterschiedliche, schriftlich erst seit Anfang des 19. Jahrhunderts verbürgte, jedoch wesentlich ältere südspanische Gesänge und Tänze. Sie bergen orientalisch-arabische, zigeunerische, ja sogar indische, während der Kalifenzeit nach Córdoba gelangte, möglicherweise auch jüdische Elemente (Synagogenlieder).

Ursprünglich war der Flamenco überwiegend eine Angelegenheit der Zigeuner. »Gitanos« bekämen den Rhythmus mit der Muttermilch, sagt man. Später wurde dann die Manifestation des andalusischen Gemütes in »cafés cantantes« zelebriert, heute in »peñas«, privaten Flamenco-Clubs (ca. 170 in Andalusien) sowie auf »tablaos«, öffentlichen Flamenco-Bühnen.

Gesang, Instrument und Tanz sind die Pfeiler des Flamenco. Angeblich kommen aus Jerez de la Frontera die besten Sänger, aus Sevilla die fähigsten Gitarristen, aus Granada die hingebungsvollsten Tänzerinnen und Tänzer. Damit sind die traditionellen Zentren erwähnt, zu denen noch Cádiz gehört.

Es ist kein seichtes Entertainment mit Ohrwurm-Melodien, inszenierter Fröhlichkeit oder automatisierten Bewegungen im aggressiven Diskostil des amerikanischen Kulturimperialismus. Flamenco in seiner Reinkultur will die Seele öffnen und alle damit verbundenen Gefühle zeigen, aber auch pure Weiblichkeit bzw. Männerstolz. Variationen wie »seguiriyas« und »martinetes« haben die »saetas« der Karwoche (Semana Santa) beeinflußt. Einer der populärsten Tänze und Gesänge heißt »fandango«. Die Darbietung erfolgt in lebhaftem Dreiertakt, begleitet von Gitarre und Kastagnetten *(castañuelas)*. Regionale Unterarten sind »granadina«, »malagueña«, rondeña«, »sevillana« usw., von denen letztere die volkstümlichste ist, auch bei jungen Leuten. Im Unterschied zum klassischen Flamenco werden sie auch im Freien getanzt. Verlierer sind »Rock andaluz« und »Punk español«. Im Tanz *(baile)* müssen Gestik und Körper, vornehmlich die komplizierten Handbewegungen, perfekt beherrscht werden. Sprache des Blutes, der Vitalität!

Die schon legendäre Nina de los Peines, bürgerlich Pastora Pavón Cruz (1890–1969) aus Sevilla, oder der dort 1983 verstorbene Sänger Antonio Mairena, ein Zigeuner, geschätzt als größter »cantaor« aller Zeiten, sind so berühmt wie die Heroen der Arenen. Ähnlichen Ruhm genießen auch herausragende Gitarristen.

Semana Santa, das Ritual der Karwoche

Im Morgengrauen des Karfreitags, der »madrugada«, versenken sich Städte und Dörfer in mystische, fast schon gespenstische Verklärtheit, man hört das Schluchzen – theatralisch oder inbrünstig? – leidenswilliger Knieender. Kreuzträger gehen gebückt unter schwerer Last. Barfüßige Männer schleppen rasselnde Ketten an den Füßen. Gedämpfter Trommelwirbel. Getragene Trompetentöne. An den Häusern schwarze Tücher. Flackerndes Kerzenlicht. Vor den Kirchenportalen klingen dünn und monoton die »saetas«: klagender oder bittender Sprechgesang des Oratoriums um Golgatha. Enthusiastische Verzücktheit, süßer Schmerz angesichts des Gekreuzigten und der »Mater dolorosa« auf schwankendem »paso«, hingebungsvoll geschultert von »costaleros«. Jede Pfarrei hat »ihren« Christus, »ihre« Maria.

»Nazarenos«, auch »encapuchados« genannt, in spitzen, aus dem 14. Jahrhundert stammenden, Kopf und Gesicht verhüllenden »cucuruchos«, langen konischen Kapuzen in den Farben ihrer »cofradía« (Bruderschaft), bekleidet mit knöchellangen Kutten, stellen das stundenlange Buße-Schauspiel vor Zuschauermassen am Straßenrand dar. Die Bruderschaften, früher Vereinigungen der Zünfte, ziehen gemessenen Schrittes aus ihrem Viertel zur Hauptkirche. Sevilla besitzt ein eigenes »Museo de las cofradías«, im Barrio de Santa Cruz (Calle Jamerdana); geöffnet Montag bis Freitag 9 bis 12 Uhr, 17 bis 20 Uhr.

Semana Santa, die Karwoche in Sevilla. Durch die nächtliche Stadt ziehen vermummte Büßer mit spitzen Kapuzen, bewundert von Zuschauermassen am Straßenrand und auf Tribünen.

Die Karwoche Sevillas gilt seit dem 17. Jahrhundert als aufwendigste und eindrucksvollste Spaniens, ab »Domingo de Ramos« (Palmsonntag) bis Ostersamstag mit acht Prozessionen, an denen 52 »cofradías« mit insgesamt 100 »pasos« teilnehmen. Nicht wenige Sevillanos entfliehen über das verlängerte Wochenende (Ostermontag ist

Die Sevillanas, eine regionale Art des Flamenco, werden in farbenfrohen Kleidern nicht nur an Festtagen und bei Ferias getanzt, sondern häufig auch ganz spontan bei Ausflügen, im Freien.

CASA DE
GRANADA

kein Feiertag) dem Rummel und Verkehrschaos und machen Kurzurlaub!

Toros

»Der Kampfstier verhält sich zum zahmen Stier wie der Wolf zum Hund«, behauptete Ernest Hemingway, seinerzeit profundester nichtspanischer Kenner der »tauromaquia« (Stierkampfkunst): »Die Stiere für die Arena sind wilde Tiere.«

Sie werden auf »fincas« gezüchtet und leben paradiesisch unter freiem Himmel auf riesigen Flächen. In Spanien arbeiten rund 250 Züchter *(ganaderos)*. Alle zwei Jahre werden die Tiere auf ihre »bravura« (Kampfwillen) geprüft. Jungstiere mit edlem Stammbaum testet man ein Jahr später auf ihre Tauglichkeit als Deckbullen. Diese zeugen jährlich bis zu 60 Kälber.

Ausgewachsen und dann bis zu 500 Kilogramm schwer, ist ein Kampfstier im vierten Lebensjahr. Tiere, deren Hörnerkrümmung beispielsweise nicht dem Ideal entspricht, werden bereits als Dreijährige für »novilladas«, Kämpfe angehender Toreros, ausgesondert. Jahr für Jahr erreichen etwa 8000 Tiere die Arena-Reife, benötigt wird aber nicht einmal die Hälfte. Das bedingt härteste Konkurrenzkämpfe. Immerhin muß der Veranstalter für einen erstklassigen Kampfstier durchschnittlich eine Million Pesos (1994 = 12000 Mark) hinblättern. Joaquin Vidal, laut Lorenz Rollhäuser ein unbestechlicher Kritiker der Tageszeitung »El Pais«, behauptete mehr oder weniger unwidersprochen, 90 Prozent aller Stiere, welche in die Arena kommen, seien zwecks geringerer Kampffähigkeit irgendwie manipuliert, zum Beispiel durch »Rasieren« (Kürzen) der Hörner oder beruhigende Medikamente. Und das, obwohl jeder Stier vor dem Kampf von einem Veterinär auf seine Tauglichkeit untersucht wird!

Stierkampf

Ich versuche möglichst emotionslos in kurzen Zügen das Wesentliche darzulegen, wobei man wissen muß, daß die »corrida de toros« ein Stück kulturelle Integrität Spaniens bedeutet, ebenso wie Flamenco und Karwoche, so widersinnig das auch scheinen mag. Außerdem wäre zu bemerken, daß der Kampfstier jahrelang in Freiheit lebt und nur an seinem Lebensende tödlichen Streß leidet, während gerade in Mitteleuropa das ge-

Die letzte Phase der Corrida: Der Matador ist bereit zum »estocado«, dem Todesstoß zwischen die Schulterblätter des Stieres.

wöhnliche Rind zeitlebens dichtgedrängt in Ställen gequält wird und spätestens auf dem Transport bzw. im Schlachthof mindestens ebenso leidet wie der »toro« im Arenarund. Allerdings nicht vor aller Augen...

In Spanien finden jährlich mehr als 500 »corridas« statt, vor rund 7 Millionen Zuschauern (und einem Vielfachen davon am Fernseher) aller Altersstufen. Tendenz zunehmend – wahrscheinlich eine Trotzreaktion auf die Proteste aus EU-Kreisen. Die Einnahmen beliefen sich 1993 auf 1,5 Milliarden Mark. Während der »Feria de San Isidro« Mitte Mai in Madrid sind 18000 von 24000 Plätzen durch Abonnements gedeckt. Das Abonnement für etwas mehr als 20 Kämpfe kostete 1994 umgerechnet rund 4800 Mark. Landesweit liegen die Eintrittspreise für eine Veranstaltung durchschnittlich zwischen 35 und 180 Mark. »No hay billetes« – ausverkauft – steht jedoch oft schon am Vormittag an den »despachos de billetes«, weil Schwarzmarkthändler, vielfach Arbeitslose, bereits abgeräumt haben. Sie erzielen Gewinne von hundert Prozent und mehr!

Gewöhnlich werden sechs Tiere eines Züchters von drei Männern (vereinzelt auch Frauen) nacheinander bekämpft, pro Matador zwei Stiere. Die Reihenfolge der Matadores entspricht dem »Dienstalter« oder dem Datum ihrer »alternativa«, das heißt Vorstellung (oder Bestätigung) als »matador de toros« in der Madrider Plaza, vor dem kritischsten und kenntnisreichsten Publikum Iberiens. Der Matador besoldet eine sechsköpfige »cuadrilla«: zwei Picadores zu Pferde, drei Banderilleros, einen Degenbewahrer *(mozo de espadas),* der ihm auch in den Anzug hilft, Getränke reicht. Jeder – Matador, Picador, Banderillero – ist Torero. Das vom Staat erstellte »Reglamento de Espectáculos Taurinos« bestimmt gesetzesähnlich den Ablauf der Veranstaltung bis ins Detail. Der eigentliche halbstündige Kampf wird in »tercios« gegliedert.

Primer tercio: Einzug *(paseo)* der Toreros in die Arena. Erscheinen des Stiers, womit die »lidia« beginnt: die schrittweise Vorbereitung des Tötens durch systematische physische und psychische Entkräftigung des Tieres. Der Matador stellt sich erstmals dem Stier, beginnt mit der »capa« eine Serie »verónicas«, die er gewöhnlich am Saum des Platzes anfängt, dann drängt er den Stier zur Mitte hin und schließt die Manöver mit der »media verónica« ab. Es folgt die »suerta de varas« durch den Picador zu Pferde mit einer Holzlanze, deren eiserne Spitze bis 10 Zentimeter in den Muskelhöcker *(morrillo)* im Nacken eindringt. Genau in den obersten Teil dieses Höckers, nahe den Schultern, sollte die »vara« stoßen (nirgendwo sonst hin!). Sie lähmt die Nackenmuskulatur des Stieres, und er senkt den Schädel (was erst die stilgerechte Tötung ermöglicht). Seit 1. Mai 1992 ist das Gewicht der Pferde auf 650 Kilogramm (voher 900) limitiert, um den Stier durch die Lanzenstöße nicht übermäßig zu schwächen. Dieser Erlaß führte zum Streik, nachdem ein Stier in Sevilla einen Banderillero getötet hatte, angeblich wegen zu schwacher Lanzenstöße. Doch als die Madrider »Feria de San Isidro« begann, das größte und wichtigste Spektakel, gingen die Toreros wieder in die Arena, weil ihnen für ausgefallene Kämpfe hohe Konventionalstrafen drohten.

Segundo tercio: Ein fähiger Banderillero plaziert seine beiden 70 Zentimeter langen »banderillas« mit Anlauf von vorne direkt im »morrillo«.

Ultimo tercio: Nachdem der Matador den Stier mit der »muleta«, dem scharlachroten Tuch, rechts- und linkshändig durch »pasos«, von denen jeder einen Namen hat, so nahe wie möglich an seinem Körper vorbeimanövriert hat *(faena)* – das darf insgesamt nicht länger als 15 Minuten dauern –, wobei er den Stier dauernd auf Tuchfühlung halten und stillstehen sollte, bis das jeweilige Manöver beendet ist, erfolgt der Todesstoß *(estocado).* Korrekt durchgeführt, stellt er das größte Risiko für den Kämpfer dar: hoch oben zwischen den Schulterblättern wird der Degen an einer gerade fünfmarkgroßen Stelle hineingestoßen, um die Aorta zu treffen – was heutzutage aus Angst und Unvermögen selten glückt. Gängig ist der unter Experten verpönte »paso atrás«, ein Schritt rückwärts. Dadurch wird die Distanz zu den Hörnern vergrößert. So gut wie überhaupt nicht mehr zu sehen: »recibiendo« – den Stier angreifen lassen, ihn mit der »muleta« nach links zwingen und zustoßen, ohne die Füße zu bewe-

Orangen wachsen in Andalusien so üppig wie Äpfel in den Gärten Mitteleuropas.

gen, ehe der Degen eingedrungen ist, wie es der legendäre Pedro Romero (siehe Kapitel 23) tat. Selbst Hemingway sah bei 300 Kämpfen nur, »wie es dreimal vollkommen ausgeführt wurde«. Bei Unfällen darf dem Matador nicht geholfen werden, solange er auf den Beinen steht!

Den Todeskampf des darniederliegenden Stieres verkürzt ein Banderillero mit gezieltem Dolchstich ins Genick.

Sofern die Leistung den Vorstellungen von Publikum und Präsidium entsprach, wird der Matador prämiert mit einem Ohr *(oreja)* oder beiden. Diese Trophäen bestimmen, zusammen mit der Zahl der Kämpfe, seinen Platz in den »clasificaciones taurinas« der Fachzeitschrift »Aplausos«, in welcher auch die Stiere eine Wertung erhalten.

Espartaco, bürgerlich Juan Antonio Ruiz Román, geboren am 3. Oktober 1962 in Espartinas, einem Städtchen westlich Sevilla, Debüt 1978, 1982 in Madrid »gekürt«, war sieben Jahre lang, bis Anfang der neunziger Jahre, unangefochten Nummer 1 in den Arenen. Honorar pro Kampf (zwei Stiere): bis 120000 Mark. Neben den Kosten für die »cuadrilla« gehen etwa fünf bis zehn Prozent an den Manager. Großverdiener – manche kämpfen im Winter in Lateinamerika oder Mexiko – sind aber nur fünf oder zehn Matadore; ungefähr 40 weitere ernährt ihr Beruf. Mittelmäßige Matadore müssen sich mit 10000 Mark brutto zufriedengeben. Nachwuchs – von 1000 Eleven gelingt höchstens einem der Durchbruch zur »figura« (Star) – rekrutiert sich zum Teil in privaten oder in kostenlosen städtischen Stierkampfschulen. Ungefähr 70 bis 100 Kämpfe als »novillero« sind erforderlich, um sich als Matador zu bewerben bzw. gegen ausgewachsene »bravos« bestehen zu können. Der »novillero« erhält für zwei Stiere im günstigsten Fall 3000 Mark, vielerorts aus dem Kulturetat, sofern er sich nicht sogar an den Unkosten beteiligen muß.

1 Alte Stadt am Meer: Almería

Stadtrundgang: Kathedrale – Calle de la Reina – Alcazaba – Calle de las Tiendas – Santiago – Puerta de Purchena – Cerro de San Cristóbal – Plaza del Carmen – Paseo de Almería.
Höhenunterschied im Aufstieg: Rund 100 Meter.
Reine Gehzeit: Etwa 2 Stunden.
Beste Jahreszeit: Im Sommer sowie an Wochenenden starker Andrang in der Alcazaba.

Almería hieß mein erstes Stadterlebnis in Andalusien. Zunächst der quirlige, verkehrsdichte Betrieb in dem nach mehreren Erdbeben sowie Bombardierungen und Beschuß deutscher Schiffe 1937 im Spanischen Bürgerkrieg zusammengeflickten, neu erwachsenen Zentrum. Dann eine ganz andere Sphäre: La Chanca, das malerische, geruhsame, aber auch notleidende Almería, mit kubischen weißgetünchten Häusern, farbigen Fenster- und Türsäumen, dunkelhäutigen, scheuen Menschen. Es war das Viertel der arabischen Thunfischer, später das der Zigeuner. Gerald Brenan, Wahl-Spanier in den Alpujarras, fand hier das »authentische« Almería. Es erweckt stellenweise den Eindruck, die Muselmanen seien soeben ausgezogen, obwohl die letzten (zwangsgetauften) 140 Familien bereits 1571 die Stadt verlassen mußten. Ihre Kalifen und Könige hatten hundert Jahre an der Alcazaba gebaut, unter welcher sich die Häuserwürfel der Chanca dukken, so, als dürften sie nicht einmal aufschauen.

Al-Mariyya – Almería! Maurisches macht das Spanische verständlich. Die Adaption erfolgte in christlicher Epoche, ab 26. Dezember 1489, dem Tag der kampflosen Übergabe. Die verbreitete Übersetzung als »Spiegel des Meeres« rechtfertigt zwar eine arabische Wortverwandtschaft, ist jedoch irrtümlich, betont Horst van Hees.

Generationen von Völkerschaften hatten sich am Golf niedergelassen, westlich der Mündung des Rio Andarax, die Römer 6 Kilometer landeinwärts. Gegenüber pflanzten maurische Eroberer Mitte des 8. Jahrhunderts die rasch blühende Siedlung Bayyana (heute Pechina). Seekontrolle und gleichzeitig Bewachung der Schiffswerft am Hafen gewährte ab dem 9. Jahrhundert »al-Mariyya Bayyana«, der Beobachtungsturm von Bayyana, in dessen Schutz eine Siedlung erwuchs, die der Kalif von Córdoba, Abd ar-Rahmân III., im Jahre 955 zur Stadt kürte. Er ließ sie ummauern und legte den Grundstein der Alcazaba auf den Trümmern einer phönizischen Festung. Die Hauptmoschee stand an Stelle der Iglesia de San Juan.

Bayyana sank in Bedeutungslosigkeit. Al-Mariyya – Almería war geboren: frequentiertester Hafen des Kalifats, Handelstor in das knapp 100 Seemeilen entfernte Nordafrika und in den Vorderen Orient, Metropole der Stoffproduktion: 400 Webstühle verarbeiteten hauptsächlich Seide. Einwohner: rund 28000.

»In ganz Spanien gab es keine reicheren, geschäftstüchtigeren, gerisseneren Leute«, weiß der arabische Geschichtsschreiber Ibn-Khaldûn (1332–1406). Sie galten als »die protzigsten, prunkliebendsten, verschwenderischsten, aber auch habsüchtigsten, geldgierigsten ...«.

»Cuándo Almería era Almería – Granada era su alquería«, reimen spottend patriotische Almerenser. Soll heißen, Granada war ein Bauernhof, als Almería schon glänzte, was sich allerdings nur auf die im Archäologischen Museum dokumentierte Prähistorie bezieht. Granada, Sevilla, Córdoba sind kunsthistorisch fraglos hochrangiger. Doch Almería hat ebenfalls Reize, wenn auch die Epoche verklungen ist, da Abu Chafar ben Jatima überschwenglich meinte, »Almería ist schöner als die anderen Städte Andalusiens«. Die Vergangenheit war hochkarätiger, als es Prospekte von der Gegenwart zu beteuern versuchen. Trotzdem möchte ich keineswegs jenen beipflichten, die Almería pauschal zur unerfreulichen Transit-Episode degradieren! Die Stadt geizt keineswegs mit spezifischem Flair. Ich wage sogar die Behauptung, sie besitzt gewissen, wenn auch spröden Charme. Doch dieser Charme, mancherorts freilich marode, ist nicht vordergründig, sondern verlangt individuelles Tasten hinter den Kulissen, Gespür für Alltägliches, scheinbar ganz Banales.

Vielleicht finden dann auch Sie – wie der Literat Juan Goytisolo – »Afrika in Europa«! Sogenannte Bildungsreisende auf atemloser Jagd nach »Super-Highlights« sind von Almería enttäuscht! Badeurlauber hören den verheißungsvollen Ruf des englischen Schriftstellers Aldous Huxley (1894–1963): »O glückliche Erde. Die Sonne ist dein Liebhaber.« Dem Seher des Verfalls moralischer Werte – »Schöne neue Welt« – hatten es offensichtlich die jährlichen 322 Sonnentage angetan, gepaart mit Wasser-Durchschnittstemperaturen von 19,6 Grad Celsius. Die Gezeiten des Tourismus schwappten damals noch nicht an die Küste. Retortensiedlungen wie Aguadulce, Roquetas, Playa Serena, Almerimar quollen erst ab den sechziger Jahren aus dem geduldigen Boden. Der Werbeslogan »bueno, barrato y bonito« – gut, billig und schön – läßt mittlerweile auch hier zu wünschen übrig!

Stadtrundgang

Den Auftakt bildet die **Kathedrale Nuestra Señora de la Encarnación** (1); Besichtigung (unter Rücksichtnahme auf Gottesdienste) 10.30–12 Uhr, 17.30–18.30 Uhr. Sie ersetzte ausnahmsweise kein muslimisches Bethaus, steht jedoch in der Nähe einer Moschee, die das Erdbeben am 22. September 1522 zerbrach. Allahs Hort diente seit 1489 als Bischofskirche. Der Dombau begann 1524 unter dem Ordensmann und vierten Bischof nach der »reconquista«, Diego Fernández de Villalán (Sarkophag in der 1993 restaurierten Chorkapelle Santisimo de la Escucha, vor dem Altar-Kruzifix), finanziert, neben Spenden, mit Geldern der Domherren, die wenigstens vier Jahre lang ihre Pfründen beisteuern mußten. Fertigstellung 1573. Die Bauperiode erklärt sowohl den älteren Formenschatz des verspielten spanischen »gótico decadente« wie das üppig ornamentierte, elegante nördliche Renaissanceportal an der Plaza Catedral (Eingang) und das im 18. Jahrhundert im klassizistischen Stil neugestaltete Westportal. Die langgestreckte Kirche war »catedral fortaleza« gegen afrikanische und türkische Piraten und rebellierende »moriscos« aus den Alpujarras. Sie stellt für Andalusien ein Unikum dar. Wehrhafte Elemente sind die durch starke Strebepfeiler gestützten dickleibigen, fensterarmen Mauern, bastionenähnliche Radialkapellen, das Flachdach und der klobige, 1604 gefügte Glockenturm. Das von Meisterhand geschnitzte, leider im Dunkeln verborgene Chorgestühl aus Walnußholz zeigt 48 manieristische Apostel-, Evangelisten-, Propheten- und Heiligenreliefs; an der Lehne des Bischofsstuhles der Erlöser Christus. Die Kapelle des linken Schiffes huldigt dem Stadtpatron San Indalecio, Missionar und erster Bischof von Almería.

Neuorientierung: **Calle de la Reina**! Im Vorblick erscheint auf der Höhe San Cristóbal. Links in die *Calle Almanzor* und damit in einen Teil der **Chanca**. Martin del Rey bezeichnet sie als »großes Krippenbild«. Ein altes Fandango-Lied: »In der Chanca scheint die Sonne mehr als anderswo. Der Wind weht, der Mond leuchtet, und die Wellen des Meeres schlagen ans Ufer«... Denn der »barrio« grenzte einst ans Meer, wo die maurische Stadtmauer verlief, von der 1993 an der Uferstraße (neben Hausnummer 49) ein Turm freigelegt wurde (10).

Am Ende der Calle Almanzor halbrechts zur Festung **Alcazaba** (2): auf 450 Meter Länge zieht sie sich von Osten nach Westen. Durchschnittliche Breite 83 Meter, der Grundriß ist der Hügelform angepaßt, Fläche: ca. 35 000 Quadratmeter, gegürtet von zinnengeschmückten Mauern. Zwei Jahre vor der endgültigen christlichen Eroberung (1489) erschütterten gewaltige Erdstöße die Zitadelle. König Ferdinand ließ durch maurische Gefangene einen Teil der Schäden ausbessern. Sie wurde erneut geschwächt durch die Beben von 1522 und 1560. Instandsetzungen erfolgten während der zweiten Hälfte des 18. Jahrhunderts. Trotz Naturkatastrophen und Kriegen blieb die Krone Almerías das mächtigste Fortifikationswerk Andalusiens. Geöffnet sommers 10–14 Uhr, 17.30–21 Uhr, winters 9–13.30 Uhr, 15–18 Uhr; für Gäste aus EU-Staaten beim Vorzeigen des Ausweises freier Eintritt. Man erhält ein deutsches Informationsblatt (Stichworte) in schlechter Übersetzung, so daß hierzu die Punkte erläutert werden:

Ausblick von der Alcazaba zum benachbarten Castillo de San Cristóbal auf dem Cerro de San Cristóbal, einem herrlichen Balkon über Almería.

1 Äußeres Tor (Kasse).
2 Puerta de la Justicia: Eingang in den ersten Festungsteil.
3 Torre de los Espejos (Turm der Spiegel), der über ein Spiegelreflexsystem anlaufende Schiffe meldete.
4 Ehemals Zisterne: Ein Schöpfrad holte das Wasser aus 70 Meter Tiefe. Im heutigen Park (während der letzten Augustwoche Theater, Konzerte, Ballett) kampierten die Wachmannschaften. Bei Angriffen fanden Zufluchtsuchende Platz; das gesamte Burgareal habe bis zu 20000 Menschen aufgenommen.
5 Baluarte del Saliente: Bastion der Gründerzeit.
6 Muro de la Vela: Sie trennt das Areal in die zwingerähnliche Vorburg und die Residenzzone der Gouverneure des Kalifen, später der Taifa-Könige, der Befehlshaber des Reiches Granada, dann des christlichen Vogtes. Die Turmglocke *(Campana de la Vela)* schlug die Nachtstunden, warnte Fischer vor Stürmen, rief zur Verteidigung, läutete die Wasserstunden der Bauern.
7 Nahtstelle zur erhaltenen maurischen, 1010 vollendeten Stadtbefestigung. Sie reichte durch das Tal hinüber zu dem Hügel Cerro de San Cristóbal. Die türmegekrönte Mauer heißt Muralle de Jayrán, nach ihrem Erbauer, König des maurischen Kleinreiches (arab. *taifa*) Almería.

8 Los aljibes califales (Zisterne unter der Moschee), nicht zugänglich.
9 Ehemalige Moschee: nach der Eroberung 1489 dem Erzengel Gabriel geweihte Kirche; geschlossen.
10 Rekonstruktion eines Wohnhauses mit kleinem Museum.
11 Bäder, unterteilt in drei Räume.
12 Palacio de Almotacín.
13 Ventana de la Odalisca: Aus diesem Fenster habe sich eine Odaliske gestürzt, weil ihre Liebe zu einem christlichen Häftling, der seinem Leben durch einen Sprung von der Mauer ein Ende bereitet hatte, entdeckt worden war... Odalisken waren Sklavinnen der Haremsdamen bzw. Konkubinen des Herrn. Gebaren sie einen Sohn, erhielten sie nach dem Tod des Gebieters die Freiheit.

Anschließend, unter der dreitürmigen Mauer, der jüngste Festungsbereich:
14 Patio de Armas (Waffenhof).
15 Torre del Homenaje (Huldigungsturm), gotischer, 1534 errichteter »Bergfried«. Portalwappen der Katholischen Könige.
16 Torre de la Noria del Vento, über der maurischen, einst 60 Meter tiefen Zisterne.
17 Torre de la Pólvora: prächtigster Aussichtsplatz der Burg. Westlich sind Höhlenwohnungen zu erkennen, in der Stadt Reste maurischer Tortürme.

Lohnend: Nach der Besichtigung im Halbkreis rechts gehend die Alcazaba von außen bewundern, was ihre Monumentalität deutlicher vor Augen führt. Instruktive Blicke in die Mulde des Valle de Joya (Tal des Schmuckstückes). Dort betreibt das *Instituto de Aclimatación de Fauna Saharina* (3) ein Versuchszentrum, wo Tiere in Freigehegen leben, die in ihrer Heimat vom Aussterben bedroht sind.

Zurück in die *Calle Almanzor*. Ihre Fortsetzung leitet auf die arkadengesäumte **Plaza de la Constitución** (der Verfassung), im Volksmund »Plaza Vieja«, einst maurischer Markt (4). Sie trägt typische großbürgerliche Architekturmerkmale des späten 19. Jahrhunderts, nicht allein in Gestalt des Rathauses.

Weiter durch das Geschäftssträßchen *Calle de las Tiendas*. Rechts folgt der **Templo de Santiago el Viejo** (5), erbaut 1553 bis 1559. Am Portal zeigt ein lebhaftes Relief den bärtigen, in Rüstung zu Pferde kämpfenden hl. Ja-

Das Eingangstor – Puerta de la Justicia – der maurischen Alcazaba von Almería.

Stadtplan von Almería:
① Kathedrale, ② Alcazaba, ③ Tierreservat, ④ Plaza de la Constitución, ⑤ Templo de Santiago el Viejo, ⑥ Cerro de San Cristóbal, ⑦ Convento de Santo Domingo, ⑧ Archäologisches Museum, ⑨ Iglesia de San Juan (ehemals Hauptmoschee), ⑩ Reste der maurischen Stadtbefestigung, Ⓐ Stierkampfarena, Ⓑ Bahnhof, (BB) Busbahnhof, Ⓟ Parkhaus, Ⓣ Tourimus-Information.

kob in der Manier des legendären Maurentöters. Er galt den Königen als Schutzheiliger im Kampf gegen den Islam.

Im nächsten Seitengäßchen – *Antigua Calle de los Aljibes* – versteckt sich unter dem Haus Nummer 20 das originelle Abendlokal *El Taranto* (ab 19.30 Uhr) in den Gewölben einer maurischen Zisterne des 11. Jahrhunderts; Flamenco-Darbietungen zwischen Oktober und Mai.

Und schon umfängt uns die Hektik der **Puerta de Purchena**, des verkehrsreichsten Straßenknotens Almerías, an der Mündung des Paseo de Almería und der Rambla del Obispo Orbera. Die Puerta fiel mit dem Abriß der Stadtmauer im frühen 19. Jahrhundert. Durch das Haupttor (arab. Bab Bayyana) marschierten 1489 die christlichen Soldaten ein.

Benachbart ist die kleine **Plaza del Carmen**, an der die Liga Morisca ein islamisches Zentrum unterhält. Links neben dem Hotel La Perla in die *Calle Antonio Vico*. Dann links auf dem *Camino San Cristóbal* ansteigen. Der Bettler, der vor der Kathedrale um Almosen bat, begegnet uns wieder. Frauen holen Wasser von einem Brunnen. Touristisches Niemandsland – obwohl der **Cerro de San Cristóbal** (6), zu dem sich das Sträßchen hochschlängelt, die prächtigste Rundschau bietet. Die Stätte, von welcher Christus weitum grüßt, ist verkommen, ruinös. Das turmbewehrte **Castillo de San Cristóbal**, benannt nach dem hl. Christophorus, dem die Tempelritter 1147 in der aus dem 11. Jahrhundert stammenden maurischen Burg eine Kapelle stifteten, sieht dem Verfall entgegen. Anno 1147, im Oktober, hatte der kastilische König mit den Seerepubliken Genua und Pisa als Verbündeten die Stadt nach zweimonatiger Belagerung erstürmt. Dadurch wurde das von dort ausgehende Seeräuberunwesen im Keime erstickt. Allerdings nur vorläufig, denn ein Jahrzehnt später regierten wieder orthodox-fanatische Mohammedaner in Almería, das zum Königreich Granada gehörte. Doch ihre Stärke bekam Risse. 1308 konnte Almería dem Ansturm des Monarchen von Aragón nur widerstehen, weil sich Granada zu Zugeständnissen – Tributzahlungen, Freigabe christlicher Geiseln – bereit erklärte.

Was nun? Bummeln Sie einfach auf dem Paseo de Almería! Wie die Einheimischen. Schaufenster gucken, im Freien sitzen, etwas trinken, Eis essen. Den Tag wie eine Wundertüte genießen!

Nützliche Informationen

Anfahrt: Von Lorca 157 km, von Granada 171 km, von Málaga 205 km. Bahnhof (Estación). Bus-Bahnhof (Plaza de Barcelona, nördlich des Bahnhofs); beide 10 Minuten von der Stadtmitte. Flughafen (Aeropuerto, 8 km außerhalb).

Ausgangsort: *Almería* (16 m), 141 000 Einwohner, an der Costa del Sol, Hauptstadt der gleichnamigen Provinz (8774 km^2). Handelshafen (Puerto Comercial), um 1850 angelegt. Umschlagplatz landwirtschaftlicher Güter; metallverarbeitende Industrie, Fischerei.

Parken: Im Zentrum permanent Platzmangel. Möglichkeit in der Rambla de Belén; Gefahr durch Autoknacker!

Unterkunft: Günstig gelegen an der Ausfahrt Richtung Málaga: *Hotel Solymar* (2,5 km vom Zentrum), nachts Parkplatzwächter, vom Restaurant freier Blick über den Hafen; Tel. 23 46 22, 27 70 00 und 06. Ein gutes Stück weiter *Hotel Playaluz* (Strand, Pool, Tennis, Golfplatz); Tel. 34 05 04. Im Zentrum: *Hotel La Perla* (Plaza del Carmen 7, Parkraumnot); Tel. 23 88 77; ebenso beispielsweise *Hostal Andalucia* (Calle Grande 9); Tel. 23 77 33. Billige und einfache Quartiere (Casas Huéspedes) an der Rambla del Obispo Orbera. In Bahnhofsnähe *Hotel Embajador* (Calzado de Castro 4); Tel. 25 55 11.

Verpflegung: Feine Zentrumsrestaurants: *Rincón de Juan Pedro* (Plaza del Carmen 5), *Valentin* (Calle Tenor Iribarne 7). Hähnchen-Lokal *Super-Pollo* (Calle Antonio 2). Arabisch: *Marrakech* (Parque Nicolás Salmerón 23, am Hafen); in dieser Straße (Hausnummer 15 und 17) die Pizzerias *Barbacoa-La Cartuja* und *Augusto Cesare*. Abendkneipe Nummer 1: *Casa Puga* (Calle Jovelanos 7), Tapas etc., Paellas. Reiche Tapa-Auswahl u. a. auch *Marisqueria Baviera* (Calle Tenor Iribarne 10, So. geschlossen). Nahebei *Las Botas*, typische Bodega, Besitzer ist »aficionado« (Stierkampf-Fan). Populäres Wein- und Speiselokal *Casa Joaquin* (Calle Real 91).

Jugendherberge: *Albergue Campamento Juvenil Aguadulce* (8 km von Almería, Busverbindungen); Tel. 34 03 46.

Camping: *La Garrofa*, westlich (4 km), unter einem Viadukt der Nationalstraße 340, Richtung Málaga, Bushaltestelle 1 km entfernt. Strand; Tel. 23 57 70.

Weitere Sehenswürdigkeiten: • *Museo Arquelógico Provincial* (Archäologisches Museum, 8), Carretera de Ronda 91. Geöffnet Di.–Fr. 10–14 Uhr; zur Zeit (1994) wegen Arbeiten geschlossen. • *Convento de Santo Domingo* (Plaza de la Virgen del Mar, 7), im späten 15. Jahrhundert am Platz einer Moschee gestiftet. Er birgt die *Escuela de Artes* (Kunstschule, Ausstellungen; geöffnet 9–13.30 Uhr, 16–19 Uhr). 1550 erfolgte die Weihe der dazugehörigen, urspünglich spätgotischen *Basilica de Nuestra Señora del Mar*. Verehrt wird »La Virgen del Mar«. Das Standbild der dunkelhäutigen gekrönten Stadtpatronin sei 1502 an Land gespült worden. Dorthin (Torre Garcia) alljährlich Wallfahrt am ersten Januar-Sonntag.

Feste: • *Feria de Agosto* (letzte Augustwoche), diverse Veranstaltungen; Stierkämpfe in der Arena (Plaza de Toros).
Sehenswürdigkeit der Umgebung: • *Los Millares* (25 km nördlich, hinter Gador rechts an der Straße 332 bei einzeln stehendem Haus). Ausgrabungen einer rund 5000 Jahre alten befestigten Siedlung und Nekropole (Megalithgräber), bedeutendster Fundort aus der Kupferzeit Europas. Schriftliche Besichtigungs-Erlaubnis *(autorización)* bei: Delegación Provincial de Cultura y Medio Ambiente, Abteilung Bienes Culturales, im Verkehrsamt (siehe Auskunft) von 9–14 Uhr. Schlüssel bei Los Millares, im Rathaus *(Ayuntamiento)* von Santa Fé de Mondújar (3,5 km) oder in der Bar des Dorfes.
Auskunft: Oficina de Información Turistica, Calle Hermanos Machado 4, E-04071 Almería; Tel. (951) 230607, 230822, 233549, 230858.
Speziälliteratur: Martin del Rey, *Almería* (deutsche Ausgabe). Editorial Everest, León 1983. Im örtlichen Buchhandel.

2 El Cabo de Gata

Enklave der Wildheit

Tourencharakter: Unschwierige Wanderung mit Badegelegenheit.
Höhenunterschied im Aufstieg: 300 Meter.
Reine Gehzeit: 5 Stunden.
Beste Jahreszeit: Frühling, Frühsommer, Herbst; an Wochenenden reger Besuch der Strände.

Der Cabo de Gata ragt wie ein stumpfer Keil ins Meer und ist Teil der gleichnamigen Sierra östlich von Almería. Er bildet die südöstliche Spitze Spaniens bzw. die östliche Grenze der Costa del Sol, zweifelsohne des bekanntesten Abschnitts der 750 Kilometer langen andalusischen Küste. Der Cabo de Gata ist vulkanischen Ursprungs und leitet seinen Namen nicht von »gata«, Katze, ab, sondern

Traumhaft schöne, einsame Badebuchten am Cabo de Gata, der den östlichen Rand der Costa del Sol bildet.

von »ágata«, Achat, eines der Minerale, die eruptive Aktivitäten neben Kupferkies, Alkalifeldspat, Jaspis und Gold ans Tageslicht brachten. Gold wurde übrigens in den Minen von Rodalquilar – 11 Kilometer Luftlinie nordöstlich von San José – bis in die achtziger Jahre geschürft. Der 1988 gegründete »Parque natural de Cabo de Gata« greift rund 4 Kilometer ins Hinterland und umfaßt 28000 Hektar. »Weißes Gold« häuft sich in den Salinen am Südwestrand der Halbinsel, hinter dem Dünensaum. Die Verdunstung salzhaltigen Wassers in Becken liefert das Meersalz. Vom Badeort Cabo de Gata führt eine Straße vorbei an Flamingokolonien, Salinengewässern und langen Sandstränden, abschließend kühn am Fels trassiert, zu den begeisternden Klippen am Leuchtturm auf der Punta Baya. Danach sperrt eine Schranke den Zugang in das Herzstück des Naturparks. Die Umweltbehörde Andalusiens (»Agencia de Medio Ambiente«, kurz AMA) legt größten Wert auf die Erhaltung der grandiosen Landschaft. Sie wird weitgehend ursprünglich belassen.

Am Ostrand des Kaps bietet San José die ideale Wanderpforte. Das ehemalige Fischerdorf, das heute 200 Liegeplätze für Segel- und Motorboote bietet, hat sich zu einem geradezu futuristisch anmutenden Badeort entwickelt mit zahlreichen Wohnkomplexen, die nur im Sommer belebt sind.

Der Wegverlauf

In **San José**, links neben dem *Hostal Bahia,* gegenüber der Bushaltestelle, in das Sträßchen. Auf der Querstraße links weiter bergan und dann rechtshaltend abwärts. An der Linkskurve geradeaus, nun auf einer Naturstraße empor zum *Servi Dumbre de Paso,* an dem eine Windmühle verfällt. Dahinter öffnet sich eine halbrunde, vegetationslose Tiefebene zwischen der unbevölkerten Sierra de Cabo de Gata und dem Meer. Sie bringt neue Formen ins Spiel. Schon ist der Turm

Ehemalige Windmühle am Wanderweg von San José zum Cabo de Gata.

auf dem Cerro de Vela Blanca sichtbar. Die Füße laufen, die Seele fliegt...

Nach insgesamt 35 Minuten an der Gabelung halbrechts; Tafel »Playa de Mónsul«. Linker Hand kokettieren Traumbuchten, so daß für die Rückkehr genügend Badegelegenheiten an Stränden bestehen, die zu den saubersten Andalusiens zählen: Playa de los Genoveses, Playa de Mónsul – unbeschreiblich schön, letztere aus drei Buchten bestehend.

Knapp 1½ Stunden nach San José beginnt der endgültige, etwa halbstündige Anstieg auf einer kühnen, jedoch breiten Trasse entlang steiler, durch die Erosion gezeichnete, teilweise bizarr ausgehöhlte Wände hoch über dem Meer. Schließlich bringt uns links ein asphaltierter Fahrweg in 5 Minuten zum **Cerro de Vela Blanca** (218 m) der Punta Negra, dem prächtigsten Aussichtspodest am Kap. Leider ist die Kuppe durch eine Sendeanlage verbaut, und die Torre Vigia Blanca, ein ehemaliger Wachturm, in Privatbesitz. Zerrissene Felsen stürzen in schwindelnde Tiefe. Meist weht ein steifer Wind um das exponierte Riff. Tanzende Sonnenreflexe und silberne Wellenkämme auf dem Wasser. Am Himmelsozean ziehen Wolken wie schwerelose Schiffe. Gelegentlich dümpelt draußen die acht Meter lange »AMA II«. Sie überwacht die Einhaltung der Naturparkregeln am Strand und im Wasser: ein Meeresbiologe prüft die Wasserqualität. Es soll auch Korallenmöwen geben, die nur vom Tauchen nach Fischen leben, sowie Seeadler, während die Mönchsrobbe seit 1974 nicht mehr gesehen wurde.

Beim Rückweg, nach etwa 1½ Stunden, biegt man scharf rechts ab, auf breitem Weg hin zum feinen, weißen Sand hinter den Dünen der insgesamt 800 Meter langen **Playa de los Genoveses**. Links, vor den Felsen abermals links und durch Kakteenfelder. Wo sich der Fahrweg links wendet, nehmen wir rechts den schmalen Weg in Richtung Windmühle. Auf dem Sträßchen zum Ortsanfang. Dort rechts in die *Calle de Cuevas*. Dann geradeaus auf der *Calle de Aljibe* und im Linksbogen aussichtsreich um die äußerste Spitze von San José zurück ins Dorf.

Nützliche Informationen

Anfahrt: Von Almería 40 km (Busverbindungen).
Ausgangsort: *San José* (18 m), 300 Einwohner, Badeort, gehört zur Gemeinde Nijar.
Gehzeiten: 5 Std. (ohne Badeaufenthalt). San José – Cerro de Vela Blanca: knapp 2¼ Std. Rückweg über Playa de los Genoveses: 2¾ Std.
Unterkunft: Hotels, Pensionen, Appartements. Ideal gelegen am Ortsanfang (Bushaltestelle): *Hostal Bahia*, Parkplätze;

Tel. 380307 oder 06, 380114. Im Ort (beschränkter Parkraum): *Hotel San José*; Tel. 380116.
Verpflegung: *Restaurante El Emigrante* (gegenüber Hostal Bahia), gutbürgerliche Küche. *Restaurante El Borany* im Hotel San José, Meeresblick. Am Strand (Gartenterrasse): *Restaurante La Atrevida*. Weitere Lokale (u. a. Pizzeria) an der Hafenzeile.
Jugendherberge: *Albergue Juvenil* (Calle Montemar), nur in den Sommerferien geöffnet; Tel. 380212.
Camping: *Tau*, mit Restaurant; an der Ortseinfahrt links (beschildert). Besser ausgestattet (Schwimmbad, Supermarkt, Restaurant): *Los Escullos* an der Straße nach Los Escullos: 4 km, vor San José links, noch 3,5 km; Tel. 389810 oder 11. Freies Zelten im Naturpark verboten! Wohnmobile mit Toilette am Strand erlaubt.
Auskunft: Ayuntamiento, E-04100 Nijar; Tel. (951) 360012.
Wanderkarte: Mapa Militar de España 1:100000, Blatt 12–22 (Almería).

3 Sierra Alhamilla

Am Rande der Wüste

Tourencharakter: Unschwierige Wanderung.
Höhenunterschied im Aufstieg: 550 Meter.
Reine Gehzeit: 4½ Stunden.
Beste Jahreszeit: Frühjahr, Frühsommer, Spätherbst.

Auf dem Campo de Tabernas, in Höhenlagen zwischen 400 und 500 Meter, flimmert Gluthitze über der größten Wüstenlandschaft Iberiens – rund 3100 Stunden im Jahr. Kein Wunder also, daß nordöstlich von Tabernas, im Gemeindebezirk Los Retamares, 1991 durch das Ministerium für Industrie und Energie das erste solarthermische Kraftwerk Spaniens entstand (»Plataforma Solar«), das leistungsfähigste europäische Zentrum dieser

Die einfachen Strohhütten der Ziegenhirten in der Sierra Alhamilla erfüllen auch heutzutage noch ihren Zweck.

In der Sierra Alhamilla, am Abstieg vom Colativi nach Turrillas.

Art. Mit Hilfe der Sonneneinstrahlung wird Elektrizität gewonnen, rund 1000 Kilowatt. Auf einer Fläche von 98,5 Quadratkilometern sorgen 89 Parabolspiegel, deren reflektierende Sonnenstrahlen in einem Turm gebündelt werden, für Temperaturen bis 2700° C. Überdies dient die Anlage für Hochtemperaturtests von Werkstoffen sowie für Versuche zur Entsalzung von Meerwasser. Fast 70 Prozent der 8774 Quadratkilometer umfassenden, durch schroffe Kontraste gekennzeichneten »Wüstenprovinz« Almería sind unwirtlich, ausgemergelt, erodiert. Vor 2000 Jahren sollen die Wälder für den Schiffbau abgeholzt worden sein.

Wie eine Mondlandschaft – fahl, ocker oder zartpurpur, je nach dem Licht – wirkt Europas ausgedehnteste Wüstenei. Es ist zugleich die regenärmste Gegend in Spanien – unter 150 Millimeter Niederschläge pro Jahr, die als zwei, drei sintflutartige Gewitterschauer niedergehen. Sie waschen durch ihre Intensität die gewundenen *Ramblas* und *Barrancos* – Trockentäler ähnlich afrikanischen Wadis – aus dem grauen Gips, dem vielfarbigen Lehm, den Mergel- und Sandsteinböden, die das Naturschutzgebiet »Desierto de Tabernas« prägen. Leblos? Roberto Cavo registrierte an Vogelarten Bienenfresser, Blaumerle, Theklalerche, Trauersteinschmätzer. Es ist der einzige Platz Europas, wo der afrikanische Wüstengimpel, eine Finkenart, vorkommt. Das Wachstum von Oleander und dem seltenen Maltheserschwamm begünstigt ein »gegenüber der Umgebung feuchteres Mikroklima«, fügt der Experte hinzu.

Staubige »Westerndörfer« werben mit schreiender Reklame um Besucher im »Hollywood Spaniens«. Die Kulissen schießfreudiger Italo-Western der sechziger und siebziger Jahre werden zusehends marode, seit Djangos Colt schweigt, Ennio Morricones »Lied vom Tod« verklungen ist und Lawrence von Arabien nicht mehr galoppiert. Beiläufig 400 Filme sind hier gedreht worden. Sergio Leone läßt grüßen!

»Muy salvaje paisaje« – sehr wildes Land, sagt der alte Mann und macht mit dem Arm eine ausholende Bewegung in nordwestlicher Richtung, wo Tabernas und die »Ghost towns« liegen. Wir sind in Turrillas. Frühmorgens. Glattfellige Hunde tollen herum. Die Bar ist noch geschlossen. Zwischen den weißen Häuserwänden ist ein bißchen nächtliche Kühle konserviert. Doch bald wird die Sonne über den Kamm steigen und das Bergdörfchen heiß umgarnen. Es schmiegt sich an die Nordflanke der Sierra Alhamilla. Sie schiebt einen Riegel zwischen die Wüste und die Costa de Almería. Der höchste Gipfel heißt Colativi: eine instruktive Warte am Südostrand Andalusiens.

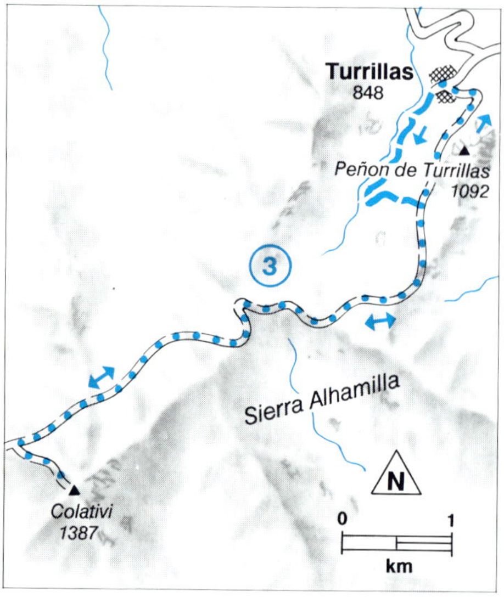

Der Wegverlauf

Vom **Kirchplatz** (Plaza del Generalísimo) in die *Calle de José Lopez Baron*. Den Weg säumen niedere Häuser, Mandel-, Granatapfel- und Feigenbäume. Nach 5 Minuten sind wir im Ortsteil *San Antonio del Peñon*.

Nach dem letzten Haus auf deutlichem Pfad weiter in die *Rambla Turrillas*, die wenig später links verlassen wird. Vorbei am betonierten *Becken*, das die Bewässerungsanlagen nährt, durch die orographisch rechte Schluchtflanke. An der Gabelung 5 Minuten nach dem Becken hält man sich schwach rechts, um in den Ramblagrund zu gelangen, wo sich die Route fortsetzt. Ein rot-gelbes Felshindernis erkraxeln und dem Trockentälchen folgen zum Fahrweg.

Links in ¼ Stunde zur Jeeppiste (Naturstraße) von Turrillas. Auf ihr rechts in den *Pareja Natural Sierra Alhamilla*. Nördlich erstreckt sich die langgezogene Sierra de los Filabres, an deren westlichen Ausläufern, auf dem Calar Alto (2168 m), die weißen Türme des vom Max-Planck-Institut und dem spanischen Nationalausschuß für Astronomie 1973 begonnenen, 1984 vollendeten einzigen südeuropäischen astronomischen Observatoriums mit dem stärksten Teleskop Europas zu erkennen sind. Der größte Spiegel, gefertigt in Heidelberg, hat 3,5 Meter Durchmesser. Rund 180 klare, wolkenlose Beobachtungsnächte im Jahr erlauben Blicke aus den drehbaren Stahlkuppeln ins Weltall.

Am Weg bietet ein zeltähnliches Hüttchen dem Ziegenhirten Schatten. Neben dem alten Autositz stehen korbförmige Wasserflaschen. Niederwuchs – »matorral« – aus Stechginster, Brandkraut, Thymian, Lackzistrose sowie Steineichen bekleidet die Hänge.

Ständig bergan, bis in den Kammsattel, an dem gleichfalls eine Hirtenhütte steht. Hier das Sträßchen links verlassen. Rechts an Felszacken vorbei sind es auf breiter Piste 20 Minuten zu den Sendeanlagen auf dem **Colativi** (1387 m).

Indalo, der Gott, der Almería die Sonne gebracht hat und dessen Symbol als Strichmännchen an die Haustüren zum Schutz vor bösen Geistern gemalt wird, »verwöhnt« uns. Küstenstreifen und Meer verschwimmen in milchig hellblauem Dunst. Das Landesinnere sieht aus, als habe es ein arbeitswütiger »Verpackungskünstler« heimgesucht. Tausende

Hektar verschwanden seit 1968 unter mannshohen, durchsichtigen Plastikfolien bzw. es wurden Gewächshäuser aufgestellt, in denen dreimal pro Jahr Gemüse – Zucchini, Gurken, Auberginen, Tomaten, Paprika, Bohnen, Melonen –, geerntet wird, dank der Sonne und einer die Verdunstung der Bodenfeuchtigkeit verhindernden Sandschicht. Ungefähr 75 Prozent des EU-Wintergartens um Almería sind Familienbetriebe mit knapp zwei Hektar Fläche. Doch »Oro verde«, das »Grüne Gold« – 250 Millionen Kilogramm pro Jahr, 80 Prozent Ausfuhr –, von dessen Erträgen rund 100000 Menschen der einst bettelarmen Provinz direkt oder indirekt leben, birgt ökologische Risiken wie die Senkung des Grundwasserspiegels und die Versalzung der Böden, ganz zu schweigen von den unkontrolliert versprühten Pestiziden zur Schädlingsbekämpfung im Treibhausklima bei 50° C. Andererseits hat das Gebiet die niedrigste Arbeitslosenquote Spaniens!

Der Abstieg hält sich etwa 1¼ Stunde an den Hinweg, führt aber dann auf der Jeeppiste halbrechts, nach ¼ Stunde zu den imposanten Felsstöcken des Peñón de Turrillas und in einer langen Schleife in den Ort.

Nützliche Informationen

Anfahrt: Die günstigste Zufahrtsstrecke (10 km) zweigt von der N 340 zwischen Sorbas (18 km) und Tabernas (9 km) südlich ab. Von Almería 48 km.
Ausgangsort: *Turrillas* (848 m), »pueblo blanco« am Nordhang der Sierra Alhamilla.
Parken: *Plaza de Teodoro Morena Arrieta*, unterhalb der Kirche.
Gehzeiten: Insgesamt 4½ Std. Turrillas – Wasserbecken: 25 Min. Wasserbecken – Fahrweg: 20 Min. Fahrweg – Gipfel: 1¾ Std. Rückweg: 2 Std.
Unterkunft: Hotels an der Straße Richtung Tabernas, nächstgelegenes Hotel (12,5 km): *Hostal Restaurante La Molina*.
Verpflegung: In Turrillas eine Bar am Kirchplatz.
Sehenswürdigkeiten außerhalb: • An der Straße nach Tabernas, einer Phönizier-Gründung, links auf einem Hügel die Ruinen der *Alcazaba* (Maurenburg). Dort warteten Anfang Dezember 1489 die Katholischen Könige auf die kampflose Übergabe Almerías durch »El Zagal«. • *Plataforma Solar* (Abzweigung rechts von Tabernas); Führungen außer Sa./So. 11–13 Uhr. • *Westernstädte* (19 km die nächste). • *Mini-Hollywood* (24,5 km von Turrillas); Eintritt verhältnismäßig teuer. • »Casas colgantes« (hängende Häuser) im Töpferdorf *Sorbas*. • Auch *Nijar*, arabischen Ursprungs wie Sorbas, produziert Keramik in maurischer Tradition, und zwar aus dem weißen Ton der Umgebung; die verlaufenen Farben der zierlichen türkisblauen Bemalung sind keine Fehler. Überdies Tücher, Decken, Vorhänge, Teppiche – »jarapas« – aus Stoffstreifen sowie Korbwaren, geflochten mit dem für Steppenregionen typischen Espartogras, das einen Tag im Wasser liegt, dann an der Sonne getrocknet und gebleicht wird, bevor man es verarbeitet. Pfarrkirche (16. Jahrhundert) mit hübschem Mudejar-Turm und Verzierungen in Form des zweiköpfigen Adlers Kaiser Karls V. Skulptur der Unbefleckten Empfängnis Marias. Moderner Altaraufsatz; der alte wurde im Spanischen Bürgerkrieg zerstört.
Wanderkarte: Mapa Militar de España 1:100000, Blatt 12–21 und 12–22.

4 Auf den Jabalcón (1492 m)

Marienheiligtum am Gipfel

Tourencharakter:
Unschwierige Rundwanderung.
Höhenunterschied im Aufstieg:
850 Meter.
Reine Gehzeit: 4¾ bis 5 Stunden.
Beste Jahreszeit: Frühjahr, Frühsommer, Herbst.

Die Gegend um Zújar wird in keinem Reiseführer erwähnt und findet deshalb bei Touristen kaum Beachtung, obwohl der inselähnliche Jabalcón mit bis zu 300 Meter hohen Wänden das Gebiet markant beherrscht, dominierend über der ertragreichen Hoya de Baza, dem schon von den Iberern besiedelten Baza-Tiefland, wo Weizen, Zuckerrüben

Als mächtiges, breitgelagertes Massiv überragt der Jabalcón die Hochfläche von Baza. Links der höchste Punkt des Berges mit der Marienwallfahrt.

und Gemüse angebaut wird. In der einstigen römischen Provinzhauptstadt »Basti«, unter den Arabern »Batze«, stehen beim Krieger-Ehrenmal jene Kanonen, welche Königin Isabella von Kastilien Anfang Dezember 1489 bei der Eroberung des Städtchens gegen die Mauren einsetzen ließ, ehe der Verteidiger Yahay an Najjar – Kampfname »Schwert des Islam« – die Schlüssel auslieferte. Er nahm sogar den katholischen Glauben an und erhielt hohe Ämter.

Zújar, südwestlich des Jabalcón, ist ein verschlafener, typisch andalusischer Allerweltsflecken. In der Morgendämmerung stehen hagere »jornaleros«, Tagelöhner, und schwarzgekleidete Frauen mit Kopftüchern stumm am Straßenrand. Sie warten auf den Bus des »señorito«, ihres Großgrundbesitzers. Olivenernte! Etwa zwei Monate sind sie als Pflücker im Einsatz. Sechzig Tage müssen es sein, denn jeder, der diese Arbeitszeit nachweisen kann, erhält für das übrige Jahr eine monatliche Unterstützung von rund 440 Mark. Das ist zwar nicht übermäßig, doch vor der sozialistischen González-Regierung, als 300000 Tagelöhner geschätzt wurden, gab es keine Staatsgelder. Von diesen profitieren immerhin rund 176000 Andalusier. Sie werden nicht mehr, wie unter dem Franco-Regime, nach dem Gewicht der geernteten Oliven bezahlt, sondern haben Stunden- und Tageslöhne. Indes blieb der populistische Slogan »La tierra para quien la trabaja« – das Land dem, der es bearbeitet – auch unter den Sozialisten ein Lippenbekenntnis. Zwangsverpachtung an Kooperativen kommt nämlich nur in Frage, wenn der Besitzer vorsätzlich schlecht wirtschaftet. Eine solche Beweisführung ist praktisch nicht möglich!

Zújar erwacht, wenn am letzten Wochenende im April die »romería«, ein religiöses Volksfest mit Wallfahrt zu Ehren »Unserer Jungfrau auf der Spitze« gefeiert wird, nämlich auf dem Jabalcón.

Der Wegverlauf

Gegenüber der *Bar Torres* dem Sträßchen folgen, zunächst zwischen Häusern, dann durch Olivengärten. Nach ungefähr 35 Minuten schwenkt man unterhalb rot-gelber Felsen links in das Schottersträßchen ein. Es

Ausblick vom Rundweg am Jabalcón nordwestlich zum Negratin-Stausee.

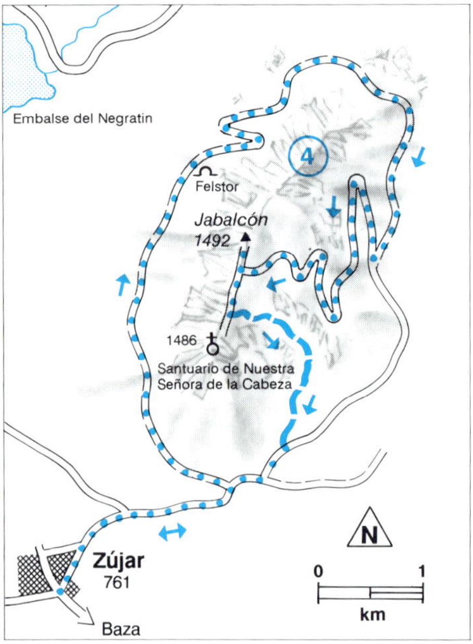

entwickelt sich zur Promenade über Zújar. Bald erscheint der Negratin-Stausee (Embalse del Negratin) in wüstenähnlicher, erosionsgefurchter Umgebung. Im Norden zeichnen sich wie versteinerte Wellen die Bergkonturen des Naturparks der Sierra von Cazorla ab. Wer genau hinsieht, kann sogar den Cabañas (Tour 7) lokalisieren: schwach nordwestlich hinter dem Stausee. Südlich der Naturpark Sierra de Baza. Sein höchster Punkt – Santa Bárbara – mißt 2271 Meter.

Nach einer ¾ Stunde auf der Schotterstraße geht es links an einem **Felstor** vorbei und wenig später abwärts. Waldtauben gurren. Sonst stört kein Laut die Stille. Nach ¼ Stunde ansteigen, einen Sattel überschreiten, worauf sich das Sträßchen senkt, etwa ½ Stunde. Im Tal fließt der Rio Menor. Jenseits ein Gewirr von Linien und Furchen, bloßgelegte Eingeweide der Erde. Erneut bergan, aus der Nordseite des Massivs in seine heiße Ostflanke. Südlich liegt Baza, rechts oben die Ostabstürze des Jabalcón.

Ungefähr 3 Stunden nach Zújar stößt man auf ein Teersträßchen. Es führt spitzwinklig rechts durch die Hänge in 1¼ Stunden auf den **Jabalcón** (1492 m), die großartigste Aussichtsloge weit und breit, geschätzt auch als Startplatz von Gleitschirm-Fliegern.

Von den Sendeanlagen abwärts in den Sattel und kurz ansteigen zum **Santuario de Nuestra Señora de la Cabeza** (1486 m) auf einer gen Süden vorgeschobenen luftigen Kanzel. Starke Schneefälle drückten 1992 das Dach des Kirchleins ein, doch anläßlich der »romería« 1993 war das Heiligtum wieder repariert. Südöstlich schweift das Auge über die Hoya de Baza und entdeckt am Westrand der breitgelagerten Sierra de los Filabres, auf dem Calar Alto (2168 m), das vom Max-Planck-Institut unterstützte astronomische Observatorium mit dem leistungsfähigsten Teleskop Europas (siehe Tour 3). Südwestlich erstreckt sich die Sierra Nevada, schneegekrönt bis in den Sommer.

Zurück in den Sattel. Dort rechts auf dem Pilgerweg durch die Mulde in eine breite, felsgesäumte Schlucht. Sie läuft aus in Olivenpflanzungen, die Assoziationen zur Welt des klassischen Altertums wecken.

Knapp 45 Minuten nach dem Santuario wird das Teersträßchen betreten. Rechts, in ½ Stunde nach Zújar.

Nützliche Informationen

Anfahrt: Von Baza 3,5 km der Straße 342 Richtung Granada folgen, dann rechts. Busse von Baza, Haltestelle Bar Torres. Von Murcia 190 km, von Granada 110 km, von Cazorla 89 km.
Ausgangsort: *Zújar* (761 m), Dorf nordwestlich von Baza (12 km) an der Straße 323.
Parken: *Bar Torres.*
Gehzeiten: Insgesamt 5¾ bis 6 Std. Zújar – Jabalcón: 4¼ Std. Jabalcón – Santuario: ¼ Std. Rückweg: 1¼ Std.
Unterkunft: In *Baza* (12 km) am östlichen Ortseingang *Hotel-Restaurante Robemar*; Tel. (958) 860704 oder 36. An der Durchgangsstraße *Hotel Venta del Sol*; Tel. (958) 700300 oder 04. Pension *San Carlos* (Carretera de Granada 4), Tel. 700705.
Verpflegung: In Zújar Lebensmittelgeschäft. In Baza Restaurants und Bars.
Camping: *Hoya de los Pinos*, 40 km nördlich, nördlich von Pozo Alcón an der Straße 330 beim Embalse-Bolera; Tel. (953) 739005.
Wanderkarte: Mapa Militar de España 1:10000, Blatt 11–20 (Baza).

5 Zur Jungfrau von Tiscar

Romantisches Felsgewinkel

Tourencharakter: Unschwierige Rundwanderung.
Höhenunterschied im Aufstieg: 250 Meter.
Reine Gehzeit: 1½ Stunden.
Beste Jahreszeit: Frühling, Frühsommer, Herbst.

Die malerische Pforte Tiscar, wo gerade ein Dutzend Menschen lebt, bildet eine landschaftliche Zugnummer des östlichen Andalusien, ignoriert vom Fremdenverkehr. Reißende Fluten haben aus dem Gestein eine tiefe Kluft geschürft, durch die sich die Straße zwängt. Hochschnellende Felsen – Wände, Zacken, Grate – prägen die abenteuerliche Tribüne. Und mittendrin die Ruinen einer Araberburg. Sie kontrollierte den Schluff. Dann zerstörte Gutierre Gómez, Erzbischof von Toledo, das kühne Maurennest im Auftrag des kastilischen Königs Alfonso X., genannt »El Sabio«, der Weise. Alfonso (geb. 1221), Sohn König Ferdinands III. (»der Heilige«) und Beatrix' von Hohenstaufen, Urenkel Barbarossas, beschäftigte an seinem Hof jüdische Astrologen, förderte eine Übersetzerschule zur Erhaltung arabischer und antiker Wissenschaften für das Abendland. Obwohl 1257 in Frankfurt zum römischen König und Kaiser gewählt, betrat er wegen innenpolitischer Schwierigkeiten nie deutschen Boden und mußte schließlich nach vergeblichen Anerkennungsversuchen bzw. unter päpstlichem Druck 1275 zugunsten Rudolfs von Habsburg auf die deutsche Krone verzichten. Seinen spanischen Thron verlor er 1284. Er starb als Flüchtling bei den Arabern.

Die Kirche (rechts neben dem Glockenturm an der grünen Türe läuten!) des Santuario de Tiscar reicht ins 14. Jahrhundert zurück. Das Taufbecken und der silberne Kandelaber über dem Altar stammen aus dem 16. Jahrhundert. Der Maler Rafael Hidalgo de Cabiedes schuf das Bild des hl. Sebastian. Rafael Zabaleta aus dem nahen Quesada ist vertreten mit »Romería de Tiscar«: dargestellt ist das Volksfest zu Ehren der Virgen de Tiscar, das während des ersten September-Wochenendes gefeiert wird und selbst aus Almería und Granada Pilger anzieht.

Nicht ohne Stolz zeigt dieser Kleinbauer in Tiscar seine Helfer bei der Feldarbeit.

Der Wegverlauf

Vom Platz vor dem **Santuario** etwa 70 Meter südwärts, dann scharf links und steil bergan. Beim obersten Häuschen rechts, am nächsten Häuschen links und durch einen felsigen Sattel. Etwa 10 Meter danach wird der Pfad rechts verlassen. Weglos aufwärts, zwei Wasserkanäle kreuzen. Unter der Felswand zu einer kleinen, halbkreisförmig von Felsfingern gerahmten Wiese. Die Reste der **Araberburg** thronen auf dem heute unzugänglichen Grat.

Wieder zum Pfad. Rechts talein durch Olivengärten. Wenig später auf breitem Weg. Im Vorblick erscheint die kahle, stumpfe Kuppe des Rayal (1835 m). Rechter Hand erstreckt sich eine lange Barriere imposanter Felsen. Wir bleiben auf dem Hauptweg, der nach insgesamt ½ Stunde geradeaus, entlang einem Bewässerungskanal, abgekürzt wird.

Klatschmohn blüht sündigrot. Hier und dort döst ein Esel im Baumschatten. Auf den Feldern arbeiten Frauen: braune, ernste Gesichter unter breitrandigen, hellgelben Strohhüten. Ein Zwergadler, gut zu bestimmen an seinen orangegelb-schwarzen Flügeln, segelt unter dem Sonnenhimmel.

Ungefähr 50 Minuten nach Tiscar stößt man auf einen von links kommenden *Fahrweg*. Hier wird das Tal leider durch einen Drahtzaun versperrt, der uns zur Umkehr zwingt, und zwar auf dem erwähnten Fahrweg durch den reizvollen **Barranco de la Presilla**. Wasser haben den Kalk zu abstrakten Skulpturen geschliffen und gigantische Höhlen ausgewaschen, die zu den Attraktionen des Naturparks Cazorla zählen.

In 20 Minuten wird die Straße erreicht. Auf ihr links. Der Burgturm von Tiscar taucht auf. Die beiden letzten Schleifen auf einem Pfad abkürzen, hinunter zur ehemaligen Mühle, heute *Café-Bar El Vadillo*. Von dort wieder zur Straße und durch das Tor nach Tiscar.

Nützliche Informationen

Anfahrt: Auf der Straße 323 entweder von Baza (56 km) oder Quesada (14 km). Schlechte Busverbindungen mit Pozo Alcón (Busse von Baza) und Cazorla.

Ausgangsort: *Tiscar* (900 m), gehört zur Stadt

Die bizarre Felsszenerie um die Ortschaft Tiscar. Über ihr thront der Turm einer maurischen Burg.

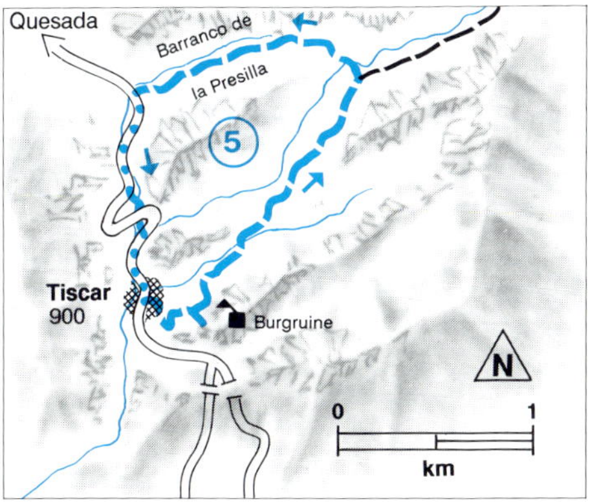

Quesada, Provinz Jaén. Am südwestlichen Rand des Naturparks Sierra de Cazorla.
Parken: Im Hof des *Santuario,* etwas oberhalb der Straße.
Gehzeiten: Insgesamt 1½ Std. Hinweg: 50 Min. Rückweg: 40 Min.
Unterkunft: In *Quesada* einfaches *Hostal Mari-Mer,* Tel. (9 53) 73 31 25. Am günstigsten in Cazorla (34 km), siehe Tour 6.
Verpflegung: *Café-Bar El Vadillo* (Tapas, Bocadillos).
Camping: *Hoya de los Pinos,* 20 km östlich bzw. nördlich (8 km) von Pozo Alcón beim Stausee Bolera; Tel. (9 53) 73 90 05.
Sehenswürdigkeit: • *Cueva del Agua,* von den Flußwassern ausgespülte Höhle unterhalb von Tiscar (beschildert).
Sehenswürdigkeiten der Umgebung: • Bei der *Puerta de Tiscar,* 4 km in Richtung Quesada, steht 300 m rechts von der Straße ein unter König Heinrich II. von Kastilien in der 2. Hälfte des 14. Jh. errichteter Wachturm. • *Quesada,* 12 000 Einwohner. Bereits vor rund 2000 Jahren besiedelt. Frühchristliche (4. Jh.) Pfarrei. Unter arabischer Herrschaft entstand die Festung Majuela (Reste vorhanden), die 1232 unter König Ferdinand III. erobert wurde. Die Muselmanen kamen zurück, doch 1309 holten die Christen den Ort endgültig unter die Krone Kastiliens. • *Museo Zabaleta*: Ölbilder und Aquarelle des renommierten einheimischen Malers Rafael Zabaleta (1907–1960). Geöffnet Di.–Sa. 9.30–13.30 Uhr.
Wanderkarte: Plano Topográfico de las Sierras de Cazorla, Segura y las Villas 1:50 000. Erhältlich in Cazorla.

6 Gilillo (1847 m)

Höchster Gipfel der Sierra de Cazorla

Tourencharakter: Unschwierige Wanderung bis zum Vorgipfel. Höchste Spitze leichte Kletterei. Bei Nebel stellenweise Orientierungsprobleme.
Höhenunterschied im Aufstieg: 1020 Meter.
Reine Gehzeit: Etwa 6 Stunden.
Beste Jahreszeit: Mai bis Oktober.

Cazorla zu Füßen der Peña de los Halcones ist seit 550 v. Chr. als iberische Siedlung »Cataón« dokumentiert, die unter den Römern »Caresca« hieß und von Santo Isacio, dessen Fest am 15. Mai gefeiert wird, christianisiert wurde. Nachdem sich der Ort, welcher dem Gebirge seinen Namen gab, im Unabhängigkeitskrieg gegen Napoleon, dessen Truppen 1808 die Renaissancekirche Santa Maria brandschatzten, durch Tapferkeit ausgezeichnet hatte, wurde er von den Cortes von Cádiz, dem Parlament im unbesetzten Spanien, zur Stadt erhoben. Sie besteht, wie alle »pueblos blancos«, aus Stein und Kalk. Auf dem grellen Weiß der Häuser, die wie Würfelzucker anmuten, zaubern getopfte rote Geranien reizende Kontraste.

Der »Wander-Klassiker« zum Gilillo beginnt oberhalb von Cazorla beim Ortsteil La Iruela und dürfte die lohnendste Gipfeltour im gesamten Naturpark sei. Wildes Felsengewirr bildet die Ouvertüre. Tiefblicke mit Adleraugen! Ausschau zu den geometrischen Mustern wie gekämmt erscheinender Olivenplantagen, einer Konstante der Provinz Jaén, wo drei Viertel der gesamten andalusischen Olivenernte erzeugt werden: 450 000 Tonnen Öl, 130 000 Tonnen Früchte pro Jahr, ungeachtet landesweiter, von den EG-Agrargewaltigen infolge Überproduktion angeordneter Massenrodung.

Und schließlich ergreifende Weltverlorenheit. Ein langer Weg, der bei Hitze zur Qual wird. Hin und wieder entdeckt man Raubvögel in der Luft. Eine graue Natter sonnt sich am Wegrand. Kürzer und wesentlich weniger

Die Sierra de Cazorla von Westen, als Hintergrund weitläufiger Oliven-Plantagen.

anstrengend – 2 Stunden Aufstieg, 500 Höhenmeter – ist der Zugang vom Parador de El Adelantado, zu dem von Cazorla eine Straße (25 km) durch den Naturpark führt. Allerdings fehlen ihm die Attraktionen der Route von Cazorla.

Der Wegverlauf

Gegenüber der **Aussichtskanzel** bzw. links des Sträßchens auf breitem Weg in 10 Minuten hoch zur **Ermita de la Virgen de la Cabeza** (1000 m). Die »romería«, ein kirchliches Volksfest, wird am letzten April-Wochenende gefeiert.

Instruktive Blicke auf Cazorla, das Castillo de la Yedra (Efeu-Burg), erbaut im späten 14. Jahrhundert durch das Erzbistum Toledo. ken« empor, auch »castillo moro« genannt, nach seinen maurischen Gründern. Dort hatten sich aufrührerische Muslime verschanzt, bis zur Eroberung durch ihren Glaubensbruder Abd ar-Rahman I. (731–788), den Wesir von Córdoba und damit Herrscher des islamischen Spanien. Während der Rückeroberung durch die Christen fiel die Zitadelle 1248 nach acht Jahre dauernden Kämpfen.

Von der Bar aus (Brunnen) nicht dem breiten Weg folgen, sondern halbrechts in den Aleppokiefern-Wald. Vor dem Sendemast

Am Rande der Sierra de Cazorla leuchtet das von einer Maurenfestung beherrschte Häusergewirr des 10 000-Seelen-Städtchens Cazorla.

rechts auf den Wegspuren, die wenig später im felsigen Terrain gut ausgeprägt sind.

Die stattlichen Ruinen der um 1300 erbauten Tempelritterburg (*Castillo roquero*), an die sich im 16. Jahrhundert ein Kloster lehnte, werden sichtbar, gekrönt von der Torre del Homenaje, dem Bergfried.

Der Steig windet sich geschickt durch die Felsen, verläuft ein Stück promenadenähnlich eben. Den Vorblick beherrscht der Cerro de la Laguna. Wir kommen in ein trockenes Bachbett, das etwa 40 Minuten nach dem Parkplatz links verlassen wird. Über eine Wiese. Abwärts, an Mauerresten vorbei, zu einem verfallenen Gebäude auf dem **Prado Redondo** (1220 m).

Scharf rechts. Der Weg führt unfehlbar aufwärts, in knapp 45 Minuten bis an die Waldgrenze. Der Blick öffnet sich weit in den Westen. Anschließend verlieren wir an Höhe und dringen in einen Hochtalkessel ein, dessen Mulde ausgegangen wird. Ziegenherden streifen in biblischer Langsamkeit durch die unwirtlichen Hänge. Schließlich wieder bergan, in einen breiten, felsigen Sattel (1550 m), wo links der Zugang zum Parador de El Adelantado mündet. Ab Parkplatz 2 Stunden.

Vor dem Maschendrahtzaun rechts. Links unten zeigt sich im Wald das rote Dach des Parador, an den Hängen des Guadalquivirtales. Kurz eben, dann hinauf zu einer Wiese. Vor ihrem Ende, 10 Minuten nach der Mündung des Parador-Zuganges, heißt es gut aufpassen: vom breiten Weg rechts ab, zwischen niedrigen Felszacken (rechts kleiner roter Punkt) und über diese Wiese zum lichten Waldrand. Links, dann halb rechts bergan und in die Westflanke der felsbesetzten *Loma de los Castellones*. Danach links an zwei großen Steinmännern vorbei und bald wieder ansteigen durch einen nieder bewachsenen Hang, der nach zwei Kehren rechtshaltend gequert wird. Passable Spuren berühren ein halbverfallenes Häuschen und kreuzen einen Querweg. Letzte Steigung! Dem Felshindernis links ausweichend erreicht man den Vorgipfel (ca. 1800 m). Ein Schau-Platz!

Jenseits des flachen Grassattels baut sich der Gipfelstock auf. Am besten rechts von dem rißdurchzogenen Nordgrat (Schwierig-

keitsgrad II-) durch die Nordwestflanke in leichter Kletterei (I, I+) zum trigonometrischen Punkt auf dem **Gilillo** (1847 m), wobei man nicht vergessen darf, daß in der Flanke auch wieder abgestiegen werden muß!

Nützliche Informationen

Anfahrt: Straße 328 von Peal de Becerro (14 km). Von Ubeda 46 km, von Jaén 101 km, von Tiscar 34 km, von Baza 100 km. Busverbindung (einmal täglich) von Jaén, Baza, Ubeda; von Granada Abfahrt 10 Uhr.
Ausgangsort: *Cazorla* (826 m), aus drei Stadtteilen bestehend, 10 000 Einwohner, Zentrum des Gebietes. Provinz Jaén.
Ausgangspunkt: Von Cazorla auf der Straße in den Naturpark 1,4 km, dann scharf rechts 900 m auf die Plaza (Bar Jerez) von La Iruela.

Dort rechts 2 km zu einer Aussichtskanzel (920 m); Parkraum.
Gehzeiten: Insgesamt etwa 6 Std. Parkplatz – Prado Redondo: 3/4 Std. Prato – Wegeinmündung vom Parador: 1 1/4 Std. Wegeinmündung – Vorgipfel: 1 1/4 Std. Vorgipfel – Gilillo: 10 Minuten. Rückweg: 2 1/2 bis 2 3/4 Std.
Unterkunft und Verpflegung: In Cazorla mehrere Ein-Sterne-Hotels wie *Amsterdam* (Hilario Marco 36); Tel. 720025; *Don Diego* (Hilario Marco 163); Tel. 720531; *Andalucia* (Martinez Falero 41); Tel. 721268; *Guadalquivir* (Nueve 6, ohne Restaurant); Tel. 720268. Der Autor übernachtete und speiste mehrmals zufrieden im *Hotel Sierra de Cazorla* (Ortsteil La Iruela, 2,3 km von Cazorla, links an der Straße in den Naturpark), balkonähnliche Lage, großer Parkplatz, Schwimmbad; Tel. 720015. Teurer: 5 km weiter, rechts oberhalb der Straße: *Los Ranchales* (auch Appartements), Tel. 721971. Im Ortsteil *Burunchel* (Straße in den Naturpark) einfache Hotels: *El Ciervo* (Tel. 721402), *El Control* (Tel. 720417). Im Naturpark (25 km von Cazorla) der abgeschiedene, komfortable *Parador El Adelantado* (Tel. 721075).
Jugendherberge: *Albergue Juvenil*, Mauricio Martinez 6 (Altstadt), Mahlzeiten; Voranmeldung: Tel. 720329.
Camping: Im Naturpark sechs Plätze. Nächstgelegen: *Puente de las Herrerias* (23 km von Cazorla, Tel. 720609). *Los Enebros* (27 km, Tel. 721610). Zufahrten im Naturpark beschildert.
Sehenswürdigkeit: • *Felsenburg der Tempelritter* von La Iruela. Auf der Straße (Carretera de la Sierra) Richtung Naturpark 2,2 km. Kurz vor dem Hotel Sierra de Cazorla führen aus der Linkskurve (Bar, Rastplatz) rechts Stufen hoch zur Burgruine, Aussichtspodest.
Auskunft: Oficina del Parque Natural, E-23470 Cazorla, Martinez Falero 11, Tel. (953) 720125.
Spezialliteratur: Gonzalo Cantos Crespo, *Andar por el Parque Natural de las Sierras de Cazorla, Segura y las Villas*. Ediciones Penthalón, Madrid 1989. Mit Karten- bzw. Wegeskizzen.
Wanderkarte: Plano Topográfico de las Sierras de Cazorla, Segura y las Villas 1:50000.

7 Felswarte Pico de Cabañas (2028 m)

Spritztour vom Puerto Llano

Tourencharakter: Unschwierig.
Höhenunterschied im Aufstieg: 240 Meter.
Reine Gehzeit: 1 1/4 Stunden.
Günstigste Jahreszeit: Frühsommer bis Herbst.

Pico de Cabañas – Kulminationspunkt der Sierra del Pozo. Der felsige Gipfelstock ist darüber hinaus, nach dem Empanada (2106 m) und dem Alto de la Cabrilla (2032 m), die dritthöchste Spitze des Parque Natural de las Sierras de Cazorla, Segura y las Villas, des 1986 bestätigten, mit 214000 Hektar – ein Fünftel der Provinz Jaén – größten spanischen Naturparks, wo mehr als 1100 Pflanzenarten wachsen. Außerdem Kiefern-, Eichen-, Erlen- und Pinienwälder. Solche Bilder entsprechen nicht den gängigen Vorstellungen von Andalusien als sonnenverbranntem Land.

Die UNESCO erklärte den Naturpark 1983 zum Biosphärenreservat. Weil die Cabañas-Besteigung nur ein Spaziergang ist, sollte man sie einbinden in eine Rundreise (107 km) – auch mit dem Fahrrad lohnend, aber anstrengend – durch den Südteil des Parks. Auf diese Weise erfährt man die Mannigfaltigkeit der vom Jungen Guadalquivir, der Lebensader Andalusiens, durchschnittenen tertiären Kalksteinsediment-Zone. Sie ist Bestandteil der Subbetischen Kordillere und erstreckt sich über die Sierra Nevada bis Gibraltar.

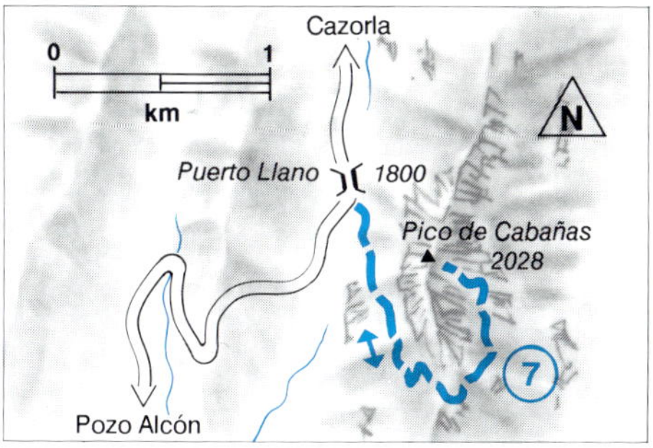

Der Pico de Cabañas über den Schwarzkiefern des Puerto Llano bietet sich als lohnender Abstecher bei einer Fahrt durch den südlichen Teil des Naturparks der Sierras von Cazorla, Segura und las Villas an.

Der Ausgangsort ist *Cazorla* (siehe Tour 6). Zu Füßen der Tempelritterburg von La Iruela führt die Straße in den Naturpark; an der Schranke wird die Autonummer notiert. Über die von Strandkiefern umgebene Puerta Las Palomas (1200 m) erreicht man den Ausguck *Mirador del Valle* hoch über der Talsohle des Guadalquivir. Gelegentlich können von hier aus Schlangenadler, Schmutzgeier und Gänsegeier beobachtet werden, wie sie sich hochschrauben und die Thermik nutzen. Der Bartgeier ist Ende der achtziger Jahre ausgestorben, vermutlich infolge genetischer Degeneration.

Etwa 20 Kilometer nach Cazorla links. Die Tafel verrät: »Nacimiento del Guadalquivir«. Nach 7 Kilometern endet hinter dem Campingplatz Puente de las Herrerias der Asphalt. Die Brücke sei im 15. Jahrhundert von Soldaten der Katholischen Könige errichtet worden, angeblich in einer Nacht.

Jetzt sind es noch 6 Kilometer zum Nacimiento, der »Geburt« des Guadalquivir in 1319 Meter Höhe: Hier treffen mehrere Bäche zusammen, die nun den Fluß bilden; man kann also nicht von einer Quelle sprechen. Der Name »Guadalquivir« stammt aus dem Arabischen und lautete ursprünglich »Wadi al Kabir«: 657 Kilometer lang, in den Golf von Cádiz mündend.

Nach der Brücke links durch die Cañada de las Fuentes (Schlucht der Quellen) und auf der passablen Schotterstraße bergan 9 Kilometer zum Puerto Llano, unserem Startplatz.

Links oben, auf dem Scheitel der gedrungenen Felsbarriere, ist bereits das Häuschen sichtbar, das offenbar zur Namensgebung des Cabañas beitrug. In seinem Schatten blüht Anfang Juni die *aquilegia cazorlensis*, eine Akeleiart aus dem Tertiär, die die klimatischen Wechselspiele der Eiszeiten überlebte, also mindestens 10000 Jahre alt ist und nur hier vorkommt.

Jenseits abwärts (17 km) zur Straße 323. Rechts über das romantische Tiscar (Wanderung 5) und über Quesada – Peal de Becerro wieder nach Cazorla.

Der Wegverlauf

Der Aufstieg beginnt am **Puerto Llano**, 200 Meter nach den Steinmännern (von Cazorla kommend). Halb links. Die Sperrkette passieren, dem breiten Weg folgen, der nach 10 Minuten ansteigt und links um eine imposante Felsecke herumführt. Durch einen Sattel. Bald erscheint südöstlich der Bolera-Stausee (Embalse la Bolera). Nach 1/2 Stunde verschmälert sich die Route. Der Pfad berührt ein gigantisches Felstor und endet beim Feuerwachthäuschen (Unterstand) des **Pico de**

Aufstieg am Felsstock des Pico de Cabañas.

Cabañas (2028 m). Ich saß abends auf den Felsen, mutterseelenallein im Schweigen der Dämmerung – bis die Sonne hinter der fernen Sierra Morena blutrot verschwand und der Bolera-Stausee zu flüssigem Silber schmolz. Unten, am Puerto, schlich schon die Kühle der Nacht aus den Schwarzkiefern.

Nützliche Informationen

Anfahrt: Von Cazorla durch den Naturpark 42 km. Von Süden (Straße 323) 17 km.
Ausgangspunkt: *Puerto Llano* (1800 m), Paß im südlichen Naturpark zwischen Sierra del Pozo und Sierra de Cazorla.
Gehzeiten: Insgesamt 1¼ Std. Puerto Llano – Cabañas: ¾ Std. Abstieg: ½ Std.
Unterkunft und Verpflegung: Siehe Tour 6.
Spezialliteratur: Gonzalo Cantos Crespo, *Andar por el Parque Natural de las Sierras de Cazorla, Segura y las Villas*. Ediciones Penthalón, Madrid 1989. Mit Karten- bzw. Wegeskizzen.
Wanderkarte: Plano Topográfico de las Sierras de Cazorla, Segura y las Villas 1:50000. Erhältlich u. a. in Cazorla.

8 Die Schluchten des Rio Borosa

Zur Laguna de Valdeazores

Tourencharakter: Unschwierige Wanderung. Für den Kanaltunnel ist eine Taschenlampe ratsam.
Höhenunterschied im Aufstieg: 650 Meter.
Reine Gehzeit: 5¼ Stunden.
Beste Jahreszeit: Ende Mai bis Herbst.

Der Parque Natural de las Sierras de Cazorla, Segura y las Villas, wo alleine im August und September 200000 Besucher (pro Jahr 750000) gezählt werden – von denen nur ganz wenige wandern –, offenbart in der Herzkammer sein Geheimnis in Form einer gigantischen Schlucht, des Barranco de Rio Borosa, gut 2 Stunden von der Straße entfernt: ein Naturwunder Andalusiens.

Der Wegverlauf

Vom **Parkplatz** auf dem Sträßchen den hier noch zahmen **Rio Borosa** entlang, der 25 Minuten später auf einer Steinbrücke überschritten wird. Regenbogenforellen huschen pfeilschnell durch den klaren Bach, aus dem wohltuende Kühle strömt.

Zunächst orographisch links, dann wieder rechts von dem Flüßchen. Nach insgesamt 40 Minuten und kurzem Anstieg nicht auf dem Fahrweg weiter, sondern halb rechts am Rio Borosa, nun auf einem Wanderweg in 1¼ Stunde in die **Cerrada de Elias** (760 m). Diese 200 Meter lange romantische Felsenklamm ist durch eine Weganlage erschlossen und stellt den ersten Höhepunkt dar. Endstation für die meisten Ausflügler!

Anschließend auf einem Schottersträßchen in das Tal hinein, aufwärts. Im Hintergrund erscheinen imponierende Felsgestalten. Der Rio Borosa bildet streckenweise eine tiefe Klamm. Ein Hochtalboden öffnet sich nach Süden. Wir erkennen die Rohrleitung, wel-

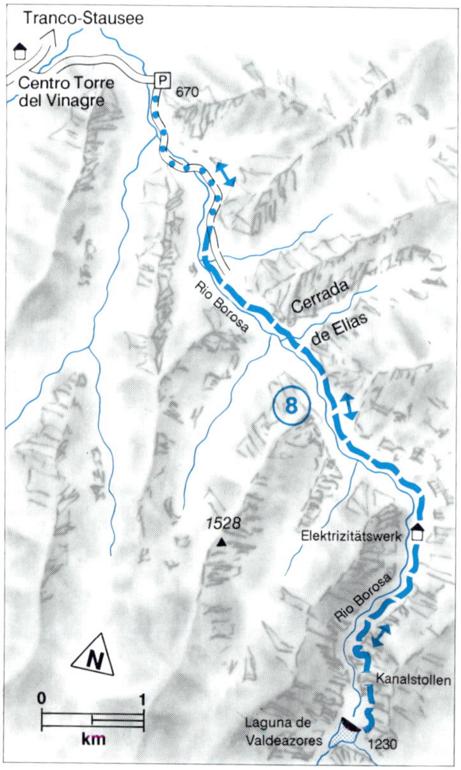

che das Wasser aus dem Stausee zu den Turbinen des Elektrizitätswerkes leitet und zugleich den Rio Borosa nährt. Am **Elektrizitätswerk** (940 m) rechts vorbei. Ein Weglein führt in den Talhintergrund, wo die Felsen zunehmend gigantischer werden, geradezu erdrückend wirken, sobald der Pfad unmittelbar zu ihren Füßen verläuft. In der Trockenklamm zeugen phantastisch gestaltete Auswaschungen von den Wasserspielen der Jahrtausende. Alpenkrähen erfüllen mit kreischenden Schreien den Cañon. Die Großartigkeit steigert sich. Am Weg gähnen Tropfsteinhöhlen. Überwältigend der Talschluß, in den der Fluß einst in einer Kaskade stürzte.

Hier wendet sich der Pfad links und führt unter hohen Wänden zum betonierten **Kanal**. Er kommt aus einem Felsstollen, der durch Öffnungen spärliches Licht empfängt und den Weiterweg anzeigt: fünf Minuten Dunkelheit auf schmaler Spur entlang der Rinne in einen Kessel. Wenig später durch einen kurzen Tunnel, dann wird die Staumauer sichtbar. Halb links hoch zur Krone des Staudamms der **Laguna de Valdeazores** (1230 m) inmitten alter Schwarzkiefernbestände. Vom Parkplatz nicht ganz 3¼ Stunden. Rückweg auf der gleichen Trasse.

Nützliche Informationen

Anfahrt: Von Cazorla in den Naturpark. Dort den Tafeln »Torre del Vinagre« folgen, 33 km. Vom Embalse del Tranco 6 km.
Ausgangsort: *Centro Torre del Vinagre,* Infor-

Senkrechte Wände bilden den landschaftlichen Höhepunkt der Borosaschlucht. Die Löcher im Fels »beleuchten« den Stollenkanal.

Die Cerrada de Elias vermittelt den Zugang in die grandiose Borosaschlucht.

mationszentrum über den Naturpark im Guadalquivirtal. Verkauf von Wanderkarten, Büchern, Dias, Andenken; Ausstellungsräume, Jagdmuseum. Öffnungszeiten: 11–14 Uhr, 16–19 Uhr, Mo. geschlossen. Unweit davon Botanischer Garten.

Ausgangspunkt: *Piscifactoria del Rio Borosa* (670 m). Zufahrt: Gegenüber dem Centro Torre del Vinagre der Straße (Schild: »Central Electrica«) 1,7 km bis zur Forellenzucht folgen. Parken jenseits der Brücke.

Gehzeiten: Insgesamt etwa 5½ Std. Parkplatz – Cerrada de Elias: knapp 1 Std. Cerrada – Elektrizitätswerk: 1 Std. Elektrizitätswerk – Tunneleingang: 1 Std. Tunneleingang – Stausee: ¼ Std. Rückweg auf der gleichen Trasse: 2¼ bis 2½ Std.

Unterkunft: Im Guadalquivirtal mehrere Hotels, u. a. bei der Anfahrt von Cazorla das *Hotel Montaña* (Tel. 72 20 83), *Hotel Rio* (Tel. 72 02 11), *Hotel Enebros* (Tel. 72 16 10). Weitere Hotels Richtung Tranco-Stausee und am See, z. B. empfehlenswert: *Pension Paraiso de Bujaraiza* (Tel. 72 06 35). Siehe auch Tour 6.

Verpflegung: Beim »Centro« kleiner Kiosk. 40 m vom Ausgangspunkt Café-Bar *Los Monteros*.

Camping: Bei der *Bar La Loma*, 700 m vom Ausgangspunkt. Auf der Anfahrt von Cazorla (25 km): *Los Enebros* (bei dem gleichnamigen Hotel, Tel. 72 16 10). Richtung Tranco-Stausee vier Plätze.

Sehenswürdigkeit der Umgebung: • *Tierfreigehege* (Parque Cinegético), 12 km entfernt am Tranco-Stausee.

Auskunft/Spezialliteratur/Wanderkarte: Siehe Tour 6.

9 Guadix und seine Cuevas

Auf den Spuren der Höhlenbewohner

Tourencharakter: Spaziergang.
Höhenunterschied im Aufstieg: Etwa 50 Meter.
Reine Gehzeit: Je nach Besichtigungszeit mehrere Stunden.
Beste Jahreszeit: Frühling bis Herbst.

Den einprägsamsten Blick über die Barriada de Cuevas – das Stadtviertel der Höhlen – vermittelt die Alcazaba. Schwach südwestlich springt das Kalkweiß der wabenähnlichen Häuser und Höhlen knallig aus der okkerfarbenen, erodierten Landschaft der fruchtbaren Lößebene um Guadix nordwestlich der hochragenden Sierra Nevada. Die Alcazaba reicht ins 10. Jahrhundert zurück, als Araber ihr »Wadi Asif« (Flußtal) durch

Im Stadtviertel Barrio de Santiago von Guadix höhlten die Bewohner den weichen Lößstein für ihre Wohnungen aus.

Mauern schützten und die Festung gründeten.

Höhlenwohnungen gab es schon seit Jahrtausenden, denn die Iberer, wahrscheinlich aus der Sahara eingewanderte Ureinwohner Spaniens, lebten in Höhlen und Steinbauten. Der »primitive iberische Wohnblock unterschied sich in seiner Unwirtlichkeit kaum von Höhlenwohnungen«, schreibt Carl Benedek. Er rekonstruiert die internen Verhältnisse: »Wohl hatten sie versucht, von einer Höhle zur anderen im Innern der Felsen Tunnels zu graben, doch erlaubten die trotzdem zu entfernten Höhlen der immer größer werdenden Familie kein so inniges Zusammenleben wie die aneinandergeklebten Wohnblöcke ihrer nun entstehenden Familienfestungen.« Da iberische Gemeinwesen ausnahmslos in Felsen wurzelten, lebte die Höhlenmentalität in den Häusern fort. Sie hatten ein rund 2 Meter tief aus dem Fels gehauenes Untergeschoß als Sommerwohnung sowie einen oberirdischen Stock für kalte Monate. Noch vor einem halben Jahrhundert hauste in der Umgebung von Guadix jeder Vierte in einer Höhlenwohnung.

Guadix war eine iberische Siedlung. Ab dem 3. Jahrhundert v. Chr. wurde daraus das römische Militärlager »Julia Gemella Acci«. Torquatos, einer der sieben Andalusien um 60 n. Chr. zum Christentum bekehrenden Missionare, wurde zunächst vertrieben, klagt die Legende. Als seine Verfolger eine Brücke passierten, soll diese zusammengebrochen sein. Von diesem Wunder beeindruckt, nahm Guadix den neuen Glauben an. Torquatos wurde der erste Bischof. Steht hier die Wiege des spanischen Christentums? Auch unter den Westgoten, seit dem 5. Jahrhundert auf der Iberischen Halbinsel, blieb die Stadt Bistum, eines von zwanzig in Spanien.

Der Islam unterbrach die Tradition, nicht aber die Bedeutung. Der politisch und militärisch unfähige, wie seine Mutter A'isha lediglich intrigante Abu Abd Allah – in der spanischen Verballhornung »Boabdil« –, letzter Herrscher aus der seit 1237 in Granada residierenden Nasriden-Dynastie, wurde hier 1482, nachdem er seinen Vater Muley Abul Hassan entthront hatte, zum König Granadas proklamiert. Boabdils Onkel »El Zagal«, kurzzeitig König im Machtroulett (1485/86), verlor Guadix am 29. Dezember 1489, nach Baza (4.12) und Almería (23.12.) an die Katholischen Könige. Er setzte sich freiwillig nach Fez ab, wo ihn der Sultan verhaften und blenden ließ. »Der ehemalige Emir von Granada beschloß seine Tage als Bettler.« (Philippe Erlanger)

Auf den Fundamenten der Freitagsmoschee entstand die Kathedrale Santa Maria de la Encarnación nach dem Vorbild der Kathedrale von Málaga. Guadix ist noch immer Bischofssitz: der älteste Spaniens. Die Stadt lebt von Landwirtschaft (u. a. Orangenanbau) und Handwerk mit Schwerpunkt Keramikproduktion und Hanfverarbeitung.

Übrigens verdankt Buenos Aires seine Gründung 1535 einem hier Geborenen: Pedro de Mendoza (1487–1537). Auch der Schriftsteller Pedro Antonio de Alarcón (1833–1891) stammt aus Guadix. Seine Novelle »Der Dreispitz« erschien 1886 auf deutsch und wird heute von Reclam verlegt. Schwere Zerstörungen hinterließ der Spanische Bürgerkrieg (1936–1939). Doch bei der Restaurierung der Plaza de la Paloma konnten das Renaissance-Ambiente und an der arkadengesäumten Plaza Mayor mehrere Gebäude des 17. und 18. Jahrhunderts gerettet werden. Unbeschadet blieben die Cuevas – angeblich die menschenreichste Höhlensiedlung der Welt –, ein Minikosmos, geschart um die im 18. Jahrhundert geweihte Kirche Nuestra Señora de Gracias. Am Platz davor erinnert die Bronzebüste auf einem Sockel an den Priester Pedro Poveda, den Apostel der

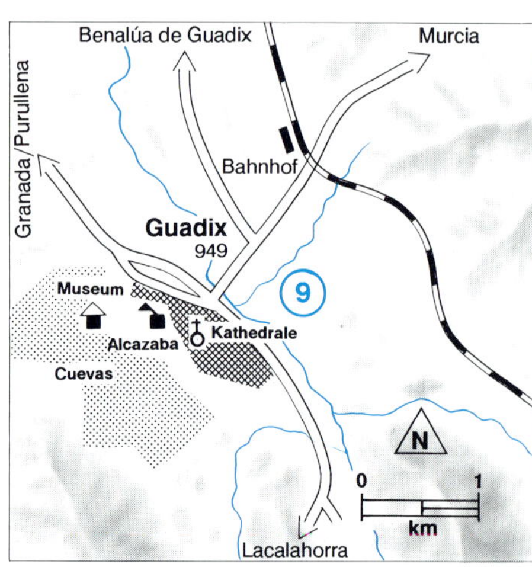

Cuevas. 1974 würdigte die UNESCO das engagierte Wirken des Humanisten und Pädagogen. Mittlerweile entsprechen die meisten Höhlenwohnungen, deren niedere Rundkamine wie Pilze wirken, allgemein üblichem Wohnkomfort: Elektrizität, Telefon und Fernsehen sind eingezogen. Nur das kleine, 1991 in einer »cueva« eröffnete Museum am Kirchplatz bewahrt die Vergangenheit. Etwa 300 Menschen leben in den malerischen, verschachtelten Höhlen, erzählt ein »cuevero«, darunter etliche »gitanos«, Zigeuner aus Italien, die im 15. Jahrhundert nach Spanien kamen (heute sind es rund 700000).

Der Wegverlauf

In Anbetracht der komplizierten örtlichen Gegebenheiten wird ausnahmsweise auf eine Routenbeschreibung verzichtet. Der Bummel soll nämlich ganz individuell erfolgen, entsprechend den Freiräumen, welche die Höhlensiedlung bietet.

»Puedo pasar?« – Darf ich eintreten? Nur selten wird die Frage mit einem freundlichen Kopfnicken beantwortet, vielfach mit aufgehaltener Hand: »propina« – Trinkgeld gefällig!

Nützliche Informationen

Anfahrt: Von Granada (60 km) auf der Schnellstraße Richtung Murcia. Von Almería 112 km, von Murcia 226 km. Gute Busverbindungen, u. a. neunmal täglich mit Granada (Calle Rector Martin Ocete) durch die Gesellschaft Autedia. Station der Eisenbahnstrecke Almería–Linares; Bahnhof 2 km vom Zentrum.
Ausgangsort: *Guadix* (949 m), 19860 Einwohner. Nordöstlich von Granada.
Ausgangspunkt: *Cueva-Museum.* Braune Hinweisschilder: »Cueva-Museo, Barriada de Cuevas«.
Parken: Vor dem Museum bzw. der Kirche.
Unterkunft und Verpflegung: *Hotel Carmen* (Einfallstraße von Granada); Tel. (958) 661511. *Hotel Comercio* (Calle Mira de Amezcua 3, im Restaurant andalusische Küche); Tel. 660500.
Sehenswürdigkeiten: • *Cueva-Museo,* geöffnet 10–13 Uhr, 17–20 Uhr, Sa./So. 17–19 Uhr. • *Kathedrale Santa Maria de la Encarnación,* dreischiffig, ursprünglich 16. Jahrhundert, während des 18. Jahrhunderts umgestaltet im Churriguerismus, einem dekorationsreichen, hochbarocken Architekturstil (typisch das Chorgestühl von 1741), den die Brüder Churriguera nach 1700 in Kastilien kreiert haben; Torquatos-Kapelle (neben der Hauptkapelle), 16. Jahrhundert. Monumentalfassade (1754–1760) mit frühklassizistischen Elementen. Glockenturm aus arabischen Ziegeln. • *Alcazaba,* ehemalige Maurenburg, 1948 restauriert, schönster Aussichtsplatz der Stadt. Eingang durch das 1596 gegründete, im 19. Jahrhundert erneuerte Seminar, eines der ältesten Spaniens. Besichtigung 9–11 Uhr, 15–17 Uhr; spanisches Informationsblatt.
Sehenswürdigkeiten der Umgebung: • *Cuevas* im benachbarten *Purullena* (5 km). • *Lacalahorra* (20 km südöstlich, rechts der Straße 324); täglich zwei Busse von Guadix. Feudale, weitum sichtbare, durch vier kuppelgedeckte Ecktürme und drei Meter starke Mauern bewehrte Burg nach kastilischem Vorbild. Erbaut von 1500 bis 1513 – trotz des Verbotes, Festungen zu errichten – unter Rodrigo de Vivar y Mendoza (gest. 1522), unehelicher Sohn des Kardinals von Toledo und Beichtvaters der Königin Isabella, Pedro González de Mendoza. Markgraf Rodrigo soll das Castillo seiner sechzehnjährigen, aus einem Kloster entführten und gegen den königlichen Willen geheirateten adligen Gattin zum Brautgeschenk gemacht haben. Verbürgt ist jedoch nur seine zweite, 1506 geehelichte Frau, Maria de Fonseca; Wappen über dem Eingangstor. Das Innere, ältestes Musterbeispiel italienisch-spanischer Renaissance, schmückten hauptsächlich Lombarden. Die aus Carrara-Marmor bestehenden Zierelemente wurden in Genua gemeißelt. Unmöbliert. Im Besitz der Herzöge von Infantado. Fußweg (gut 5 Minuten) vom nordöstlichen Rand der Ortschaft Lacalahorra. Besichtigung: Mi. 10–13 Uhr, 14–16 Uhr, sonst bei dem Kustoden Antonio Tribaldos läuten (Calle las Claveles 2); Trinkgeld!
Auskunft: Patronato Municipal de Turismo, Plaza de la Constitución 1, E-18500 Guadix; Tel. (958) 660116.

Die Alhambra, das maurische Bollwerk über Granada, gürtet ein türmebesetzter Festungsring. Mit ihrem Bau wurde gleich nach der Eroberung Andalusiens durch nordafrikanische Muslime (711 n. Chr.) begonnen.

10 Granada – letzte Bastion der Mauren

Ein orientalisches Märchen

Stadtrundgang: Plaza Nueva – Alhambra – Generalife – Albaicín – Plaza Nueva – Plaza de Isabel la Católica – Capilla Real – Kathedrale.
Höhenunterschied im Aufstieg: Etwa 150 Meter.
Reine Gehzeit: 3 bis 4 Stunden. Bei gründlicher Besichtigung mindestens einen Tag.
Günstigste Jahreszeit: Frühling, Herbst.

Für Detailbetrachtungen der Alhambra und der Kathedrale ist spezielles, im örtlichen Buchhandel erhältliches Schrifttum erforderlich (unbedingt mit Grundrißskizze und Erklärung der Räumlichkeiten) bzw. Reclams Kunstführer.

»Nichts ist schlimmer im Leben, als blind zu sein in Granada!« Mag diese Redensart, abgeleitet von einem Vierzeiler des mexikanischen Dichters Icaza, am Pulverturm der Burg, lokalpatriotisch akzentuiert sein – Granada und besonders die Alhambra, Inbegriff islamischer Kunst diesseits von Gibraltar, erscheint dem Reisenden wie ein Traum aus Tausendundeiner Nacht.

»Al-Kasbah al-Hamrah« liest man erstmals im Jahre 889. Granada selbst ist älter, prähistorisch. Unser Staunen gilt dem maurischen Granada. Es stammt im wesentlichen aus dem 11. Jahrhundert, der Epoche nach dem Sturz des von Bagdad unabhängigen Kalifates Córdoba durch fanatische nordafrikanische Muslime. Sie schufen 23 Kleinstaaten (*taifas*) bzw. oligarchische Republiken. Berberfürst Zawi ibn-Ziri erklärte 1013 Granada zur Metropole eines Reiches, das der Ziriden-Dynastie. Ihr folgten die Almoraviden (1090) und die Almohaden (1148), allesamt aus Nordafrika.

Gegen diese Fremdherrschaft erhob sich 1237 ein in Spanien geborener Araber aus dem Geschlecht der Beni Nasr zu Jaén. Sein vollständiger Name: Mohammed ibn-Jusuf ibn-Nasr ibn al-Ahmar. Ibn al-Ahmar – Sohn des roten Mannes –, Vasall König Ferdinands III. von Kastilien und diesem tributpflichtig, nannte sich Mohammed I. Ein Kantonist, gerissen, skrupellos. Gemeinsamkeit unter Allahs Mantel gab es nur im »quaran« (Koran): »Bibel« und Gesetzbuch, göttliche Offenba-

rung, die der Prophet Mohammed laut islamischer Lehre um das Jahr 610 empfangen hatte. Politisch und militärisch war das arabische Iberien genauso zerstritten, wie es die moderne arabische Welt ist.

Musterbeispiel: Mohammed I., Monarch des Reiches Granada – annähernd so groß wie die Schweiz, drei Millionen Einwohner –, zu dem die Provinzen Málaga und Almería gehörten, half, eigene Rückendeckung erhoffend, 1248 dem König von Kastilien beim Sturm auf das muslimische, von Almohaden regierte Sevilla. »Ghâlib« (Eroberer), jubelte Granada bei der Rückkehr Mohammeds. »Ohne Zweifel war es eine schmerzliche Stunde für ihn«, beleuchtet der spanische Essayist Alfonso Lowe den dramatischen Hintergrund, »in der er die Umstände verfluchen mußte, die ihn getrieben hatten, den Christen bei der Unterdrückung seiner Glaubensgefährten beizustehen«. Mohammed rechtfertigte sich mit dem Ausspruch »lâ ghâlib ailla-l-lâh« – »Es gibt keinen Sieger außer Allah«, der sich in der Alhambra tausendfach wiederholt.

Isabella und Ferdinand II. wiederum nahmen dem letzten Nasriden, Abu Abd Allah, verballhornt »Boabdil«, von den Spaniern als »Rey Chico« (kleiner König) belächelt, einem Schwächling, in der denkwürdigen Nacht vom 1. auf den 2. Januar 1492 kampflos Granada ab. Inquisitoren geißelten die Mauren zum Christentum, wenn sie nicht flüchteten bzw. nach Afrika emigrierten. Was scherten sie die vertraglichen materiellen und ideellen Zusicherungen »in alle Ewigkeit«? Zwangstaufe war eine der repressiven Maßnahmen, nach 1570 erfolgte die Umsiedlung der 19000 in Granada gebliebenen Morisken (getaufte Mauren). In Spanien fielen 80000 diesem Edikt zum Opfer. Anfang des 17. Jahrhunderts jagte König Philipp II. sämtliche »moriscos« – noch fünf Prozent der Bevölkerung – aus dem Lande.

Unter Mohammed I. wurde auf dem Sabikah-Hügel die Alcazaba, von den Almoraviden und den Almohaden jeweils geschleift, zum stark befestigten Regierungssitz ausgebaut. Spätere Nasriden, Ismail I. (1313–1325), hauptsächlich Jûsuf I. (1335–1354), ein begnadeter Dichter, und sein Sohn Mohammed V. (1354–1391), relativ friedsame Potentaten, ergänzten »kalat al-Hamra« – Rote Festung – mit den Prachtbauten, die wir heute bewundern, und vergrößerten die Stadt: Heimat für geschätzte 100000 Menschen – Muslime und Juden – , darunter massenhaft Flüchtlinge aus mittlerweile christlichen Gebieten. Letzter bedeutender islamischer Brückenkopf Spaniens! Jûsuf stiftete 1346 gegenüber der Freitagsmoschee (bei der Kathedrale) eine Universität: die einzige im maurischen Spanien; üblicherweise dozierten Gelehrte in und vor der Moschee. Mohammed ließ 1365 das erste Krankenhaus Andalusiens errichten.

Granada heute: Autogewühl und Abgase, Touristennepp beim Pseudo-Flamenco, schreiende Armut – Idylle, gar Quintessenz Andalusiens? Meines Erachtens alles in einem, intim und dichtgedrängt, leger und arrogant, laut und lauschig. Wo schlägt das Herz Granadas? In den lichtumfluteten Patios der Alhambra? Im Labyrinth des Albaicín? Am »Zigeunerberg«, dem Sacromonte, dessen Höhlen die »gitanos« längst mit dünnwandigen Sozialwohnungen oder »chabolas« (Baracken) an der Peripherie vertauscht haben? Um die Kathedrale, im Viertel Alcaicería, einst der Seidenbazar im Schatten der Freitagsmoschee? Beim abendlichen »paseo« von jung und alt auf der »Bibarambla« – Plaza de Bib-Rambla – oder absolut »tipico« an den Theken der Tapas-Kneipen am Campo del Principe, bei schönem Wetter an Tischen im Freien? Dort herrscht volkstümliche, familiäre Biergarten-Atmosphäre à la Andalucia!

Es kommt auf die individuellen Wünsche an, die Vorstellungen, den ersehnten Horizont. Schenken Sie dem Hofpoeten und Wesir Mohammeds V., Ibn-Zamrak, der heimtückisch erdolcht wurde, Gehör! Seine Hymne auf die Stadt, um 1350 verfaßt, begann mit der Einladung »So komm und schau…«

Stadtrundgang

Ginge es nach der Dramaturgie, sollte die Alhambra den krönenden Schlußakkord bilden. Es empfiehlt sich jedoch, bei Kassenöffnung (9 Uhr) einzutreten, ehe der hektische Ansturm einsetzt. Ohnehin vertragen die Eindrücke, soll sie die Erinnerung nachhaltig bewahren, vorher keine Sättigung. Bedenken Sie bei der Tagesplanung: Granada ist während der Siesta leer, verglichen mit sonstigen Verkehrszeiten. Allerdings bleiben Capilla Real und Kathedrale von 13 bis 16 Uhr geschlossen, indes sind das Archäologische Museum und das Arabische Bad (am Rückweg von der Alhambra) bis 14 Uhr offen.

Zur Dämmerung hin erwacht der Albaicín aus seiner Schläfrigkeit. Jalousien werden hochgezogen, aromatische Essensgerüche kitzeln die Nase. Hinter Mauern verstecken sich »cármenes«, idyllische Terrassengärten. Vom Mirador San Nicolás, dem Kirchplatz, aus betrachtet, scheinen die Alhambra-Bastionen zu brennen im schwindenden Tageslicht. Zypressenkonturen stehen schwarze Parade, wirken steif und streng, nicht mehr mediterran-heiter wie im Licht. Das Firnweiß der Sierra Nevada genießt noch Sonnenschein, während die fruchtbare Vega, das Umland Granadas, in die Falten der Nacht schlüpft.

Am Sacromonte stimmen »Caballeros« routiniert-abwesend ihre Gitarren, schlüpfen grell geschminkte Schulmädchen aus ihren Jeans in bunte Kleider, verwandeln sich bie-

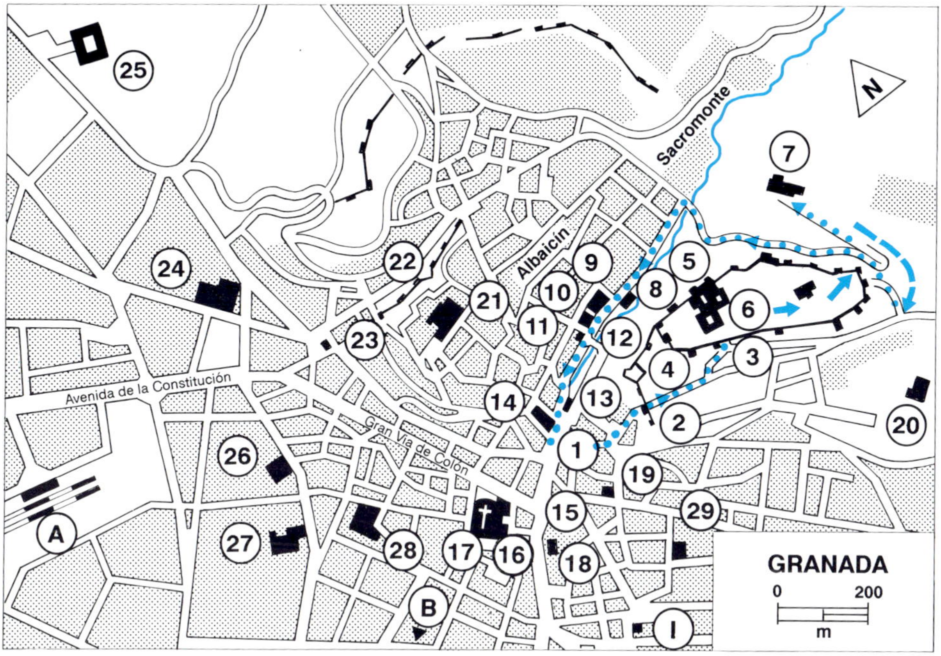

Stadtplan von Granada:
① *Plaza Nueva,* ② *Puerta de las Granadas,* ③ *Puerta de la Justicia,* ④ *Alcazaba,* ⑤ *Alhambra,* ⑥ *Palacio de Carlos V,* ⑦ *Generalife,* ⑧ *San Pedro y San Pablo,* ⑨ *Archäologisches Museum,* ⑩ *Convento de Santa Catalina de Zafra,* ⑪ *El Bañuelo (Arabisches Bad),* ⑫ *Puente del Cadí,* ⑬ *Santa Ana,* ⑭ *Real Cancilleria,* ⑮ *Monumento a Isabel la Católica,* ⑯ *Capilla Real,* ⑰ *Kathedrale,* ⑱ *Corral del Carbón,* ⑲ *Heimatmuseum,* ⑳ *Casa-Museo Manuel de Falla,* ㉑ *Monasterio de Santa Isabel la Real,* ㉒ *Stadtmauern des Albaicín,* ㉓ *Puerta de Elvira,* ㉔ *Hospital Real,* ㉕ *Monasterio de la Cartuja,* ㉖ *San Juan de Dios,* ㉗ *San Jerónimo,* ㉘ *Santos Justo y Pastor, Convento de la Encarnación, Colegio Mayor Universitario de San Bartolomé y Santiago,* ㉙ *Santo Domingo,* Ⓐ *Bahnhof,* Ⓑ *Busbahnhof,* Ⓘ *Information.*

dere Hausfrauen in heißblütige Señoritas. Sie harren der Pauschalisten, die in hoteleigenen Kleinbussen angekarrt werden für die halbstündige »Flamenco-Show« inklusive einem Glas billigen Wein. Olé!

Alhambra

Pro Tag pilgern durchschnittlich 5500 Personen den Herrscherhügel hoch, gewöhnlich, abzweigend von der zentralen **Plaza Nueva** (1), auf der steilen *Cuesta de Gomérez,* in der noch etliche »guitarreros« ihre Werkstätten haben. Andenkengeschäfte. Bars und Schnellgaststätten überwiegen jedoch. Die *Puerta de las Granadas* (2), errichtet 1536 auf maurischer Torbasis und gekrönt von drei Granatäpfeln, stellt die Verbindung her zwischen den Torres Bermajas (rechts) und der Alcazaba. »Dare limosna« (gib Almosen), betteln Zigeunerinnen und stecken Weichherzigen eine Nelke ans Gewand (wobei gelegentlich die Brieftasche verschwindet). Losverkäufer propagieren das Glück im singenden Ton muslimischer Muezzine, der Gebetsrufer.

Halb links weiter, empor zum Haupteingang, der **Puerta de la Justicia** (3) aus dem Jahre 1348. Am Schlußstein des Hufeisenbogens symbolisieren die fünf Finger einer Hand die fünf unabdingbaren Pflichten jedes Moslems: Glaubensbekenntnis für Gott und seinen Propheten, Gebet, Fasten, Almosengaben (dazu zählten u. a. Boden- und Viehsteuer), Wallfahrt nach Mekka. Den Besucher führt ein vierfach rechtwinklig geknickter Gang – zur besseren Verteidigung – auf das Alhambra-Plateau. Billett im *Caja-Pavillon*. Öffnungszeiten: Werktags 9–20 Uhr, sonntags bis 17.45 Uhr. Di., Do., Sa. auch 22–24 Uhr. Ende September bis Anfang April 9–18 Uhr, Sa. auch 20–22 Uhr.

Die reichverzierte **Puerta del Vino**, arabisch »Bab al-Hamra«, war seit 1556 Ausgabedepot von steuerfreiem Rebensaft für die Alhambra-Belegschaft (van Hees). Die eigentliche Alcazabafront verstärken drei Türme: Rechts der knapp 27 Meter hohe, fünfstöckige **Torre del Homenaje** (Huldigungsturm). Er gestattet den Zugang in das älteste Festungsareal: die **Alcazaba** (4), Residenz des Vaters der hiesigen Nasriden-Dynastie, Mohammed I. Den Innenhof – Plaza de las Armas – gliedern die Grundmauern von Kasernen, Bädern etc. In den »mazmorras«, unterirdischen Kerkern, schmachteten christliche Sklaven. »Schlimme Geschichten über ihre Leiden werden erzählt«, weiß Alfonso Lowe und betont, daß »gefangene Mauren bei den Christen vergleichsweise gut behandelt wurden«, nicht etwa aus Humanität, sondern weil »die meisten Mauren Künste oder Handwerke beherrschten, die sie ihren Herren wertvoll machten, was umgekehrt nicht oft der Fall war«.

Die Alcazaba springt gleich einem Schiffsbug vor, dreiseitig natürlich geschützt. Türme ragen als leere Drohung empor. Der beschilderte Rundgang leitet zur *Torre de la Pólvora* (Pulverturm) mit dem anfangs zitierten Vierzeiler auf einer kleinen Steintafel. Es folgt die aussichtsreiche **Torre de la Vela** (Turm der Wachen), 26,80 Meter hoch. Auf der Plattform hißten die katholischen Eroberer 1492 ihre violette Standarte sowie das Santiago-Banner und pflanzten ein Kreuz auf. Die Glocke kündet alle Jahre wieder am 2. Januar – »Dia de la Toma« – das epochale Ereignis: Einnahme Granadas, Endsieg über Spaniens Islam, den damals das ganze christliche Europa bejubelte. Seit 1571 läutet sie auch am 7. Oktober zur Erinnerung an die Niederlage der Türken in der Seeschlacht von Lepanto im Golf von Korinth.

»Puerta de las Armas«: Tafeln zeigen den Weiterweg zur ehemaligen Hauptpforte in der *Torre de las Armas*. Durch sie verlassen wir die Zitadelle und spazieren im äußeren Mauerring entsprechend den Schildern »Palacios Nazaries«. Rechter Hand stört der kalte Würfel des *Palacio de Carlos V.* Er ist in meinen Augen ein barbarisch anmutender Schandfleck, wenn auch der mit dem Werk beauftragte Meister Pedro Machuca bei Michelangelo lernte. Obwohl Karl V. anläßlich seiner Stippvisite 1526 den Entschluß für den Bau (Vollendung erst nach 1590) faßte, hätte ihn, ähnlich wie bei der Kirche in der Moschee zu Córdoba, dessen endgültige Wirkung gewiß enttäuscht. Zum Zeitpunkt, da die Arbeiten 1568 wegen der Moriskenrebellion, ausgelöst durch drückende Steuern in Höhe von 80000 Dukaten für den Palast, eingestellt wurden, lag der Kaiser schon zehn Jahre im Grab. Italienisch geprägte, klotzige Renaissance, mag sie kunsthistorisch für Spanien noch so bedeutsam sein, stört schlichtweg neben spielerischer Phantasie, feenhafter Anmut, filigraner orientalischer Kunst. Dieses Lebensgefühl offenbart sich so herrlich wie nirgendwo anders auf der spanischen Halbinsel im Ensemble des **Alhambra-Palastes** (5). Wundervolles in »einem irdischen Dasein, das die Freuden des versprochenen Paradieses vorwegnahm«, beschrieb Alfonso Lowe den Schwanengesang maurischer Regentschaft. Orthodoxe islamische Kunst verzichtet – nur Allah habe das Recht, menschliche Körper zu formen! – auf figürliche Schmuckelemente. Sie fasziniert in der Beschränkung auf ornamentale, rankenartige und geometrische, durch kufische Lettern (Variation der arabischen Schrift, nach der irakischen Stadt Kufa genannt) bereicherte Dekorationen, in der Alhambra vorwiegend mit Metallmodeln in den feuchten Gips eingedrückt oder aus getrockneter Masse geschnitten – »Spinnweben Gottes«.

Dem *Mechuar*, der Audienzhalle Ismails I., ist ein enger, überkuppelter »mihrab« (Gebetsnische) in Form eines Hufeisenbogens angefügt. »Sei nicht unter den Nachlässigen. Nahe dich im Gebet«, mahnt die Inschrift. Die »salat« wurde nach Weisung des Propheten in Medina morgens, mittags und abends vollzogen; das spätere fünfmalige Gebet belegt der Koran nicht.

Crescendo der Alhambra-Symphonie: **Patio de los Arrayanes** (Myrtenhof, 36,60×23,50 m), einer der Prunkhöfe, Bestandteil des Serail, wo Empfänge stattfanden. Der Myr-

Der Myrtenhof in der Alhambra. Darüber der Torre de los Comares.

tenhof geht auf Jûsuf I. (1334–1354) zurück, sein Nachfolger Mohammed V. (1354–1391) ließ die Dekoration der meisten Flächen jedoch neu gestalten. Das flache Wasser des Zierbeckens, das ringsum Myrtenhecken säumen, spiegelt den siebenbogigen Portikus an der Schmalseite und den wuchtigen, 45 Meter hohen **Torre de los Comares**. Der Turm birgt ebenerdig den größten Saal der Alhambra: *Salón de Comares*, umgeben von neun Gemächern. Er dürfte Thronsaal gewesen sein, sicherlich der des 1354 beim Gebet in der Palastmoschee ermordeten Jûsuf I., denn ein Gedicht über dem Fliesensockel läßt den Raum sprechen: »Mein Gebieter Jûsuf, der Günstling Allahs, hat mich geschmückt mit Gewändern aus Glanz und Ruhm und nicht aus Stoff. Und er hat mich auserwählt als Thron des Königreiches. Möge seiner Hoheit der Herr des Lichtes und des göttlichen Himmelsthrones beistehen.« Den Himmel verkörpert in 18 Meter Höhe das Geflecht der Zedernholzdecke aus acht- und sechzehnzackigen Sternen. Stuckarabesken an den Wänden variieren in 152 verschiedenen Motiven. Atemberaubende, sublime Pracht! Ist das überhaupt Menschenwerk?

Diese Frage stellt sich zugespitzt im **Patio de los Leones** (28,50×15,70 m). Der Löwenhof, eine »Erfindung« der katholischen Eroberer, erhielt seinen Namen von den zwölf stilisierten, wasserspeienden, im Orient gemeißelten Löwen, die wahrscheinlich aus einem Palast des 11. Jahrhunderts stammen, während die Schale sowie der Patio an sich der Ära Mohammeds V. angehören. Zumindest verweist das den äußeren Beckenrand umschlingende Schriftband auf den Nasriden: »Gesegnet sei Er, der Mohammed die Idee schenkte, seine Residenz zu schmükken...« Des weiteren verklärt der Verstext die Symbolik und Schönheit des Wassers als Lebenselixier. 128 Säulen der versetzten Arkadenreihe bilden den Gürtel. Früher wuchsen in dem nach persischen Vorbildern gestalteten Hof Orangenbäume.

Wir sind im *Harem*: absolute Privatsphäre des Herrschers, seiner Frauen samt Odalisken, das heißt Sklavinnen der Haremsdamen sowie Konkubinen des Gebieters, von dem sie nach der Geburt eines Sohnes die Freiheit erhielten.

Südlich grenzt an den Löwenhof die blutgetränkte *Sala de los Abencerrajes*: 36 Angehörige und Parteigänger der Banu-Sarraj-Dynastie aus Andújar sind dort um 1450 enthauptet, ihre Köpfe in die Brunnenschale geworfen worden, möglicherweise unter dem gehbehinderten Mohammed X., genannt »der Lahme«. Als Gründe wurden sowohl Eifersucht wie Caesarenwahn vermutet.

Wer zählt alle Prachtgemächer? Empfindungen wie in einem außerirdischen Irrgarten voller wallender Bögen, funkelnder wabenartiger Kuppeldecken und zarter Stalaktiten – »muquarnas« – ähnlich wie in Tropfsteinhöhlen. Raffinierte Lichteffekte beleuchten das Gleichmaß der Proportionen im architektonischen Spiel. Ein Weltwunder, »dessen Schönheit selbst Allah nichts gleichzusetzen wünscht«, um erneut Ibn-Zamrak zu zitieren.

Wie lebte man zur Winterzeit? Zuweilen deckt nämlich die Alhambra ein Schneekleid. Bei den Mauren glühte unter einem niedrigen Tisch oder an anderen Stellen des Raumes ein »brasero« (Kohlenbecken); über die Beine breitete man Decken. Außer Truhen gab es keine Einrichtungsgegenstände, abgesehen von Krügen, Vasen, Lampen, Räuchergefäßen, Teppichen, Vorhängen sowie Kissen, auf denen man im Schneidersitz kauerte. Hofbeamte, Dienstboten und Handwerker wohnten südlich des Palastes in der »medina«, von der nur noch überwachsene Ruinen vorhanden sind.

Schon die bloße Auflistung der Räume sprengt das Begriffsvermögen und strapaziert das ziellos schweifende Auge. Deshalb seien Schwerpunkte gesetzt. Beginnen wir mit der *Sala de las dos Hermanas*. Bei den unzähligen Deckenwaben handelt es sich um rund 5000 gegipste Hohlkehlen. Der Raum gehörte wahrscheinlich zur Wohnung der Mutter des letzten Nasriden, »Boabdil«. Sie hieß A'isha, wie die Lieblingsfrau des Propheten. Diesen Rang habe ihr Zoraya streitig gemacht, eine von König Muley Abul Hassan im Kindesalter verschleppte spanische Gouverneurstochter. Letztlich gewann die in Harems- und Politintrigen schlauere, für muslimische Begriffe emanzipierte A'isha. Als »Boabdil« samt Gefolge 1492 in die Alpujarras ritt und auf einer Anhöhe (»La Cuesta de las Lagrimas«) alle in Tränen ausbrachen über den Verlust Granadas, soll sie gesagt haben: »Hättest du gekämpft wie ein Mann, müßtest du jetzt nicht heulen wie ein Weib.«

Das unter Jûsuf I. nach römischem Vorbild installierte **Bad** (*baño*) befindet sich westlich der Sala de las dos Hermanas. Sinnliche Entspannung fanden die Badenden in der prächtig gemalten und stukkierten Sala de las Camas (der Ruhenden); seitlich, hinter Zwillingsarkaden, die Ruhenischen. Eine der kleinen Ecktüren führte zur Toilette. Von der Galerie erklangen die Instrumente blinder Musiker. Auch habe von hier aus der König seine Frauen begutachtet und der einen Apfel zugeworfen, »die er in der Nacht zu beglücken gedachte«, berichtet ein Reisender des Jahres 1494. Daneben die eigentliche, schmucklose Therme mit Kalt- und Warmwasserbecken sowie einem Schwitzraum (*Sala de Exudación*) bzw. Dampfbad. Die Mauren legten, im Gegensatz zu den Christen, großen Wert auf körperliche Reinigung. Sie war nicht alleine zelebrierter Genuß und hygienische Selbstverständlichkeit, sondern rituelle Handlung, religiöses Gebot, kurzum Kultur. »Auch in den bescheidensten Häusern gab es Wannen, die man mit kaltem und lauwarmem Wasser füllte«, bemerkt Gabriele Crespi. »Selbst das kleinste Dorf besaß neben der Moschee seinen eigenen Hammam«, ein öffentliches Bad.

Für Karl V. entstanden zwischen 1526 und 1538 separate Gemächer: **Habitaciones de Carlos V** (6), insgesamt sechs Räume. Er soll sie nie bezogen haben. Seine Gattin, Isabella von Portugal, fühlte sich nicht wohl im kühlen Ambiente, weshalb das Paar die Flitterwochen im Hieronymiten-Kloster (Monasterio de San Jerónimo) an der Calle del Gran Capitán verbrachte. Vergessen wir neben den gekrönten Häuptern nicht den Mann, dem die Alhambra ihre »Auferstehung« verdankt: Washington Irving, Amerikaner, Weltenbummler, Romantiker. Er verbrachte 1829 einige Monate in den vier Räumen der Nordseite und schrieb die in viele Sprachen übersetzten »Erzählungen aus der Alhambra«. Das Werk gab den Anstoß zur Rettung der damals verwahrlosten Anlage.

Südöstlich der Alhambra, jedoch im Besichtigungszirkel, liegt an den Hängen des Cerro del Sol der **Generalife** (7). Sein Name leitet sich ab von »Yannat al-Arif« (Garten des Erhabenen): intime Oase der Stille, der Regeneration, des Vogelgesangs, duftender Blumenspaliere in lebhaften Farben, plätschernder und springender Wasser, welche getreu dem Koran (47. Sure) Visionen des Paradieses hervorrufen: »In ihm sind Bäche von Wasser, das nicht verdirbt...«

Konzipiert wurde der Park im 13. Jahrhundert, neu gestaltet 1319 unter Ismail I. Die Gärten selbst erhielten ihr heutiges Aussehen 1862. Ebenso ist das Freilichttheater jüngeren Datums (1951). Ibn-Zamrak sah im Generalife die »Tunika« der Braut Granada, »ihre Ohrgehänge sind die Tropfen des Morgentaus«. Den berühmtesten Komponisten Andalusiens, Manuel de Falla (1876–1946), als francofeindlicher Emigrant in Argentinien verstorben, inspirierte der Generalife zu Tonbildern für Klavier und Orchester: »Nächte in spanischen Gärten«. Das Zentrum bildet der *Patio de la Acequia* (Hof des Bewässerungsgrabens). Aus alter Zeit ist nicht mehr viel übriggeblieben nach den Umbauten. Reizvoll ist vor allem der Einklang von vegetabiler und »nasser« Architektur, wo Muslime vor 500 Jahren wandelten und Labsal fanden.

In den Albaicín

Die Tafel »Salida« im Generalife weist den Ausgang. Dort rechts, kurz danach beim *Restaurante la Mimbre* erneut rechts und die Wehrmauern entlang abwärts auf der steilen, gepflasterten *Cuesta del Rey Chico* (auch Cuesta de los Chinos) – ohne Tourismusrummel. Unten den *Rio Darro* überschreiten. Links dem *Paseo del Padre Manjón* folgen. Wir sind im **Albaicín**, während der maurischen Epoche das größte Stadtviertel von Granada.

Ab der wuchtigen *Iglesia de San Pedro y San Pablo* (8) heißt das enge, mit originellen Gaststätten gespickte Sträßchen *Carrera del Darro*. Rechts das **Museo Arqueólogico Provincial** (9) in der Casa de Castril, einem der schönsten Renaissancepaläste Granadas (1539); geöffnet Di.–So. 10–14 Uhr, Besucher aus EU-Staaten freier Eintritt.

Ebenfalls an der rechten Straßenseite, nach dem ehemaligen, 1520 gegründeten *Convento de Santa Catalina de Zafra* (10), **Bañuelo Arabes** (11), angeblich das älteste erhaltene arabische Bad Spaniens (11. Jahrhundert); 1928 restauriert. Geöffnet Mo.–Sa. 10–14 Uhr. Links, am Rio Darro, die Reste des maurischen *Puente del Cadí* (12). Am Ende der Straße, links, schuf Diego de Siloe zwischen 1537 und 1548 an der Stelle einer Moschee die eintürmige Kirche *Santa Ana* (13) sowie auf dem gleichnamigen Platz, auf dem einst Hinrichtungen und Stierhatzen stattfanden, den Brunnen *Pilar de Toro* (nach dem wasserspeienden Stierhaupt). An der **Plaza Nueva** dominiert die **Real Cancilleria** (14), wegen des dort untergebrachten Appellationsgerichtes auch »Palacio de la Audiencia« genannt, ebenfalls ein Werk des Diego de Siloe. Ihre Renaissancefassade diente übrigens als Vorbild für den Bischofspalast in Málaga.

Geradeaus durch die *Calle de los Reyes Católicos*. Wenig später prunkt links auf der *Plaza de Isabel la Católica* das bronzene, historisierende, 1892 entstandene **Monumento a Isabel la Católica** (15) unter dem Motto »Königin Isabella hört die Pläne des Kolumbus an«. Damit sind wir am Ausgangspunkt der Besichtigung des nahen Domviertels mit Capilla Real und Kathedrale.

Die Katholischen Könige...

Valladolid, 18. Oktober 1469. Die Vermählung der achtzehnjährigen kastilischen Königstochter Isabella und des um ein Jahr jün-

geren aragonischen Kronprinzen Ferdinand II., ihrem Vetter dritten Grades, König von Sizilien und Vater eines unehelichen Kindes, bedeutete einen Meilenstein für die Errichtung des spanischen Einheitsstaates (woran damals allerdings noch kein Mensch dachte). Die Kompetenzen regelte ein Ehevertrag aus der Feder Isabellas. Sie war zielstrebig ihren Weg gegangen und hatte Verlobungen wegen der zukunftsträchtigen »Partie« Ferdinand aufgelöst. Romantische Gefühle, Liebe etwa, hatten keine Rolle gespielt.

Am 12. Dezember 1474 starb ihr Bruder, der gutmütige, volkstümliche König Heinrich IV., vergiftet, wie gemunkelt wurde. Zwei Wochen später krönte sich Isabella zur Königin Kastiliens, ihre zwölfjährige Kontrahentin und Nichte Johanna, Tochter Heinrichs aus zweiter Ehe, vorher geschickt ausmanövrierend. Isabella erlaubte Ferdinand ein Mitspracherecht, wohl angesichts der militärischen Bedrohung aus Portugal, das in Spanien einfiel, jedoch 1476 unterlag.

Als Ferdinand 1479 den Thron bestieg, regierte er Kastilien und Aragón in Personalunion. Unter der Regierung der Katholischen Könige wurde nicht nur die Reconquista entschiedener betrieben, auch die Inquisition wurde wieder eingeführt: Gettos, Abzeichen für Juden, dann Verfolgung, das heißt Bekehrung zum Christentum als »conversos« (getaufte Juden) oder »Läuterung durch Verbrennen«. Innerhalb von zwölf Jahren wurden 13000 Juden auf dem Scheiterhaufen verbrannt, 100000 wurden zu meist lebenslänglichem Gefängnis oder Galeerendienst verurteilt. Strafkolonien entstanden, ähnlich den Konzentrationslagern in der Nazizeit, wie überhaupt die christliche Inquisition als ein Leitbild des Hitler-Regimes bzw. ihrer Juden-Pogrome gilt. Der Chronist Llorente (»Geschichte der spanischen Inquisition«) spricht von 114400 betroffenen Familien. Dem Großinquisitor fielen ebenso »freidenkende« oder »unbequeme« Bauern, Bürger, Wissenschaftler und Gelehrte zum Opfer. Am 31. März 1492, acht Wochen nach der Besetzung Granadas, befahl das Königspaar die Enteignung und Vertreibung aller Juden – rund 160000 – bis zum 31. Juli, was enorme Reichtümer in die vom Krieg gebeutelte Staatskasse brachte, und für die Ausgewiesenen unsagbares Elend. Selbst der königstreue Historiker Amador de los Rios attestierte den Juden: »Ihr Beispiel und ihre Kenntnisse trugen nicht wenig zur Entwicklung der spanischen Kultur bei«, was noch mehr auf die Mauren zutrifft. Die spanischen Juden wanderten zum großen Teil nach Deutschland und in die Ostgebiete – Polen, Rußland – aus.

...und die Capilla Real (16)

Mit der Kapitulation war Granada von heute auf morgen – nach 700 muslimischen Jahren – de facto katholisch geworden, doch existierte keine Kirche. Die Eroberer benutzten zunächst die Alhambra-Moschee (an Stelle der späteren Kirche Santa Maria). Ab 1495, der Gründung des Klosters San Francisco (heute Parador), fanden dort die Gottesdienste statt, dann – auf Wunsch Königin Isabellas – in der geweihten Freitagsmoschee. Sie nahm den Platz des »Sagrario« ein, der zwischen 1705 und 1759 der Kathedrale angefügt wurde. 1504 erfolgte die Planung der Kathedrale. Doch ehe dafür der Grundstein gelegt wurde (1523), stand die *Capilla Real*, und zwar bereits 1521 nach fünfzehnjähriger Bauzeit. Mittlerweile waren die »Katholischen Könige« – so der 1496 durch Papst Alexander VI. verliehene Titel – gestorben, Isabella 1504, Ferdinand 1516, und in San Francisco bestattet worden. Am 10. November 1521 veranlaßte ihr Enkel, Karl V., die Überführung in die Capilla Real.

Heute geht man von der *Plazuela de la Lonja* durch die ehemalige, im 19. Jahrhundert mit der Kapelle verbundene Lonja (Handelsbörse) hinein; geöffnet 10.30–13 Uhr, 16–19 Uhr. Die einschiffige, kreuzrippengewölbte, intim wirkende Kapelle teilt eine schmiedeeiserne, vergoldete und bemalte »reja«. Lowe bewertet das Gitter als »die köstlichste Arbeit dieser Art auf der Welt

Der Patio de los Leones (Löwenhof) ist der berühmteste Hof der Alhambra von Granada. Er entstand im 14. Jahrhundert während der Regierungszeit Mohammeds V. (gest. 1391). Die Löwen stammen wahrscheinlich aus einem Palast des 11. Jahrhunderts.

überhaupt«. Meister Bartolomé aus Jaén mußte 1520 Karl V. mahnen, da ihm die Domherren den Lohn von 1600 Gulden verweigerten.

Hinter dem Gitter rechts das Grabmal der »Reyes católicos«, gearbeitet 1517 von dem Genuesen Domenico Alessandro Fancelli aus einem Block weißen Carrara-Marmors. Die Gesichter sind, wie man von der Kanzel erkennt, voneinander leicht abgewandt, die Köpfe unterschiedlich gebettet. Der Isabellas sinkt tiefer im Kissen ein. Im Volksmund heißt es, die »reina« habe mehr Hirnsubstanz besessen... Der Chronist Hernando de Pulgar beschrieb sie als Siebzehnjährige »von mittlerer Größe, in jeder Hinsicht wohlgestaltet und gut proportioniert. Ihre Haut war sehr hell, ihre Haare leuchtend blond, ihre Augen von grünblauer Farbe. Ihre ebenmäßigen Gesichtszüge strahlten Anmut, Ehrlichkeit und Frohsinn aus«. Zu ergänzen ist, wie die Geschichte lehrt, daß Isabella eine politisch weitblickende Person war, energiegeladen, ungeheuer willensstark, egoistisch, skrupellos. Doch in diesen, laut Machiavelli allen erfolgreichen Herrschern und Politikern anhaftenden Attributen stand ihr Ferdinand keineswegs nach, er war sogar noch gewissenloser, verschlagener, hinterlistiger, opportunistischer. Bei ihrem ersten Treffen, vier Tage vor der Hochzeit, sah Isabella einen Ritter, »den noch die Merkmale eines Halbwüchsigen kennzeichneten und dessen jugendliches Antlitz nicht recht zu dem hochgewachsenen und kraftvollen Körper passen wollte«, malte sich der französische Historiker Philippe Erlanger (1903–1987) die Szene aus. »Das waren nicht die Züge eines Kriegshelden. Eher die eines Gelehrten mit großer Denkerstirn, einem Paar schwarzer, lauernder Augen und einem Gesichtsausdruck, der große Selbstbeherrschung verriet.«

In ein Urteil über die »Katholischen Könige« muß, wie generell bei historischen Betrachtungen, das »Klima« ihrer Epoche einfließen, die ekstatische Glaubensleidenschaft »mit ihrem Weltentsagungs- und Seelenrettungsideal« (Erlanger). »Es war ein Zeitalter der religiösen Inbrunst, des Fanatismus und Aberglaubens...« Man kann verstehen, daß 1992 zahlreiche Juden, Mohammedaner, Protestanten und intellektuelle Spanier gegen eine Selig- oder Heiligsprechung Isabellas heftig votierten. Die Befürworter saßen in Argentinien, sie brachten das fadenscheinige Argument vor, die Hälfte der Nord- und Südamerikaner sei katholisch und verdanke dies im Grunde genommen Isabella. Schlagendes Gegenargument: Massenzwangstaufen und Liquidierung ganzer Indianerstämme als Folge der von Isabella finanzierten Entdeckungsreisen des Kolumbus ab 1492.

Isabella gebar zwischen 1470 und 1485 fünf Kinder, einen Jungen und vier Mädchen. Der Prinz, Don Juan, heiratete 1496 neunzehnjährig Margarethe von Österreich, Tochter des deutschen Kaisers Maximilian I. Isabellas und Ferdinands zweitälteste, schönste und intelligenteste Tochter Johanna ehelichte 1497, gerade achtzehn, den ein Jahr älteren Sohn Maximilians, Philipp, Erzherzog von Österreich. Maximilian besaß damit ein doppeltes Pfand der interkontinentalen Großmacht Spanien. Doch Juan verschied bald nach der Hochzeit, wegen überstrapazierter Flitterwochen, so der Volksklatsch.

Die dunkelhaarige, grünäugige Johanna litt, verliebt und eifersüchtig, unter ihrem unsteten Gatten, der sie zunächst anhimmelte, dann auf Distanz ging, was die Gemahlin in die Geisteskrankheit getrieben haben soll. Philipp, genannt »der Schöne«, starb am 25. April 1506 im Alter von 28 Jahren, am Fieber, ließ der Hof verlautbaren, an Gift, wurde hinter vorgehaltener Hand geflüstert. »Die meisten lasteten den Mord Ferdinand an«, bemerkt Erlanger. »Sein Interesse am Tode des verhaßten Schwiegersohnes war zu augenfällig, seine Übung in derartigen Kunstgriffen zur Lösung seiner Probleme zu groß, als daß sein Gewissen von der Last eines neuen Verbrechens erdrückt worden wäre.« Johanna konnte sich vom Leichnam nur schwer trennen. Sie versuchte, ihn nach Granada zu überführen, was ihr Vater Ferdinand vereitelte. Man stempelte sie zu »La Loca« (die Wahnsinnige). Ferdinand sperrte die empfindsame, schnell erregbare siebenundzwanzigjährige Witwe 1509 in ein Kloster und widmete sich der großen Politik. Er schreckte nicht davor zurück, seine Tochter dem greisen Heinrich VII. von England anzubieten. Johanna lehnte ab, auf eine Wiederkehr des Geliebten wartend...

»Das will nicht heißen, daß sie völlig von Sinnen war«, korrigiert Erlanger gängige Meinungen. »Nur hatte ihre Familie ein größeres Interesse daran, die Welt eben das glauben zu machen...« Noch war Johanna Königin von Kastilien, nach dem Tode ihres Vaters 1516 auch von Aragón. Ende November 1517 übergab sie schriftlich das Imperium an ihren ältesten Sohn Karl, seit 1513 König der Niederlande, jetzt Carlos I. von Spanien, 1519 mit dem Geld der Augsburger Fugger in Frankfurt zum Kaiser gewählt, 1530 in Bologna vom Papst als Karl V. gekrönt. Damit erreichte das Erbe seiner Großmutter Isabella den Zenit. Karls Mutter Johanna starb 1555 im Alter von 76 Jahren, Karl 1558 im Alter von 58 Jahren.

Johanna die Wahnsinnige (Juana la Loca), und Philipp der Schöne (Felipe el Hermoso) liegen, dargestellt in jugendlicher Blüte, einträchtig, etwas erhöht, neben ihren Vorgängern Isabella und Ferdinand. Das Monument ist weniger kunstvoll gemeißelt worden, schon 1519/20, also lange vor dem Tod Johannas, im Auftrage Karls V. durch den Spanier Bartolomé Ordoñez, und war für San Juan in Toledo vorgesehen. Johanna, ohne Schuhe kleiner als Philipp, wendet ihr Gesicht vom Gatten, der ihr keinen Blick schenkt...

Hinter den Grabmälern führen Stufen in die *Krypta*. Fünf schlichte Bleisärge, vier für die königliche Familie, erinnern im Dunkel an vergangene Freuden und Leiden. In einem Sarg liegt der im Kindesalter gestorbene Prinz Miguel, ein Sohn Katharinas (1485–1536), der ältesten Schwester Johannas. Die Taten der Katholischen Könige rühmen Szenen des Hochaltares, eines der großen Schnitzwerke spanischer Frührenaissance (1520–1522), geschaffen von dem Burgunder Felipe de Bigarny. Links unten, an der Predella, erkennt man in Halbreliefs die Übergabe Granadas, rechts die Zwangstaufe von Mauren; die Frauen heben ihre Kleider an einem Zipfel an, um das Gesicht und ein Auge zu verschleiern. Im Motiv »Anbetung der Könige« habe der Meister in Gestalt des jüngsten Königs seinem König Karl gehuldigt. Flankiert wird der Altar von geschnitzten, idealisierenden Figuren Isabellas und Ferdinands, versunken im Gebet.

Insignien der Königswürde im Nebenraum (Sakristei): Krone und Zepter Isabellas, Ferdinands Schwert. Außerdem eine exquisite Gemäldesammlung der Monarchin.

Die Kathedrale (17)
Für *Santa Maria de la Encarnación*, zugänglich von der Gran Via de Colon (geöffnet wie Capilla Real), stand die gotische Kathedrale von Toledo Pate. Mit dieser Vorgabe begann Enrique Egas, gebürtiger Flame, 1523 den Bau. Entwickelt hat sich unter Diego de Siloe von 1528 bis zu seinem Tode 1563 sowie weiteren Baumeistern ein fünfschiffiger Renaissancebau auf spätgotischem Grundriß, geweiht 1561, fertiggestellt 1704. Kritiker beklagen eine »architektonische Tragödie« (Lowe). Bemängelt werden beispielsweise die klotzigen Proportionen, außerdem die 47 Meter über dem Fußboden »gipfelnde« Kuppel der halbrunden *Capilla Mayor* (Durchmesser 22 Meter), obwohl sie genial konstruiert ist. Dessen ungeachtet eine Spitzenleistung spanischer Renaissance. Von Missionseifer angetriebener Gigantismus bestimmt die Dimensionen außen wie innen: 116 Meter lang, 67 Meter breit. Riesengroß wie das Weltreich Karls V., in dem die Sonne nicht unterging, und so kalt wie die Herzen der Könige, zu deren zweifelhaftem Ruhm das Pantheon gedacht ist.

Feinheiten der Kirche gehen im Detail auf den am häufigsten in der Kathedrale vertretenen Alonso Cano zurück (1601–1667), genannt »El Granadeno«: Architekt, Bildhauer, Schnitzer, Maler. Cano wird als ebenso humorvoll und weichherzig wie jähzornig und streitlustig charakterisiert. 1637 prügelte er einen Kollegen halb tot. Velázquez, mit dem er in Sevilla die Lehre absolviert hatte, bot dem Freund Unterschlupf. Von der Anklage, seine Frau, die er nach eigener Aussage zu Hause erstochen fand, umgebracht zu haben, sprach ihn das Gericht mangels Beweisen frei. Cano – tragische Figur der Künstlerszene Granadas in der zweiten Hälfte des 17. Jahrhunderts! Seine Werkstatt war im ersten Stockwerk des 60 Meter hohen Turmes der Kathedrale. Von König Philipp IV. mit einer kargen Pfründe bedacht, starb Cano verarmt. Seine Gebeine ruhen unter einem Gitter beim nördlichen Orgelprospekt; daneben die sterblichen Überreste der 1831 hingerichteten Freiheitskämpferin Mariana Pineda.

An der Südwestecke außen an der Kirche erinnert eine 1945 enthüllte Bronzebüste an Alonso Cano. In der Capilla Mayor begegnet er uns in den Rundnischen über den Lesepulten mit »Adam und Eva« (Haartracht des 17. Jahrhunderts) sowie über dem Hauptaltar im oberen Geschoß mit dem Gemäldezyklus »Sieben Freuden Mariä« (1652–1664). In der *Capilla de la Trinidad* (südliches Langhausjoch), einer von 17 Kapellen, malte er das Dreifaltigkeits-Triptychon. Die Sakristei birgt an der Stirnwand eine 1656 puppenhaft geschnitzte, gefaßte »Immaculada« (Unbefleckte Empfängnis) und das Gemälde »Mariä Himmelfahrt«; sein Lehrer Juan Martinez Montañés schuf das große Kruzifix. Im *Tesoro* (Schatzkammer, Eingang neben der Turmtreppe) schützen Vitrinen einige Cano-Werke, die Statuen »Gottesmutter von Bethlehem (»Virgen de Belén«), den überlebensgroßen Paulus sowie »Johannes als Kind«. Schließlich zeugt von seinem Können die gloriose, dreigliedrige Barockfassade des Hauptportals (Westportal), das einem römischen Triumphbogen ähnlich sieht und 1667 entworfen wurde: Metapher des Christensieges über die Mauren!

Nützliche Informationen

Anfahrt: Von Motril 39 km, von Málaga 127 km, von Córdoba 166 km, von Sevilla 261 km, von Murcia 286 km. Bahnhof (Estación de Ferrocarriles): Avenida de los Andaluces. Wichtigster Busbahnhof (Estación de Autobus): Camino de Ronda 97. Flughafen (Aeropuerto), 17 km außerhalb.
Ausgangsort: *Granada* (662 m), Hauptstadt der gleichnamigen Provinz (12 500 km^2, 425 000 Einwohner), 262 000 Einwohner, Erzbischofssitz, drittgrößte Universität Spaniens (ca. 40 000 Studenten).
Parken: Aus Sicherheitsgründen nur in Parkhäusern oder auf bewachten Plätzen! Von »Uniformierten« offerierte »Privatparkplätze« meiden! Alhambra (meist belegt); zwischen 20 und 8 Uhr für Caravaning ein Geheimtip.
Unterkunft: Knapp 4500 Betten. Günstig zu Füßen der Alhambra gelegenes Mittelklasse-Hotel *Kenia* (Calle de Molinos 59; Parkraum rechts im Seitensträßchen, Sackgasse); Tel. (958) 227506 oder 227507. Ebenfalls Calle de Molinos (Nr. 12): *Hotel Molinos*, Garagen, Tel. 227489. Traumhaft in Lage und Ausstattung: *Parador San Francisco* (Alhambra), DZ 350 Mark, eigene Parkplätze, erfahrungsgemäß Wochen voraus belegt; Tel. 221440. Neu, mit allen Schikanen: *Hotel Saray* (neben dem Palacio de Congresos, zu Fuß 10 Min. vom Zentrum), DZ 250 Mark; Sa./So. 50% ermäßigt. Fein und im Zentrum: *Inglaterra* (Calle Cetti Meriem 4), Bad, Garage, DZ 180 Mark; Tel. 221558. *Apartamentos Emma* (Calle de Párraga 15, unweit der Puerta Real); Tel. 266700. Einfache *Pensionen* in der Cuesta de Goméréz (Aufgang zur Alhambra). *Vasconia* (Aben-Amar 4, östlich der Kathedrale, jenseits der Gran Via de Colon); Tel. 229302. *Lisboa* (Plaza del Carmen 29); Tel. 221414.
Verpflegung: Der Autor ist Stammgast in den Kneipen am *Campo del Principe*; spätestens ab 21 Uhr keine Plätze mehr im Freien; gute »platos combinados« (eine Art Brotzeitteller) in der Patio-Rossini-Bar! Ähnliche Kneipenatmosphäre am Paseo del Padre Majón. Typische *Bodega La Mancha* (Calle Joaquin Costa, nordwestlich der Plaza Nueva), Tapas. Zentral, preiswert, einfach: u. a. *El Cepillo* (Hähnchen, Tortillas etc.) an der Plaza de Bib-Rambla. Laut Insidern beste Pizzeria: *Altamura* (Avenida de los Andaluces 2, beim Bahnhof). *MacDonald's* (Calle de Recogidas 11, westlich der Plaza de San Anton). Fein: *Restaurante Chiquito* (Plaza Campillo 9); 19.30–23.30 Uhr, Mi. geschlossen. *24-Stunden-Drugstore* (Calle Socrates, 5 Minuten westlich der Plaza de Los Lobos).
Jugendherberge: *Albergue Juvenil* (Camino de Ronda 171). Zu Fuß 1/4 Std. vom Busbahn-

Am Cerro del Sol, gegenüber der Alhambra, bauten sich die Nasriden-Herrscher im 14. Jahrhundert einen Sommersitz mit Gärten und Wasserspielen – den Generalife, eine grüne Oase inmitten der karstigen Umgebung.

hof, 10 Minuten vom Bahnhof, unweit der Piscina Estado de la Juventud; Mahlzeiten. Voranmeldung unerläßlich: Tel. 27 26 38.
Camping: Nächster Platz *Sierra Nevada* (Avenida Madrid 74/Nationalstraße 323), Schwimmbad, Supermarkt, Busverbindungen; Tel. 15 00 62 oder 15 09 54. Schönere Lage, bessere Sanitärausstattung, jedoch vom Zentrum 7,5 km (südlich): *Reina Isabel* bei *Zubia* zu Füßen der Sierra Nevada, Schwimmbad, Supermarkt, Busverbindungen; Tel. 59 00 41. *Los Alamos Santa Fé* (8 km), abseits der Autovia Richtung Sevilla, mit 6 Bungalows, Schwimmbad, Supermarkt, Bushaltestelle; Tel. 20 84 79. *Las Lomas*, siehe Tour 12.
Andere Sehenswürdigkeiten: • Stadtviertel *Alcaicería* (südlich der Kathedrale), ehemals Bazar; 1843 durch Brand der Zündholzfabrik eingeäschert, von den 200 Häuschen blieben nur drei verschont. Wiederaufbau in anderer Form, heute Souvenir-Bazar. • *Corral del Carbón* (Calle de Mariana Pineda), dem einzigen in Spanien erhaltenen Funduk (Karawanserei von 1330), Warenumschlagplatz und Herberge (18). Geöffnet außer So. 10–13.30 Uhr, 16–20 Uhr; u. a. Verkaufsausstellung der Artespaña. • *Heimatmuseum* (Calle Pavaneras 19/Plaza del Padre Suárez) in der Casa de los Tiros (1530–1540); u. a. Alpujarra-Küche, Washington-Irving-Zimmer; geöffnet Di.–So. 10–14 Uhr (19). • *Casa-Museo Manuel de Falla* (Antequeruela Alta 11, südlich der Alhambra), Wohnstätte des in Cádiz geborenen Komponisten; Auditorio 1976 erbaut; geöffnet 11–14 Uhr, 16–19 Uhr (20). • *Monasterio de la Cartuja* (Paseo Real de la Cartuja, von der Kathedrale zu Fuß ½ Std.), ehemaliges, 1506 gegründetes Kartäuserkloster (25), grandiose Sakristei – »Alhambra der Christenheit«, Krone des spanischen Barock; geöffnet 10–13 Uhr, 16–19 Uhr.
Feste: • *Fiesta de San Cecilio* (Erster Februar-Sonntag) zu Ehren des Schutzpatrons und ersten Bischofs von Granada. • *Semana Santa* (Karwoche). • *Fronleichnam* im Rahmen der »Feria del corpus«, Volksfest, u. a. täglich Stierkämpfe.
Auskunft: Patronato Provincial de Turismo, Plaza Mariana Pineda 10, F-18009 Granada; Tel. (9 58) 22 35 27 und 28.

11 Güéjar Sierra

Hausberge Granadas

Tourencharakter: Unschwierige Wanderung.
Höhenunterschied im Aufstieg: 600 Meter (ohne Calar).
Reine Gehzeit: Etwa 3 Stunden. Mit Calar etwa 4¾ Stunden.
Beste Jahreszeit: Frühjahr, Frühsommer, Herbst.

Güéjar Sierra ist ein typisches moriskisches Dorf. »Moriscos« waren jene Mauren, die um 1500 zwangsgetauft wurden. 1499 ließ der Großinquisitor Ximenés de Cisneros, Beichtvater Königin Isabellas, alle religiösen arabischen Bücher verbrennen. Dies provozierte Revolten unter den verbliebenen Arabern, die 1501 durch den königlichen Feldherrn Gonzalo Fernández de Córdoba niedergeschlagen wurden. Als Neuchristen durften die Morisken laut dem in Santa Fé besiegelten Kapitulationsvertrag Granadas ihre Bräuche und Sitten weiterhin pflegen, beispielsweise die hergebrachte Kleidung tragen. Der Turban war übrigens schon aus der Mode gekommen. Wie sich jedoch erwies, brachen die katholischen Eroberer sämtliche Versprechungen. Nach der 1570 von Juan d'Austria blutig erstickten Rebellion, als die Morisken gegen die von ihnen erhobenen Steuern für den Palastbau Kaiser Karls V. in der Alhambra demonstriert hatten, wurden sie in andere Distrikte Andalusiens sowie nach Kastilien deportiert, letztendlich zwischen 1609 und 1611 durch König Philipp III. aus Spanien vertrieben.

Von der Nähe Granadas spürt man nichts in Güéjar Sierra. Nur der Linienbus bringt die Stadt in greifbare Entfernung. An der Plaza können Sie in der Bar von Pepe »Té de la Sierra« probieren. Man trinkt ihn gerne anstatt Kaffee nach dem Essen, außerdem gilt »Tee der Sierra« als Heilmittel bei Verdauungsproblemen. Im weißen, verschachtelten Häusergewirr dösen Esel in halbdunklen Ställen, harren der Arbeit auf Feldern und in Gärten. Hühner gackern. Die bäuerliche Produktion dient hauptsächlich dem Eigenbedarf, also Subsistenzwirtschaft in maurischer Tradition.

Der Wegverlauf

Zunächst auf die **Plaza** vor der im 17. Jahrhundert an Stelle einer Moschee geweihten Pfarrkirche.

Links in die gepflasterte *Calle Ramón y Cajal* und bergan, vorbei am Waschhaus. An der Gabelung halb rechts auf geschottertem Weg. Wir erreichen das *Oberdorf* (Barrio alto, 1158 m) bzw. den Brunnen an der Plaza. Nun auf dem Sträßchen *Fuente la Teja* eben dahin. Am Beginn des von alten Bäumen beschatteten Platzes der **Fuente de los 16 Cañons** (1200 m) sind rechts am Mäuerchen Farbzeichen (roter Punkt, roter Pfeil) angebracht: halb rechts, entlang der künstlichen Wasserleitung (*Acequia de la Solana)*, einen *Wasserfall* passieren sowie etwa später ein *Staubecken*.

Ungefähr 10 Minuten nach der Fuente zeigt links vom Weg die Markierung weißgelb die Linksabzweigung an. Eine dünne Spur schlängelt sich durch felsiges Gelände. Rechts der Elektrizitätsleitung bzw. links der Ruine des Cortijo las Lastras dringen wir in die breite Mulde ein. Es folgt ein kleines, betoniertes Becken. Lange Kehren erlauben bequemes Ansteigen. Den Hang bedeckt niederes Strauchwerk, meist Schopflavendel, eine der häufigsten und auffallendsten Blütenpflanzen im mediterranen Frühling. Linker Hand begrenzen Felswände die Mulde.

An der Gabelung 1 Stunde nach Güéjar Sierra geht es rechts (rote Holzpflöcke) in 10 Minuten zu einem stumpfen, aussichtsreichen Rücken mit einer **Felshöhle**, deren Eingang dichtes, dorniges Gebüsch verschließt und dadurch den schätzungsweise 50 Meter langen Stollen der ehemaligen Versuchsmine sperrt.

Folgen wir dem Steig nochmals 10 Minuten, heißt uns ein kreuzgekrönter **Felszacken** willkommen, in luftiger Höhe über Güéjar Sierra und dem Tal des Rio Genil, der seit 1988 in Form des Embalse de Canales gestaut ist.

Zurück (¼ Std.) zur Wegeteilung und nun halb links entsprechend den roten Markierungspflöcken, etwa ¼ Stunde, in den **Collado del Toril** (ca. 1560 m). Rechts kann die Tour auf die Kuppe des *Calar de Güéjar* fortgesetzt werden (1865 m, 1 Std.).

Gemütlicher: Aus dem Sattel links, Steigspuren folgend, ist es ein Katzensprung auf die grasige Kuppe des **Alto del Toril** (1601 m), dessen Panorama dem vom Calar nicht viel nachsteht. Auch hier, oberhalb des Collado, sind wie am Calar de Güéjar noch Befestigungen der von Hitler-Deutschland und Mussolini-Italien militärisch unterstützten, in Granada tonangebenden Faschisten General Francos aus dem Spanischen Bürgerkrieg (1936–1939) erhalten. Er forderte eine halbe Million Todesopfer. Rund 400000 emigrierten. Zehntausende »rojos« (Rote), hauptsächlich aus der Unterschicht (80 Prozent der Bevölkerung), Mitglieder der zur Volksfront unierten Linksparteien, die bei freien Wahlen 1936 die parlamentarische Mehrheit errungen hatten, wurden inhaftiert, zu Zwangsarbeit verurteilt, hingerichtet. Der siegreiche »caudillo« Francisco Franco (1892–1975) errichtete, gestützt auf Kirche, Militär, Guardia Civil (Polizei), Ober- und Mittelschicht sowie die faschistische Partei (Falange), eine Diktatur, hielt sich aber aus dem Zweiten Weltkrieg heraus.

Die Zeugnisse des grauenvollen Bürgerkriegs verfallen. Ein Apollofalter, schwarz gepunktet, torkelt über die grasige Kuppe. Er muß sich verirrt haben, denn diese Unterart (*Parnassius apollo nevadensis)* kommt sonst nur in höheren Lagen vor, während das Zwergadler-Pärchen in der Luft sicherlich in den kahlen Klüften des Calar horstet.

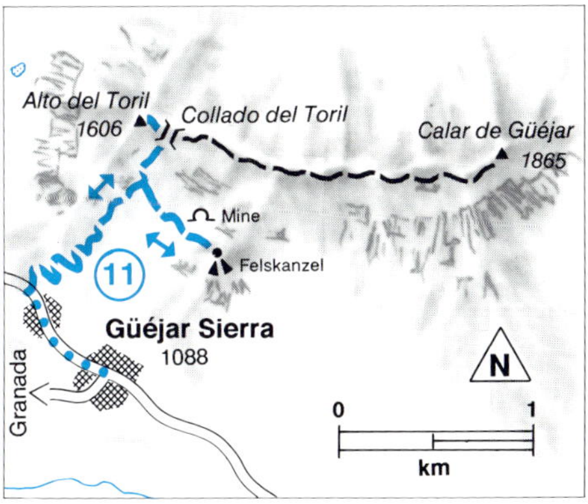

Oberhalb Güéjar Sierra, am Aufstieg Richtung Calar de Güéjar.

Nützliche Informationen

Anfahrt: Ab Granada den Tafeln »Sierra Nevada« 9 km bis Pinos Genil folgen. An der Gabelung halb links, noch 8 km. Bus von Granada (Busbahnhof) täglich 13.30 Uhr.
Ausgangsort: *Güéjar Sierra* (1084 m), östlich von Granada an den Ausläufern der Sierra Nevada.
Parken: An der Ortseinfahrt, links (oberhalb) der Guardia-Civil-Station, vor dem Gebäude der Junta de Andalucia.
Gehzeiten: Insgesamt etwa 3 Std. Güéjar Sierra – Fuente de los 16 Cañons: ¼ Std. Fuente – Felshöhle: knapp 1 Std. Felshöhle – Kreuz: 10 Minuten. Kreuz – Collado del Toril: ½ Std. Collado – Alto del Toril: gut 5 Min. Abstieg: 1 Std.
Unterkunft: Nächste Hotels in *Pinos Genil* (8 km Richtung Granada), u. a. La Duquesa; Tel. (958) 486114.
Verpflegung: Restaurante *Fuerta Zahora*. Bars.
Camping: *Las Lomas* (Restaurant), 2 km von Güéjar Sierra, 14 km von Granada; Tel. (958) 470742.
Wanderkarte: Sierra Nevada – Granada 1:50000. Herausgegeben 1981.
Spezialschrifttum: Broschüre (spanisch/englisch) über Ausflüge erhältlich auf dem Campingplatz.

Die Gipfelfelsen des Alto del Toril, betrachtet vom Collado del Toril, einem Sattel des Bergstocks.

Mulhacén: Scheitel der iberischen Halbinsel. Im Kirchlein sollen einst Eremiten gehaust haben. Heute bieten die Mauern Windschutz bei einem eventuellen Biwak.

12 Auf das Dach Andalusiens

Leichter Anstieg zum Mulhacén, Spaniens höchstem Berg (3482 m)

Tourencharakter: Unschwierige Wanderung.
Höhenunterschied im Aufstieg: Etwa 750 Meter.
Reine Gehzeit: 5¼ bis 5½ Stunden.
Beste Jahreszeit: Mitte Juli bis Ende September.

Der Mulhacén, das Dach Andalusiens, ist die höchste Erhebung der Iberischen Halbinsel und zugleich ein Segment des südlichsten Hochgebirges Europas. Mehr als ein Dutzend Gipfel überragen die Dreitausend-Meter-Grenze. Bis zu 200 Tagen im Jahr sind die hohen Kammlagen schneebedeckt: Sierra Nevada – Schneefall-Gebirge, so die wörtliche Übersetzung. Es erstreckt sich südöstlich von Granada, über 90 Kilometer west-ostwärts zwischen dem Puerto del Suspiro (Nationalstraße 323) und der Bahnstrecke Guadix – Almería in den Provinzen Granada und Almería; maximale Breite 30 Kilometer.

Die Sierra Nevada, Zentralstock der Cordillera Penibética, wurde 1986 von der UNESCO zum Biosphärenreservat, 1989 auf einer Fläche von 136880 Hektar zum Naturpark deklariert. Deshalb ist es für mich unverständlich, ja geradezu zynisch, die geschotterte Sierra-Nevada-Paßstraße von Granada in die Alpujarras dem motorisierten Verkehr zu überlassen! Folge: Durch das Naturparadies holpern spätestens Anfang August die Blechkisten offenbar fußkranker Ausflügler, wirbeln Staubwolken auf, verpesten die Luft. Ökologisch gesehen, müßte die 1935 fertiggestellte, durchgehend asphaltierte, 52 Kilometer lange Stichstraße bis kurz unter den Pico Veleta den Bedürfnissen genügen. Die »Spitze der Wetterfahne« ist in wenigen Minuten erreichbar und mißt stolze 3398 Meter: zweithöchstes spanisches Gipfelziel.

Ohnehin wurden die Granada zugewandten Sierraflanken schon stark in Mitleidenschaft gezogen: »Die Skistationen von Solynieve und Pradollano sind gigantische Artefakte, die nicht nur als ein ästhetischer Schandfleck empfunden werden, sondern auch die Vegetation in ihren Einzugsgebieten weiter degradieren«, schimpft Roberto Cabo. Dort, wo im Sommer eine Geisterstadt trist und verlassen vegetiert, die südlichsten Pisten Europas durch Bulldozer planiert wurden – Saison Dezember bis Mai –, fand 1977 das Weltcup-Finale bzw. finden 1995 die alpinen Skimeisterschaften statt. Erste nationale Wettbewerbe wurden 1914 ausgetragen.

Mit »weiter degradieren« meint Cato die menschlichen Eingriffe, welche den Waldbestand zerstören; klimatische Bedingungen erschweren eine Regeneration. Der Piniengürtel macht vor der 2000-Meter-Quote halt. Es folgt, vornehmlich in den »cascajares« (Geröllfeldern), die sogenannte »Igelzone« der »piornos«, niedriger, die Trockenheit liebender Sträucher. Vielfach sind sie, wie der häufig vorkommende, blau-violett blühende Igelginster (*Erinacea anthyllis*), bewehrt mit Stacheln, die sie vor Pflanzenfressern dieser mittleren Lagen schützen. Oberhalb 2600 Meter gedeihen die meisten endemischen Pflanzenarten Spaniens, insgesamt 52, wovon elf nur hier vorkommen, indem sie die Eiszeiten überdauerten.

Geologisch ist die Sierra Nevada ein im Zentrum von Süden nach Norden verworfenes, vor Millionen Jahren entstandenes, im Kern aus hartem, dunklem Glimmerschiefer bestehendes tertiäres Faltengebirge, reich an Zinn, Kupfer, Blei, Quecksilber, Eisen, das einst in Minen abgebaut wurde. Ein »Bodenschatz« war auch die nur hier im verworfenen Gestein oberhalb 2000 Meter wachsende »manzanilla real« (Königskamille, lat. *Artemisia granatensis*). Hirten und »manzanilleros« sammelten die universelle Heilpflanze. Heute ist sie geschützt und wird von den Naturparkwächtern behütet. Schnee, der in sonnenarmen Winkeln der Nordseite bis in den Hochsommer liegenbleibt, gelangte, isoliert durch Stroh und Decken, auf Eselskarren zum »mercado de la nieve« – für »helanderias«, Wirtschaften und Krankenhäuser der Granadiner. Wenn auch die Kamille ihre Bedeutung verloren hat, müssen wir die anderen botanischen Kostbarkeiten um so mehr respektieren!

Der Wegverlauf

Vis-à-vis vom **Collado del Veleta** (auch Collado de la Carihuela) steht am Abgrund das runde *Refugio del Cilindro* (3150 m). Damit sind wir bereits in der Alpujarra-Flanke der Sierra Nevada und auf der geschotterten Fortsetzung der höchsten Paßstraße Europas. Sie senkt sich mittels zweier Kehren. Gemsen äugen aus steilen, brüchigen Schuttfeldern. In der Tiefe funkelt die *Laguna de Aguas Verdes*, einer von vierzig Seen der Sierra Nevada. Das Grün des kristallklaren Wassers und der feuchten Ufer unterbricht wohlgefällig die braune Einheitsfarbe der von Gletschern geschürften Mulde. Wir schlendern an den Ausläufern des Pico Veleta, des Salón, Campanario, Zacatín und des Cerro des los Machos (3250 m) dahin.

Ungefähr eine ¾ Stunde nach dem Parkplatz öffnet sich links am Collado del Ciervo ein Blick in die wüste, gigantische Größe des Gebirges, in den Corall de Valdeinfiernos. Etwa 5 Minuten später ein neues Bild: Hinter einem Felsdurchlaß im Seitenkamm der **Ra-**

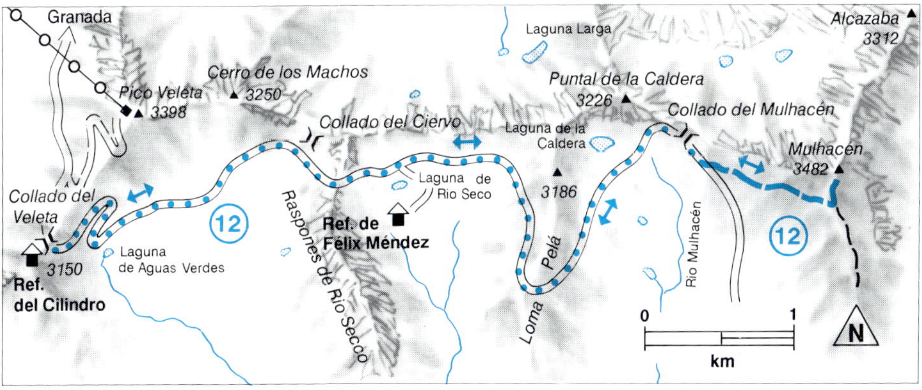

spones de Rio Secco ruhen im glazial geprägten Circo de Rio Seco um das Refugio de Félix Méndez (3040 m) die Lagunas de Rio Seco. Feuchte Borstgrasfluren – »borreguiles humédas« – bilden einen Kranz um die Himmelslagunen. Endemisch wächst u. a. eine Art des Fettkrautes (*Pinguicula nevadensis*), an dessen klebrigen, drüsenreichen Blättern kleine Insekten hängenbleiben und verdaut werden. Einen Wegerich (*Plantago nivalis*) nennt man »estrella de las nieves«, Schneesternchen, ein besonderes Stiefmütterchen (*Viola crassiuscula*) »violetta de Sierra Nevada«. Steinböcke (*Capra pyrenaica*), vor 60 Jahren fast ausgerottet, lagern gelangweilt in einer Mulde, schätzungsweise 20 Tiere.

Wir spazieren hinaus zum stumpfen Rükken **Loma Pelá**. Dort steht in kanzelähnlicher Position das kleine, 1992 erstellte *Refugio forestal* am obersten Valle de Rio Poqueira. Um den Rücken herumgehen, und schon füllt der dralle Leib des Mulhacén das Blickfeld. Links von seiner düsteren, zerrissenen Nordwand schaut der Alcazaba (3312 m) hervor. In der Mulhacén-Westflanke ist die schräg rechts durch den Hang ziehende Steigspur erkennbar. Vorerst erreicht man die sagenumwobene **Laguna de la Caldera** (3029 m), überragt vom Puntal de la Caldera (3226 m). Wenn der Wasserspiegel annähernd dem Straßenniveau entspricht, ist der kraterähnliche Karsee bis zu 8 Meter tief. Die *Laguna de la Caldereta* rechts unterhalb der Straße ist meist schon im September trocken und zeugt ebenfalls von der vor 13 000 bis 10 000 Jahren ausgeklungenen letzten Eiszeit.

Jetzt nur mehr 10 Minuten auf dem Sträßchen. Dann, etwa 100 Meter nach einer Rechtskurve, setzt links der Pfad zum Mulhacén an, durch ein Meer dunkler, wackliger, zersprengter Glimmerschieferplatten, die vereinzelt rotbraune Granatkristalle enthalten. Steinböcke suchen Distanz zum Wanderer. Man hält sich an die deutlichste der Spuren und gewinnt den breiten Weg auf dem Südrücken des Berges. Links zum Gipfel. Irgendwo hier sei der vorletzte maurische Monarch, Muley Abul Hassan, begraben worden, was jedoch unwahrscheinlich ist, denn das Herrschergeschlecht hatte seinen Friedhof in der Burg zu Lecrín, südlich von Granada. Aus dem arabischen Muley Hassan wurde spanisch »Muley Hacén« und daraus **Mulhacén**.

Die Madonna, das Ziel der Wallfahrt am 5. August, verharrt im vergitterten Bildstock am Sockel des Vermessungszeichens. In der aus Bruchsteinen gefügten, dachlosen Ruine des

Eine der Lagunas del Rio Secco beim Refugio de Félix Méndez am Zentralkamm der Sierra Nevada.

Kirchleins sollen Eremiten gebetet haben. Die anderen Ruinenreste dienten 1879 Topographen als Unterschlupf. Gut genährte Alpenbraunellen trippeln emsig suchend umher, betteln wie Spatzen um Futter. (Siehe auch Tour 14.)

Nützliche Informationen

Anfahrt zum Ausgangspunkt: In Granada braune, gelbe, orangefarbene Hinweise »Sierra Nevada« suchen, 48 km ab Granada fahren, dann von der Sierra-Nevada-Straße rechts abzweigen (Tafel: »Capileira«), noch 600 m bis zum Parkplatz vor dem Collado del Veleta (3161 m), einer Kammscharte.
Gehzeiten: Insgesamt 5¼ bis 5½ Std. Parkplatz – Laguna de la Caldera: 1½ Std. Laguna – Mulhacén: 1¼ Std. Rückweg etwa 2½ Std.
Unterkunft und Verpflegung: Am günstigsten der *Parador de Sierra Nevada* (2500 m) an der Sierra-Nevada-Straße, 38 km von Granada; Tel. (958) 480200. Restaurants und Hotels an der Straße von Granada. *Albergue*

Juvenil (Jugendherberge) in Pradollano, nur in den Sommerferien geöffnet; Tel. (958) 480305.
Einkehr unterwegs: *Refugio de Félix Méndez* (3040 m), Federación Andaluza de Montañismo, höchstgelegener Stützpunkt der Sierra Nevada. Erinnerung an einen verdienstvollen Präsidenten der Federación Española de Montañismo. Geöffnet meist nur im August, 40 Schlafplätze; 5 Minuten abseits vom Weg.
Auskunft: Federación Andaluza de Montañismo, Camino de Ronda 101, Edificio Atalaya 1, E-18003 Granada.
Wanderkarte: Mapa Topográfico Nacional de España 1:50000, Sierra Nevada – Granada, Ausgabe 1981.

13 Marathon auf den Mulhacén (3482 m)

Aus den Alpujarras zum Zenit der Sierra Nevada

Tourencharakter: Unschwierige Wanderung. Unterwegs keine Quelle. An Sonn- und Feiertagen, besonders im August, Autoverkehr (Staub). Bei sicheren Schneeverhältnissen lohnende Skitour!
Höhenunterschied im Aufstieg: 1600 Meter.
Reine Gehzeit: 10 bis 11 Stunden.
Beste Jahreszeit: Juli bis Oktober.

»Gewiß gibt es auf dem ganzen Planeten keinen Ort, wo die großen Höhen so nahe am Meer sind wie in der Sierra Nevada«, führte am 12. August 1919 Don Natale Rivas, Abgeordneter im Parlament für den Distrikt Orgiva, in einem Brief an den Verkehrsminister zwecks Forcierung des Straßenbaus vom Pico Veleta in die Alpujarras aus, seinerzeit ein vergessener Landstrich, obwohl nur 50 Kilometer von der Costa del Sol entfernt. Doch der dortige Fremdenverkehr erblühte erst in den späten sechziger Jahren.

Die zentrale Sierra Nevada hat gewissermaßen ein Janusgesicht: Auf der Granadiner Seite im Norden mächtige, teilweise 400 Meter hohe Felswände, hingegen südwärts zu den Alpujarras hin wellige, großräumige Wangen in sanftem Gefälle. Dort verläuft der längste, für Wanderer annehmbare Weg zum Zenit der Iberischen Halbinsel. Aus mediterranen Gefilden hochtauchend, aus Plantagen mit Apfel-, Birnen- und Kirschbäumen, Walnuß- und Kastanienbäumen sowie aus Pinienstreifen, durchschreitet man sämtliche Vegetationsgürtel bis zum Gipfel – höher als die Marmolada in den Dolomiten. Polaritäten ohnegleichen!

Der Weg ist lang: 18 Kilometer alleine bis zu der Stelle (3090 m), wo der eigentliche Gipfelgang beginnt. Insgesamt rund 40 Kilometer. Das zwingt zum Aufbruch bei Mondlicht, motiviert von der Ahnung arger Mittagshitze! Alternativ: Start spätnachmittags und ein windgeschütztes Biwak hinter Mäuerchen auf dem Mulhacén, belohnt mit unvergeßlichen Sonnenspielen. Freilich: der Sockel des Berges kann auch stoßdämpferverachtend im Auto angesteuert werden. Dies sollte jedoch – obwohl häufig praktiziert – in einem Naturpark verboten sein!

Der Wegverlauf

Vom **Parkraum** an der erwähnten **Rechtskurve** (2020 m) der Schotterstraße folgen, nach gut 5 Minuten den Graben eines alten Bewässerungskanals (*Acequita alta*) aus dem Valle de Rio Mulhacén kreuzen. Etwa 300 Meter hinter der nächsten Rechtskurve bietet sich links ein überwachsener Pfad als Abkürzung an, was jedoch – wie bei weiteren Abkürzern – mühsamer ist als der Straßenmarsch. Lange Schleifen durchmessen die Steineichen-, Schwarz- und Waldkieferzone. Später Niederwuchs, Sträucher wie der Baetische Ginster (*Genista baetica*), die Maurische Zistrose (*Cystus purgans*) mit ihren ledrigen Blättern und wildrosenähnlichen Blüten, Wacholder, der zwerghafte Sadebaum, ein giftiges Zypressengewächs, die Rippengräser des Schwingel (*Festuca clementei*) und Thymian.

Durch die Südseite der *Loma de Piedra Blanca*. **El Chorrillo** (2715 m) heißt unser erster »Gipfel«. Rechts im Tal wird Trevélez sichtbar, beschirmt vom Peñabónkamm. Bei Straßenkilometer 60,5 (von Granada gemes-

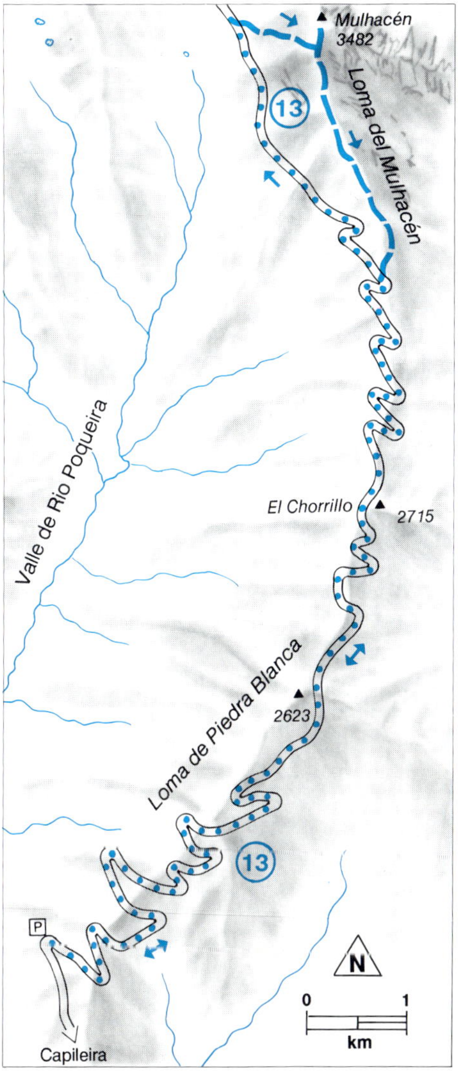

sen) wendet sich die Trasse zum Mulhacén halb rechts. Wir bleiben auf der Hauptpiste, nun im Westhang der Loma del Mulhacén, dem Südrücken des Berges. Sonnenlichtreflexe blenden nordwestlich am Gebäude auf dem Pico Veleta, von dem sich der von Scharten unterbrochene Zentralkamm nach rechts zum Mulhacén erstreckt. In der Mulde links fließt der Rio Mulhacén.

Blumenkenner entdecken das Mannstreu als nordafrikanische Variante (*Eringuin glaciale*), die Kuckucksdistel, spanisch »cardo cuco«, sowie eine besondere Form des strauchähnlichen Gliedkrautes (*Sideritis glacialis*). Nach der Schneeschmelze blüht weiß, violett und rosafarbig die endemische »violetta de Sierra Nevada« (*Viola crassiuscula*) in Felsspalten und in schiefrigem Schotter von 2500 Meter bis in die Gipfelregion. In der Mulhacén-Westflanke, rechts an einer schmalen Straßenpassage, gedenkt eine Tafel sechs junger Franzosen, die im Winter 1989 durch eine Lawine verunglückten. Abends, wenn die Sonne über den Hauptkamm gesprungen ist, nisten sich dunkelbraune Schatten in die Falten des Gebirges und strömen unerwartete Kälte aus, lassen die Tränen der Firnfelder rasch gefrieren.

100 Meter vor der Linkskurve unterhalb des Collado de Mulhacén (10 Minuten bis zur Laguna de la Caldera, siehe Tour 12), schwenkt man scharf rechts in den Pfad ein, dessen Haupttrasse die Flanke – sie kann auch weglos erstiegen werden – schräg rechts durchmißt, empor auf den Südrücken nahe der Spitze des **Mulhacén** (siehe Tour 12). Hinter der 1879 betonierten Vermessungssäule stürzt die brüchige Nordwand ab, ein Ziel für die Kletterer. Zu ihren Füßen glänzt im felsigen, grauen Amphitheater des Hoya del Muhacén die Laguna de la Mosca, beschattet vom finsteren Juego Bolos (3033 m), zu deutsch »Kegelspiel«. Der zerklüftete Grat nordostwärts führt über die Punta de Siete Lagunas (3309 m) zum Alcazaba (3371 m), hinter dem sich rechts die Punta de Vacares (3129 m) reckt.

In der Verlängerung erkennt man: El Cuervo (3152 m), La Atalaya (3138 m), Cerro Pelao (3144 m) im Halbrund des obersten Treveleztales. Südöstlich liegen im Hochkar die Siete Lagunas. Schwach nordwestlich kann der Pico Veleta nicht übersehen werden. Bei ihm setzt sich der Hauptkamm sichelförmig fort zum markanten Cerro de Caballo (3014 m). Von dort fällt das Gebirge zu dem berühmten Kurort Lanjarón ab. Südwestlich soll an klaren Tagen das Schneeweiß des Hohen Atlas in Afrika zu sehen sein!

Abstieg: Über das Rückgrat bzw. die Südschulter des Mulhacén – Panderón del Mulhacén – auf steinigem Weg, der zum Glück an einer Stelle unterbrochen ist und Motorisierte aus dem Tal stoppt. Er mündet nach knapp 1½ Stunden in die bekannte Piste vor dem Chorrillo.

Aus den Alpujarras führt der »Marathon« der Sierra Nevada auf den bis in die Sommermonate firnbedeckten Mulhacén.

Nützliche Informationen

Anfahrt: Siehe Tour 14.
Ausgangsort: *Capileira* (1436 m), siehe Tour 14.
Ausgangspunkt: Rechtskurve (2020 m) am Ende der Asphaltstraße von Capileira (5,5 km). Parkraum.
Gehzeiten: Parkplatz – Mulhacén-Einstieg: 5 bis $5\frac{1}{2}$ Std. Einstieg – Gipfel: 1 Std. Abstieg etwa 4 Std.
Wanderkarte: Mapa Topográfico Nacional de España 1:50000, Sierra Nevada – Granada. Ausgabe 1981.

14 Cascada Mecina

Capileira und die Alpujarras

Tourencharakter: Unschwierige Rundwanderung.
Höhenunterschied im Aufstieg: Etwa 400 Meter.
Reine Gehzeit: $3\frac{1}{4}$ Stunden.
Beste Jahreszeit: Frühjahr und Spätherbst.

Die Alpujarras sind – streng geographisch – das Land südlich der Sierra Nevada, bis hin zur Costa del Sol. Üblicherweise, sogar in den Karten, meint man damit aber nur die Täler samt ihren erweiterten Flanken zwischen der Sierra Nevada und den Küstengebirgen, eine Fläche von 2600 Quadratkilometern, mit 47 Gemeinden und etwa 130000 Einwohnern, hauptsächlich in der Provinz Granada; fünfzehn gehören zu Almería.

Ibrahim Al-Buxarra habe einer der ersten islamischen Kolonisatoren im 8. Jahrhundert geheißen, lautet eine gängige These über die Herkunft des Namens »Alpujarra«. Philologen meinen, er leite sich von der zutreffenden Bezeichnung »alba sierra« – Gebirge der Morgendämmerung – ab.

Dürftige Besiedlungshinweise reichen 3200 Jahre zurück, in die Steinzeit. Nennenswerte Spuren hinterließen nur die anno 711 in Südspanien eingefallenen Araber Nordafrikas. Unter ihrem Schirm wurden die Alpujarras, deren bis dahin unabhängige Bewohner als Räuber gefürchtet waren, nach 1031, dem Ende des spanischen Kalifats bzw. der Bildung maurischer »taifas« (kleine dynastische Teilreiche, u. a. Almería), ein Zentrum der Seidenproduktion. Sie war jahrhundertelang die Grundlage für den Reichtum des Gebiets.

Während des 13. Jahrhunderts gliederte das Königreich Granada die Bergregion in »tahas« (Bezirke). Sie stellten 1492 die letzte Enklave der Mohammedaner nach der Kapitulation Granadas dar. Obwohl die katholischen Sieger den Muslimen, sofern sie sich taufen ließen, alle möglichen Freiheiten zusicherten, wurden diese stückweise beschnitten, was Rebellionen entzündete, die wiederum brutalen Gegendruck sowie drastische Verbote seitens der Herrschenden auslösten, besonders unter König Philipp II. Allerorten flackerten Aufstände. Die Mauren krönten sogar zwei Könige, die jedoch Verschwörungen aus den eigenen Reihen zum Opfer fielen. Sie griffen 1567 Almería an, scheiterten aber an den Verteidigern. Christliche Trup-

Die Klamm des Rio Naute, in die sich während der Schneeschmelze die Cascada Mecina stürzt.

pen rückten vor, gerieten in Hinterhalte. Partisanenkrieg! Im Oktober 1570 waren die Rebellen auf 300 Kämpfer geschrumpft. Schließlich wurde ihr Widerstand völlig erstickt. Überlebende mußten die Alpujarras verlassen, die letzten im Jahre 1611.

Neusiedler waren 12542 Familien, etwa 50000 Leute, Christen aus Galizien, León, Asturien, Kastilien. Von den rund 400 Ortschaften und Weilern erfuhren jedoch nur 270 eine Rekultivierung. Es fehlten Bewässerungsexperten und mit den spezifischen Gegebenheiten vertraute Agrarfachleute. Ganze Landstriche verödeten, Terrassen verfielen. Handwerk und Handel erlitten schwere Einbußen. Das Land glitt in Vergessenheit, erwachte eigentlich erst wieder im Spanischen Bürgerkrieg (1936–1939), in dem die Alpujarras mehrheitlich den Befehlen der 1936 gewählten »roten« republikanischen Regierung gehorchten. Francos Truppen, die Granada besetzt hielten, rückten nur bis Lanjarón vor. Orgiva, von den Bewohnern geräumt, blieb bis Kriegsende zwischen den Fronten. Greuel hier wie dort, »mehr wegen persönlicher Streitigkeiten als aus politischen Gründen«, stellt José Manuel Real Pascual klar.

Von den Arabern zeugen die weißen kubischen Häuser; Mauerstärken von 75 Zentimeter sind keine Seltenheit. Sie staffeln sich an den Hängen, lehnen wie enge Freunde aneinander, verbinden Zweckmäßigkeit mit Geborgenheit. Kleine Balkone quellen über von Geranien, Nelken, Hortensien. Verschlungene knorrige Rebstöcke suchen Halt am Mauerwerk. Ebenerdige Stallungen dienten im Winter als »Bodenheizung«. Die charakteristischen Flachdächer bestehen aus Felsplatten, gebettet in ein wasserdichtes Schiefersand-Ton-Gemisch (*launa*), gekrönt von kleinen zylindrischen Kaminen, die ein runder Deckel vor Schneeeinfall schützt. Früher arbeiteten auf den »terraos« Handwerker in Freiluftwerkstätten. Die Webkunst ihrer arabischen Vorgänger wird gepflegt, zum Beispiel in Bubión. Fragen Sie nach »Taller del telar«!

Der durch die Sierra Nevada bedingte reichliche Niederschlag, gepaart mit dem subtropischen Klima des Mittelmeeres, fördert seit jeher üppiges Wachstum. Im März

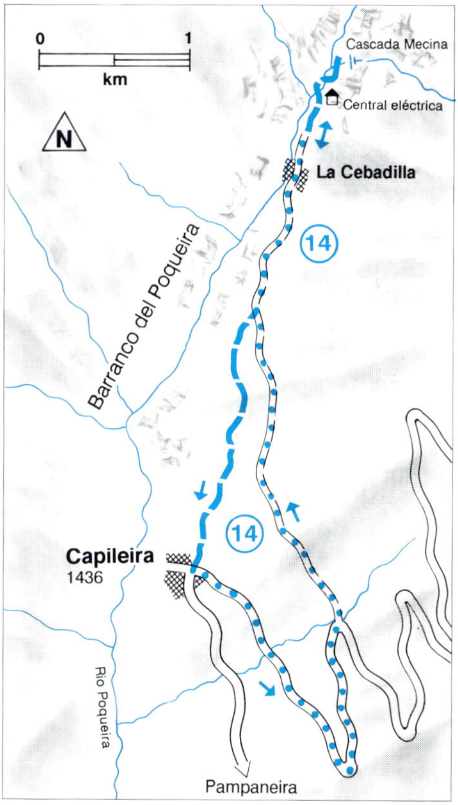

blühen die Mandelbäume, im Oktober sind die Feigen reif. Der schmale Rebenstreifen zwischen alpinem und mediterranem Klima bringt den »Vino de la Costa«. In mittleren Lagen gedeihen Orangen, Zitronen, Oliven, Kastanien und Kirschen. Getreide, Kartoffeln, Tomaten und Bohnen dienen vorwiegend dem Eigenbedarf.

Längst paßt für die Alpujarras nicht mehr das abwertende Prädikat »Ende der Welt«. Ebenso überholt sind die im deutschen Reiseschrifttum verbreiteten realitätsfernen, offensichtlich ahnungslos übernommenen Wertungen, die Alpujarras seien »eine der unzugänglichsten und wildesten Regionen von Südspanien«. Es war einmal... Der englische Hispanist Gerald Brenan schildert die Verhältnisse zwischen 1920 und 1930, als er in Yegen lebte, in seinem Buch »Südlich von Granada«. Ein halbes Jahrhundert vorher waren die Reiseeindrücke (»La Alpujarra«) des Schriftstellers Pedro Antonio de Alarcón aus Guadix erschienen.

Der Wegverlauf

In **Capileira** auf der Straße durch den Ort und aussichtsreich ansteigen. Steile, landwirtschaftlich genutzte Terrassen unterbrechen die Flanken des Barranco del Poqueira. Südwärts, in der Sierra de Lújar, dominiert der Pelaos (1845 m) mit Fernseh-Sendemasten. Übrigens ein lohnendes Wanderziel – wenn der Weg zum Gipfel nicht geteert wäre.

Bald erscheint nördlich der Pico Veleta im Zentralkamm der Sierra Nevada. Ihre Firnfelder kontrastieren mit den Braunnuancen der Gebirgsszenerie. Etwa 50 Minuten nach Capileira wird die Teerstraße in einer Rechtskurve links verlassen; Tafel »Central Poqueira«. Die Naturstraße verleitet zu genießerischem Bummel. Das Panorama erweitert sich. Rechts taucht der Mulhacén, höchster Sierragipfel, auf. Im Talhintergrund erkennt man die Wasserrohre zum Elekrizitätswerk. Die früher von den Arbeitern bewohnten, inzwischen größtenteils verlassenen Häuser von **La Cebadilla** (ca. 1520 m) treten ins Blickfeld. Dahinter schnüren felsige Schluchten das Tal ein.

An das jenseitige Ufer des *Rio Poqueira.* Aufwärts auf betoniertem Weg. Rechts abermals über den Bach, zum Gebäude der 1957 fertiggestellten »Central eléctrica« einer Gesellschaft aus Sevilla. Kurz danach wieder links über den Fluß. Hier münden zwei Wildbäche: Rio Lagunillos links, Rio Naute rechts. Sie bilden den Rio Poqueira.

Gleich nach der Brücke rechts in einen uralten, mit Schieferplatten gepflasterten Almweg. An der Linkskehre geradeaus, hinunter zum **Rio Naute**. Sein Bett ist auf etlichen Metern gezähmt, kanalähnlich betoniert. Im Frühjahr und Frühsommer stürzt rechts die **Cascada Mecina** aus dem dicht bewachsenen Barranco de Mecina. Bei niedrigem Wasserstand des Rio Naute darf man sich tiefer in die Klamm wagen, links und rechts des Bachlaufes, stellenweise an glattgeschliffenen Felsen kraxelnd und durch dornige Sträucher kriechend, noch gut 5 Minuten, ehe sich ein Wasserfall querstellt. Urwelt schlechthin!

Rückweg: In *La Cebadilla* beim profanierten Kirchlein auf die Uhr schauen! Denn die Gegensteigung dauert für uns nur 25 Minuten, bis halb rechts ein Weglein (rechts auf einem Stein roter Pfeil) abzweigt, das die kürzeste, vor dem Straßenbau übliche Route nach Capileira vermittelt. Rechts an einem Haus vorbei. Die »acequia«, den Graben der noch immer funktionierenden Wasserleitung, rechts überschreiten und an ihr entlang. Gepflasterte Plätze vor den aufgelassenen Bauernhäusern dienten als Tenne. Esel, stoisch im Rund zockelnd, »motorisierten« einst die primitive Dreschtechnik.

Ungefähr 20 Minuten nach dem Verlassen des Sträßchens, bei einem kleinen Wasserbunker, entfernt sich der »Urweg« rechts vom Kanal. Schon wenige Meter später die hellgraue Dächerebene der Häuser Capileiras. Auf dem Pflasterweg zur Marienkirche. Sie ist alljährlich am letzten April-Sonntag Schauplatz des Patronatsfestes zu Ehren »Nuestra Señora de la Cabeza«. Verehrt wird eine geschnitzte, angeblich von den Katholischen Königen im 16. Jahrhundert der Pfarrei geschenkte Marienstatue. Gleichzeitig erfolgt der »Entierro de la zorra« (Begräbnis der Füchsin) sowie die Austreibung dämonischer Teufel, im Grunde genommen des Winters. Am Platz vor der Kirche die Steinplastik »Stier von Guisando«.

Nützliche Informationen

Anfahrt: Die Zufahrtstraße (5 km) zweigt von der Straße 333 bei Pampaneira ab. Von Granada 76 km, von Motril (Costa del Sol) 51 km, von Orgiva 18 km, von Trevélez 22 km. Busverbindungen, z. B. zweimal täglich von Granada. Auskunft: Autobuses Alsina Graells, Granada, Camino de Ronda 97.
Ausgangsort: *Capileira* (1436 m), 713 Einwohner. Hauptort im Barranco del Poqueira. Ausgezeichnet als historisch schützenswertes Dorfensemble.
Parken: Am Ortseingang, links der Straße.
Gehzeiten: Insgesamt etwa 3¾ Std. Capileira – Elektrizitätswerk: 1¾ Std. Elektrizitätswerk – Cascada Mecina: ¼ Std. Rückweg: 1¼ Std.
Unterkunft und Verpflegung: In Capileira *Hostal-Restaurante Paco López*; Tel. (958) 763071. *Hostal-Mesón Poqueira;* Tel. 763048, 763069. *Restaurante El Tilo* (wegen der davorstehenden Linde, auch Betten); Tel. 763183. Im »Tilo« finden Samstag,

Capileira, eines der reizvollsten Dörfer der Alpujarras auf der Südseite der Sierra Nevada.

Sonntag und an Feiertagen Kurse in der Herstellung von Schokolade statt. Weitere Pensionen und Ferienwohnungen. – In *Bubión* empfehlenswerte *Villa Turistica* (kleine, für die Gegend typische Hauseinheiten; der Chef spricht deutsch, Restaurant) anstelle der ehemaligen Siedlung Alguastar; Tel. (9 58) 76 31 11 oder 12. Populäres, 1993 vollständig renoviertes *Speiserestaurant El Teide*, Garten unter Kirschbäumen, auch Zimmer; Tel. 76 30 37.

Camping: An der Straße nach Trevélez, 4 km ab der Capileira-Abzweigung: *El Balcón de Pitres*; Tel. (9 58) 76 61 11 oder 12. Etwa 14 km weiter Camping Trevélez, siehe Tour 16.

Sehenswürdigkeit: • *Heimatmuseum* (Museo Pedro Antonio de Alarcón), Calle Escuelas; geöffnet So. 11.30–14.30 Uhr.

Sehenswürdigkeit der Umgebung: • *Bubión* (1,5 km), denkmalgeschützt, 600 Einwohner. Reizvollster Ort am Barranco del Poqueira. Pfarrkirche aus dem 16. Jahrhundert; nahebei Rudimente eines arabischen Wachturmes (*atalaya moro*). Gediegenes Souvenirgeschäft »Taller las Flores«. Letzter Augustsonntag »Fest der Mauren und Christen« (*Fiesta de moros y cristianos*).

Auskunft: Patronato Comarcal de Turismo, Ayuntamiento, E-18480 Ugijar; Tel. (9 58) 77 02 82.

Wanderkarte: Mapa Topográfico Nacional de España 1:50 000, Sierra Nevada – Granada. Ausgabe 1981.

15 Centro Budista Tibetano

Erleuchtung in der Sierra Nevada

Tourencharakter: Unschwierige Wanderung.
Höhenunterschied im Aufstieg: 550 Meter.
Reine Gehzeit: Etwa 3½ Stunden.
Beste Jahreszeit: Frühjahr, Frühsommer, Herbst.

Die Sonne brennt so unbarmherzig auf die strohtrockenen kahlen Flanken der Alpujarras, als wolle sie uns helfen, Dasein als Leid zu durchschauen, um auf diesem Weg der ersten heiligen Wahrheit des Buddhismus näherzukommen, jener sich den empirischen Begriffen des Europäers entziehenden Erlösungslehre, welche den Gläubigen ins Nirwana bringt, das Ende der Wiedergeburt: Zustand absoluter Seelenruhe, Befreiung von der Seelenwanderung – Meeresstille des Gemüts.

»Buddha« ist ein Wort der altindischen Schriftsprache Sanskrit und bedeutet »Erleuchteter«. Der historische Buddha, ein nepalesischer Prinz namens Siddharta Gautama (ca. 563–483 v. Chr.), verließ, aller Lebensfreuden überdrüssig, im Alter von 29 Jahren das reiche Elternhaus, hat »sich Haare und Bart scheren lassen, sich gelbe Gewänder angelegt und ist von der Heimat in die Heimatlosigkeit gegangen«, heißt es. Ähnlich wie die Verkündigungen Jesu sind auch die des Buddha nur mündlich überliefert und wurden erst rund 200 Jahre nach seinem Tode aufgezeichnet. Zusammen mit fünf Gefährten übte sich der Edelmann sieben Jahre in Askese und Meditation, versenkte sich in leid- und freudlosen Gleichmut. Aus dieser Leere heraus erwuchs »bodhi« – die Weisheit und Erleuchtung, ein wonniger, seliger Zustand, »den er, die Nichtigkeit aller bisherigen Lebensinhalte durchschauend, als Eintritt in das Nirwana beschreibt«, doziert

Die Stupa, der Reliquienschrein der buddhistisch-tibetischen Enklave.

Hans-Joachim Schoeps. »Nach weiteren 28 (oder 49) Tagen in der Stille entschließt er sich, die ihm gewordene Erkenntnis auch anderen Menschen zugänglich zu machen.« Geburtsstunde des Buddhismus!

Heute schätzt man, daß es weltweit rund 280 Millionen Buddhisten gibt, in Deutschland sind es beispielsweise 60000. Sie sind, im Gegensatz zu römisch-katholischen Gläubigen, nicht zentral organisiert. Dalai Lama und Panschen Lama fungieren lediglich als weltliche bzw. geistliche Oberhäuper des Lamaismus, der tibetischen und der mongolischen Form des Buddhismus. Er wurde im 7. Jahrhundert von buddhistischen Mönchen unter dem Druck des sich in Indien ausbreitenden Islam in Tibet gegründet, verschmolz mit dem einheimischen Geisterkult und brachte dort einen hierarchisch geordneten Priesterstaat hervor, den 1949/50 die Volksrepublik China brutal zerschlug.

Bei unserem Aufbruch am Ermita del Padre Eterno knieten Frauen mittleren Alters vor der Kapelle, beteten, bekreuzigten sich und liefen eilig wieder zu ihren Häusern. Für Christen liegt die Wurzel allen Übels in der Sünde, für Buddhisten in der Unwissenheit, also in einem intellektuellen Irrtum, das heißt am Festhalten von Begierden wie Sinnesfreuden, Geld, Macht, Konsum. Jedwede Form des Begehrens wird von Buddhisten als schädlich für die individuelle Freiheit und Unabhängigkeit verurteilt. Im täglichen Leben stehen vornean die Fünf Gebote. Sie verbieten Töten, Diebstahl, sexuelle Verfehlung, Lüge, Rauschmittel (z. B. Alkohol). Auf diesen moralischen Grundlagen beruhen Meditationen in der Abfolge Besinnung, ekstatische Trance und Weisheit. Mit ihrer Hilfe können Ego, Unrast, den geistigen Horizont knebelnde Sinneswahrnehmungen, die nach buddhistischer Lehre als trügerisch, unfruchtbar, trivial und belanglos anzusehen sind, ausgeschaltet werden. Dadurch findet der Geist seine Ruhe, dringt ein in übersinnliche Wirklichkeit, streift zwischen den transzendentalen Wahrheiten, spürt substanzlose Leere bzw. objektlose Innerlichkeit als letzte Wirklichkeit – Nirwana, Buddhaschaft.

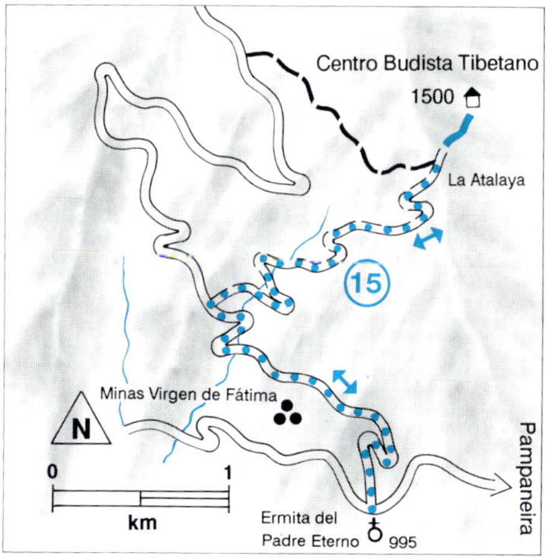

Der Wegverlauf

Gegenüber dem **Ermita del Padre Eterno**, auf der Nordseite des ehemaligen »Camino Real«, der heutigen Autostraße, ansteigen auf geteertem Sträßchen. Links unten förderten einst die Minas Virgen de Fátima im Tagebau Eisenerz. Es wurde über Orgiva, den Hauptort der Alpujarras, nach Motril transportiert, auf Küstenfrachter verladen und schließlich von Bilbao nach England geschifft.

Bald öffnen sich Blicke westwärts auf die Bergdörfer Canar – »El balcón de las Alpujarras« – und Soportújar. Südwestlich liegt Carataunas. Der aus dem Arabischen stammende Ortsname bedeutet soviel wie »stiller Platz«.

Etwa 40 Minuten vergehen, dann steht rechts, unterhalb eines verlassenen Bauernhofs, ein Feigenbaum voller Früchte. Im Schatten eines solchen Baumes erfuhr Buddha die Erleuchtung. Kurz nach dem Feigenbaum biegt man rechts in ein Natursträßchen ein. Den *Barranco de la Cueva* traversieren. Lange Schleifen führen den Hang empor. Nordöstlich werden Bubión und Capileira am Barranco del Poqueira sichtbar. Die Straße endet in der Örtlichkeit *La Atalaya*, die ihrem Namen (Aussichtsturm) auch gerecht wird.

Beim ersten Häuschen des **Centro Budista** geht es links hoch zur *Stupa*, dem schneeweißen Reliquienschrein. Glöckchen bimmeln im Wind. Der Blumenschmuck ist frisch gegossen. Die Stupa wurde von dem im indischen Exil lebenden Dalai Lama, Jahr-

Das buddhistische Zentrum in den Südflanken der Sierra Nevada.

gang 1935, dem 14. in Reinkarnation seit 1351, zeremoniell eingeweiht. Gründer des tibetisch-buddhistischen Zentrums »Osel Sing« (Platz des hellen Lichtes) war 1982 das Ehepaar Maria und Paco Torres aus Bubión. Ihr fünftes von sieben Kindern, der 1985 geborene Osel Iza, steht in der sogenannten »Chubilganischen Erbfolge« (Verwandlung durch Inkarnation) des verstorbenen Oberlamas Yeshe und wird in Indien erzogen.

Acht niedrige, aus Bruchsteinen gemauerte Häuschen lehnen unregelmäßig verstreut am Hang, den Steineichen, dorniges Gestrüpp und Felsen durchsetzen. In jedem Häuschen wohnt und meditiert eine nichtordinierte Person, üblicherweise mindestens ein Jahr. Sie wünschen Stille. Deshalb die Hinweise »No pasar«.

Ein weißer Südafrikaner, der gerade Gemüse aus seinem Gärtchen holt, zeigt uns den Weg zur *»biblioteca«*, dem größten Gebäude. Es wird bergseitig betreten. Süßer Duft von Räucherstäbchen. Wir sitzen einer jungen, trotz kurzgeschorenem Haar anmutigen, in sanftem Ton sprechenden Nonne gegenüber. Sie trägt die dunkelrote Alltagstunika; das safrangelbe Ordensgewand ist Kulthandlungen vorbehalten. Außer ihr und den Gästen leben hier noch drei Bettelmönche, darunter ein tibetischer Lama. Lama entspricht dem indischen Wort »Guru«, was soviel heißt wie Lehrer oder Meister. Tibetische Mönche befolgen 253, Nonnen sogar 364 Vorschriften. Sie dürfen, um nur die fundamentalen Gelübde zu nennen, nicht töten, stehlen oder lügen (in spiritueller Hinsicht), müssen »strikte Keuschheit üben«, betont der Dalai Lama, selbst Mönch. Wer eine dieser Regeln mißachtet, gehört nicht mehr dem monastischen Stand an. Harmlosere Verstöße können beispielsweise eine unvorteilhafte Wiedergeburt zur Folge haben. Übrigens gab es ursprünglich kein Zölibat. Es wurde Anfang des 15. Jahrhunderts eingeführt. Das Armutsgelübde versteht sich von selbst!

Aus der Bibliothek leitet ein Durchgang in den Gebetsraum – er darf nicht mit Schuhen betreten werden –, wo täglich der Lama lehrt und berät. Die Nonne erklärt uns noch den Pfad hinauf, fünf Minuten zum »Domo«, nach christlichem Verständnis eine Kirche. Davor steht eine Zeltkonstruktion für das gemeinsame Mahl anläßlich Veranstaltungen, das in der nahen Küche zubereitet wird.

Nützliche Informationen

Anfahrt zum Ausgangspunkt: Von Pampaneira 5 km, von Orgiva 9 km. Bushaltestelle, Verbindungen u. a. zweimal täglich mit Granada.

Ausgangsort: *Pampaneira* (1059 m), typisches Alpujarra-Dorf im Osthang des Barranco del Poqueira, 16 km östlich von Lanjarón. 1977 prämiert mit dem Nationalpreis für Ortsverschönerung. Escuela Nacional de Tejidas (Webschule). Schauplatz der Verfilmung des Stückes »Yerma« von Federico Garcia Lorca (1898–1936).

Parken: Am westlichen Ortseingang, links großer Platz.

Ausgangspunkt: *Ermita del Padre Eterno* (995 m); Kapelle und kleine Kirche, 5 km

Wärme und Trockenheit liebende Opuntien (Feigenkakteen) mit Früchten im Spätsommer.

südwestlich Pampaneira zwischen Straßenkilometer 61 und 62. Parkraum.
Gehzeiten: Insgesamt etwa 3½ Std. Aufstieg: 2 Std. Abstieg: 1½ Std.
Unterkunft und Verpflegung: *Hostal Ruta Mulhacén*; Tel. (958) 763010. *Hostal Alfonso*: Senor Vásquez spricht deutsch; Tel. (958) 763002. *Restaurante Belezmin*, Dachterrasse. Bars.
Sehenswürdigkeiten: • Barocke *Pfarrkirche* des 16. Jahrhunderts, dekorative Täfelung im Mudejarstil, d. h. in der Tradition maurischer Kunst.
Feste: • Vom 3. bis 5. Mai die *Fiesta de la Santa Cruz* (Heiliges Kreuz). • 12. bis 15. September *Jahrmarkt* des Handwerks, der Landwirtschaft und des Tourismus. • 5. bis 8. Dezember *Schlachtfeste* (Fiestas de la matanza).
Wanderkarte: Mapa Topográfico Nacional de España 1:50000, Sierra Nevada – Granada. Ausgabe 1981.
Spezialliteratur: Edward Conze, *Eine kurze Geschichte des Buddhismus*. Suhrkamp Taschenbuch, 1986. – Dalai Lama, *Das Buch der Freiheit*. Bastei-Lübbe, Taschenbuch, 1990.

16 Peñabón-Westgipfel (2002 m)

Über dem Schinkendorf Trevélez

Tourencharakter: Unschwierige Wanderung. Bei Nebel im Gipfelbereich Orientierungsschwierigkeiten. Rückweg einprägen, vor allem die entscheidende Weggabelung nach etwa 35 Minuten Abstieg.
Höhenunterschied im Aufstieg: 600 Meter.
Reine Gehzeit: 2¾ Stunden.
Beste Jahreszeit: Mai bis Oktober.

»Jamón serrano« – Bergschinken – heißt das Zauberwort in Trevélez. Sie baumeln wie reife Früchte dicht an dicht von den Decken der Gaststätten und Bars, verbreiten einen strengen, geradezu penetranten Geruch. Weiße Kunststoffkappen fangen abtropfendes Fett auf. Früher wurden die Schlegel der in den Steineichenwäldern frei laufenden, vor Weihnachten geschlachteten Schweine im Schnee gepökelt und dann im Nordostwind getrocknet. Mittlerweile, infolge großer Nachfrage und überregionalen Verkaufs, geschieht dies vorwiegend industriell.

Trevélez, stellenweise sichtlich verbaut, eines der höchstgelegenen ständig bewohnten Dörfer Spaniens, gliedert sich in drei Ortsteile (im Dialekt: »tres vélez«) am Südhang der Sierra Nevada bzw. der Alpujarras. Den »barrio alto« krönt die Pfarrkirche aus dem 16. Jahrhundert. An der Durchgangsstraße halten Busse, die gelangweilte, lachsrot verbrannte Costa-del-Sol-Urlauber aufs Pflaster spucken. Der Fahrer verrät »Geheimtips« für Andenken- und Schinkengeschäfte – und kassiert anschließend beim Besitzer seine Provision.

Die Umgebung bietet eine reizvolle, unberührte Gebirgslandschaft, aus der nordöstlich der lange, in 2534 Meter gipfelnde Peñabónrücken herausragt, ein südlicher Ast des Sierra-Nevada-Hauptkammes. Am Peñabón hat man die schönsten Blicke über Trevélez und die Alpujarras, schaut die Alta Montaña um den Mulhacén.

Der Wegverlauf

Auf der Durchgangsstraße in Richtung Juviles. Etwa 100 Meter nach der Brücke über den forellenreichen **Rio Trevélez**, einen Nebenfluß des Gualdalfeo, wird der Asphalt vor einem Metallschild (»Junta de Andalucia«) links verlassen, gekennzeichnet durch grünweiße Markierung auf einem Stein.

Auf dem Weglein ansteigen, begleitet von Pappeln, Nuß- und Kastanienbäumen. Nach ¼ Stunde die in maurischer Epoche kanalisierte **Acequia Real de Cástares** kreuzen, eine der längsten Wasserleitungen in den Alpujarras. Kurz danach scharf links (Markierungen weiß-gelb und grün-weiß) durch Steineichen. Die Hangtraverse gestattet erste Blicke über Trevélez.

Etwa 35 Minuten nach der Straße geht es scharf rechts (für den Abstieg einprägen!). Lange Kehren durchmessen die zunehmend lichter werdende Flanke. Nach 70 Minuten,

Das Schinkendorf Trevélez in den Alpujarras mit dem dahinter aufragenden Peñabón-Westgipfel.

vor dem Geländerücken, ist rechts ein Fels. Hier links, kurz geradeaus, dann halb links. Jetzt sind nur mehr magere Spuren sichtbar. Generalrichtung: Gipfelaufbau. An den unteren Felsstöcken rechts vorbei. Wenig später links halten und zum höchsten Punkt des **Peñabón-Westgipfels**. Der südöstliche Sattel verbindet den Westgipfel mit dem zerrissenen Peñabón-Hauptgrat (Kletterei), genauer gesagt mit der Piedra Ventana (2474 m), auf die nördlich der eigentliche Peñabón (2534 m) folgt. Jenseits des Trevéleztales erstreckt sich die Loma de Piedra Blanca an der Sierra-Nevada-Seite von Capileira. Nordwestlich begrenzen der Mulhacén und seine Trabanten den Gesichtskreis. Südwestlich, talauswärts, sind die Fernsehmasten auf dem Pelaos der Sierra de Lújar erkennbar.

Nützliche Informationen

Anfahrt: Auf der Straße 332 zwischen Orgiva (35 km) und Bérchules (21 km), 20 km ab der Abzweigung Capileira; von Granada 89 km, von Almería 121 km. Busverbindungen, u. a. zweimal täglich von Granada. Auskunft: Autobuses Alsina Graells, Tel. (9 58) 25 13 58 oder (9 51) 25 13 50.
Ausgangsort: *Trevélez* (1476 m), 1150 Einwohner. Bergdorf der Alpujarras.
Parken: An der Durchgangsstraße (Ristorante Gonzales).
Gehzeiten: Trevélez – Peñabón: 1½ Std. Abstieg: 1¼ Std.
Unterkunft und Verpflegung: Die Bars etc. an der Durchgangsstraße sind »vertouristet«. Empfehlenswert (Essen, Wein): *Bar Castellón* im mittleren Dorf (barrio medio) bei Antonio, der auch preiswerte Zimmer hat; Tel. (9 58) 85 85 07. Außerdem *Hostal de Garcia Rodriguez* (barrio medio); Tel. 85 85 65. *Hostal Alvarez Medina* (Plaza de Don Francisco Abellán); Tel. 85 85 64.
Camping: *Trevélez*, 2 km außerhalb an der Straße Richtung Orgiva-Lanjarón. Auch Häuschen für 4 Personen; Tel. (9 58) 85 85 75.
Feste: • Ehrentag des hl. Antonius am 13. Juni mit der *»fiesta de moros y cristianos«* (Mauren und Christen). • 15. August »Tag des Schinkens« (*dia de jamón*). • 19. Oktober *»Viehtag«* bzw. »feria de ganado«. Mittwoch Markt.
Auskunft: Patronato Comarcal de Turismo, Ayuntamiento, E-18480 Ugijar; Tel. (9 58) 77 02 82.
Wanderkarte: Mapa Topográfico Nacional de España 1:50 000, Sierra Nevada – Granada. Ausgabe 1981.

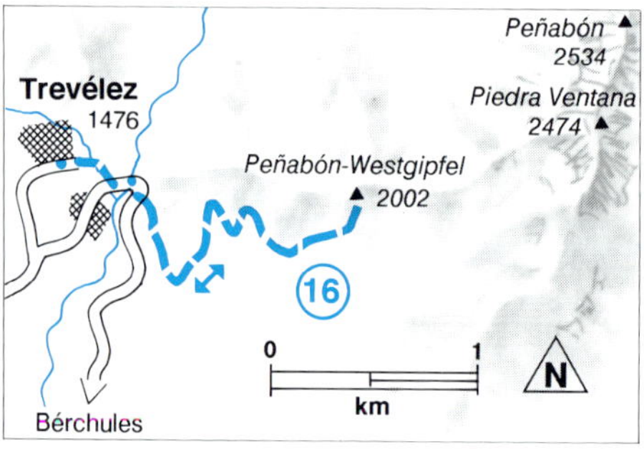

17 Hacho (1025 m)

Schaukanzel bei Loja

Tourencharakter: Unschwierige Wanderung.
Höhenunterschied im Aufstieg: 600 Meter.
Reine Gehzeit: 3¼ bis 3½ Stunden.
Beste Jahreszeit: Frühling, Frühsommer, Herbst.

Am westlichen Rand der fruchtbaren Vega de Granada, an der uralten Verkehrsader Granada–Sevilla, umspült der Rio Genil den felsigen Sockel des Provinzstädtchens Loja, das aus einer römischen Siedlung hervorging. 895 errichteten Mauren die Burg »Loxa«, woraus sich, wie unschwer zu hören ist, der Name Loja – sprich »Locha« – entwickelte. Das modern geprägte Häusergewirr liegt etwas unterhalb der Autovia. Die Schnellstraße brachte es mit sich, daß kaum noch jemand hält. Was die Stadt selbst betrifft, versäumt man nichts. Hingegen nimmt ihre Geschichte überregionalen Rang ein. Loja ist Geburtsort des Dichters und »Poeten der Alhambra«, Ibn al-Jatib (geb. 1313). Er schilderte das maurische Gemeinwesen als eine »von Dornen umgebene Rose«, denn es wird von Bergen und Schluchten gesäumt.

Der stattliche Körper des Hacho überragt die Talfurche um 600 Meter. Hacho, ausgesprochen »atscho« ist abgeleitet von »hachón«, das heißt »Pechfackel«. Auf seinem Gipfel sind nämlich bei Annäherung von Feinden Feuer entzündet worden. Die gab es verstärkt seit der »reconquista«, der Rückeroberung des letzten islamischen Bollwerkes Granada durch das vereinte Königreich Kastilien-Aragón unter Königin Isabella und König Ferdinand. Ferdinand wollte 1482 erstmals selbst Schlachtenruhm ernten auf andalusischem Boden, denn bis dahin hatte nur der draufgängerische Marqués von Cádiz dem König Muley Abul Hassan schmerzhafte Stiche zugefügt, vor allem im Februar 1482 durch die Einnahme und Plünderung des südöstlich von Loja gelegenen Alhama de Granada, »im Verhältnis zu seiner Größe der reichste Flecken des Königreiches Granada«, so der Chronist Bernaldes. Der jähzornige Muley Abul Hassan erdrosselte eigenhändig den Boten, der ihm die Hiobsbotschaft brachte. Er zog mit 50000 Mann vor die Tore der Alhama, wurde aber von christlichem Entsatz unter dem Befehl des Herzogs von Medina Sidonia und König Ferdinands zum Abzug gezwungen. Jetzt griff Ferdinand das strategisch wichtige Loja an. Doch der Verteidiger Ali Atar, Schwiegervater von »Boabdil«, letzter Herrscher Granadas und Sohn Muley Abul Hassans, verjagte und versprengte bei einem Ausfall das königliche Heer. Ferdinand entging nur knapp der Gefangenschaft.

Im Frühling 1486 wetzte Ferdinand die Scharte in Loja aus. Diesmal hatte er 70000 Soldaten unter dem Banner und stand einem Kontrahenten gegenüber, den er im Vorjahr in Ronda gebeugt hatte: Hamet al Zegri, genannt »El Zagal«, Onkel von »Boabdil«, der ebenfalls unter den Eingeschlossenen war. Loja fiel am 29. Mai. Während »El Zagal« entkam, geriet »Boabdil« in christliche Fänge. Er mußte bereits gegebene Versprechungen hinsichtlich der Übergabe Granadas neuerlich beschwören. Doch sollte es noch sechs Jahre dauern, bis Ferdinand und Isabella in die Alhambra einzogen. Unterdessen blieb Loja militärisches Vorwerk und neben Alhama christliche Schlüsselstellung im Kampf um Granada.

Als Spanien vom Islam befreit war, residierte in der Burg Gonzalo Fernández de Córdoba, El Gran Capitán: Feldherr der Könige und größter Kriegsheld Spaniens. Er hatte die Armee reorganisiert, eine Offiziersschule gegründet sowie Elite-Infanterieeinheiten rekrutiert. König Ferdinand, krankhaft eifersüchtig wegen Gonzalos Ansehen im Volke, dankte ihm mit Ungnade und Betrug; er ließ sogar dessen Stammburg in Montilla aus fadenscheinigen Gründen schleifen. Im Gegensatz zu Ferdinand galt der Verstoßene als »Spiegel der Ritterlichkeit«. Bis zu seinem Tode (1515) sorgte er sich für die vom Krieg gebrochenen Veteranen. Gonzalo und seine zweite Gemahlin ruhen in San Jerónimo zu Granada. Einen »Haudegen« des 19. Jahrhunderts, General Ramón Maria de Narváez, mehrmals spanischer Ministerpräsident, ehrt

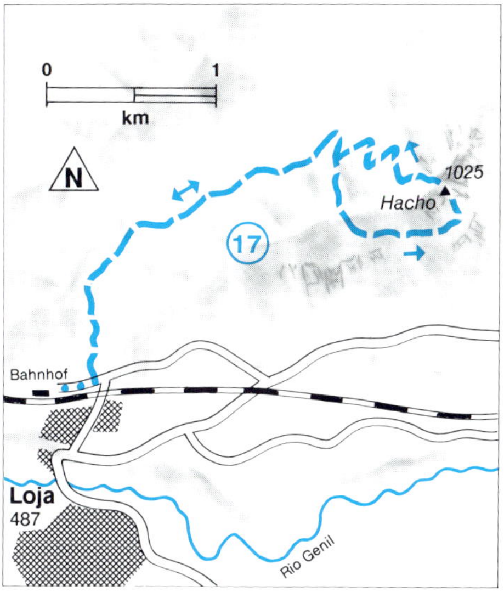

das Denkmal auf der Plaza de la Constitución. Das »Große Schwert von Loja«, gestorben 1868, hatte die mannstolle Königin Isabella II. in den »guerras carlistas« (Karlistenkriege) gegen ihren Bruder Don Carlos rückhaltlos unterstützt.

Der Wegverlauf

Vom **Bahnhof** zum nahen Bahnübergang und halb links (Calera San Francisco) bergan. Beim obersten Häuschen links dem Teersträßchen folgen. Etwa 10 Minuten nach dem Bahnhof, vor einer zerklüfteten Felsbastion, zweigt man neben einer Agave scharf rechts ab und folgt dem Pfad, der schon bald einen tiefen, trockenen Bachlauf rechts quert. Nun orographisch links des Barranco. Zwischen den Felsblöcken wachsen Mandelbäumchen und Ginsterstauden. Die Spuren stoßen, schwach links haltend, auf einen Fahrweg. Rechts weiter. Der Hacho taucht wieder auf. Zwischen Agaven und Olivenfeldern nordostwärts. Südwestlich wird Loja sichtbar. Links folgt ein *Schafstall* mit Pferch. Fünf Minuten später erreicht man eine flache Kuppe.

Kurz davor rechts in den breiten Weg einschwenken, vorbei am Steinbruch. Auf dem Hachogipfel ist die Vermessungssäule zu sehen. Etwas später das Gelände des großen *Steinbruchs* überqueren. Dann scharf rechts, auf dem Fahrweg in 10 Minuten zu einem

Der Hacho von Süden. Die Wanderung führt von links zum Gipfel.

freien Platz am Hacho-Westrücken. Von Loja 1 1/4 Stunde.

Links, nun auf schmalem Weg genußvoll und aussichtsreich durch die Südflanke. Prozessionsspinner-Raupen kreuzen in langer Schlange den Hangpfad. Frei schweift das Auge südlich zu der im Cambras (1642 m) kulminierenden Sierra de Loja, östlich über die Vega de Granada. Wir erreichen den Kamm unweit eines kleinen, gemauerten Sendeverstärkers in einer schwach ausgeprägten Senke. Rechts den Pfadspuren folgen, die felsbesetzte Vorkuppe rechts passieren, ebenso die nächste Felsgruppe und über Blöcke empor zur Vermessungssäule des **Hacho** (1025 m), der mit einem 360-Grad-Panorama aufwartet. Von Loja knapp 2 Stunden.

Hinunter in die Senke vor der Verstärkeranlage. Aus der Senke spitzwinklig rechts. Ein streckenweise überwachsenes, aber nicht zu verfehlendes, befestigtes Weglein führt in mäßigem Gefälle und langen Kehren in 10 Minuten zur bekannten Aufstiegsroute.

Nützliche Informationen

Anfahrt: Von Granada 52 km, von Antequera 43 km, von Málaga 80 km, von Sevilla 202 km. Bahnhof der Strecke Granada – Bobadilla. Gute Busverbindungen, u. a. fast stündlich mit Granada.

Blick über Loja mit der Pfarrkirche und den Resten der Maurenburg (links im Bild) zum Hacho.

Ausgangsort: *Loja* (487 m), 20786 Einwohner. 45 Prozent der »lojenos« ernährt die Landwirtschaft, 34 Prozent das Dienstleistungsgewerbe, 12 Prozent die Industrie. 1992 proklamierte Loja mit Alhama de Granada und Montefrío das Feriengebiet »El Poniente Granadino« (Der Westen Granadas).
Parken: Am *Bahnhof* (Estación San Francisco), jenseits des Rio Genil im Barrio de San Francisco.
Gehzeiten: Insgesamt 3¼ bis 3½ Std. Bahnhof – Schafstall: 50 Minuten. Schafstall – großer Steinbruch: ¼ Std. Steinbruch – Gipfel: ¾ Std. Abstieg: 1½ Std.
Unterkunft: Günstig gelegen: *Hotel-Restaurante Del Manzanil* (östlicher Stadtrand, alte Nationalstraße 342); Tel. 321711, 321800. An der Autovia Richtung Granada modernes *Hotel Los Abades*, Restaurant, Self-Service; Tel. 323800. Ebenso Richtung Sevilla ein Hotel, Tel. 323200. Herrschaftlich: *La Bobadilla* (19 km westlich, nördlich der Autovia bzw. Salinas), 1986 fertiggestelltes Luxusdorf und Fünf-Sterne-Hotel, DZ incl. Frühstück 350 DM (1993); Tel. (958) 321861.
Verpflegung: Z. B. *Mesón Pizzeria Cube* (Avenida los Angeles 51). *Tapas-Bar Frasquito* (Paseo Público). *Merendero El Gloria* (Calle Colegios 18). *Café-Bar Anastasio* (Plaza Abastos). Im benachbarten Ort *Riofrío* (7 km) gute Fischlokale, u. a. »Quintana«, »Fernández«.
Sehenswürdigkeiten: • *Iglesia Santa Maria de la Encarnación*, Pfarrkirche (Zentrum), nationales Kunstdenkmal, stattlicher, maurisch beeinflußter, gotischer Bau des späten 15. Jahrhunderts; Capilla Mayor und Turm im Renaissancestil (17. Jahrhundert). • Renaissancekirche *San Gabriel*, nationales Kunstdenkmal, 1552 bis 1568 nach Entwürfen des Baumeisters der Kathedrale von Granada, Diego de Siloé, errichtet.
Feste: *Karneval. Semana Santa* (Karwoche). *San Marco* (25. April). *Volksfest* (*feria*) in der letzten Augustwoche.
Auskunft: Patronato Municipal de Turismo, Calle Duque de Valencia 2, E-18300 Loja; Tel. (958) 321010.
Wanderkarte: Mapa Militar de España 1:100000, Blatt 9–21 (Loja).
Spezialschrifttum: *Guía de Loja*. Örtlicher Buchhandel.

18 Córdoba – Mekka des Westens

Die Kalifenstadt

Stadtrundgang: Bahnhof – Puerta de Almodóvar – Judería – Arabische Bäder – Alcázar – Puente Romano – Torre de la Calahorra – Moschee/Kathedrale – Altstadt.
Reine Gehzeit: 2 Stunden. Inklusive Besichtigung mindestens ein Tag.
Beste Jahreszeit: Frühling, Frühsommer, Herbst. Im August ist Córdoba neben Sevilla und Bilbao die heißeste Stadt Spaniens.

Letzte Maiwoche. Drückende, feuchte Schwüle, wahrlich keine Wonne. Dünne Regenfinger über dem gewundenen Guadalquivir. In die aschgrauen Fluten des »Wadi al Kabir« spritzen scheinbar stecknadelkopfgroße Tropfen. Die Sierra Morena nordöstlich der Stadt verbirgt sich hinter tiefhängenden Wolken. Am fäkalienverseuchten Fluß, in dessen durch das Frühjahrshochwasser gebeugten Ufersträuchern wilde Katzen streunen, ist noch nichts zu spüren vom arabesken Zauber hinter den Stadtmauern. Sie hüten die Vergangenheit im Damaskus des Westens.

Nachdem Berberstämmen aus dem Atlasgebirge im Frühling 711 unter ihrem Führer Tarik ibn-Ziyad der Sprung nach Gibraltar gelungen und die 572 eingedrungenen Westgoten besiegt waren, okkupierten sie Andalusien. Die 152 v. Chr. gegründete, unter Augustus mit Veteranen besiedelte und zur »Colonia Patricia Corduba« erhobene Stadt, ein bedeutendes Verwaltungszentrum des Imperiums, wo Caesar (100–44 v. Chr.) in den sechziger Jahren hohe politische Ämter (u. a. als Statthalter) bekleidete und seine Karriere am Tiber vorbereitete, profilierte sich zur Metropole des islamischen Spanien, das dem Kalifat Damaskus gehorchte. Dort saß das sunnitische Omaijaden-Geschlecht seit 661 auf dem Kalifenthron, ehe es 750 von den Abbasiden aus Bagdad bei einem »Versöhnungsmahl« niedergemetzelt wurde. Nur Abd ar-Rahmân, Enkel des Kalifen Hischam, entkam mit seinem vierjährigen Sohn und seiner Schwester dem Massaker. Der Fünfundzwanzigjährige landete im August 756 an der Küste von »Al-andalus«, besiegte listig den Gouverneur und regierte in Córdoba ab 756 als unabhängiger Emir (Fürst) Abd ar-Rahmân I. Das luxuriöse Landhaus Munyat al-Ruzafa (»Palmengarten«) des hochgewachsenen, einäugigen, zeitweise tyrannischen Prinzen stand dort, wo das exklusive Hotel Parador La Arruzafa über Córdoba schaut.

Im islamischen Jahr 316 (929 n. Chr.) proklamierte Abd ar-Rahmân III. das Emirat zum Kalifat. Da der Kalif alleiniger religiöser und politischer Führer in der Nachfolge Mohammeds ist, klaffte nun zwischen zwei Kalifen, zwischen Okzident und Orient, ein Graben voll ideologischem, tödlichem Haß. Bagdad dingte Meuchelmörder. Sie wurden gefaßt und enthauptet, die Köpfe von einem Händler an den Tigris gebracht.

Córdoba erstrahlte, übertraf alle abendländischen Städte: Man schätzt, daß es über 100 000 Einwohner in 21 Stadtvierteln gab, Moscheen, öffentliche Bäder, Schulen, Bibliotheken, Hochschulen, dazu Geschäfte, Kontore und Wohnhäuser. Im damaligen Europa war es die größte Stadt. »Ornamentum Mundi« – eine Zierde dieser Welt –

Blumengeschmücktes Gäßchen im Labyrinth der maurischen Almedina von Córdoba.

Puente Romano über den Guadalquivir mit dem gewaltigen Komplex der einstigen Moschee von Córdoba. Links daneben der Glockenturm, ursprünglich das Minarett.

schwärmte im 10. Jahrhundert die Nonne Roswitha von Gandersheim, Biographin Kaiser Ottos I.

Abd ar-Rahmân III. ließ 936 nordwestlich von Córdoba den märchenhaften Kalifenpalast Medina Azahara bauen, angeblich nach seiner Lieblingsfrau »Az-Zahra« (die Blume) benannt. In dem 945 bezogenen »maurischen Versailles« (112 Hektar), heute als teilweise rekonstruierte Ruinenstadt wie ein Riesenpuzzle anmutend, seien 4313 Marmorsäulen verbaut worden, beteuert der arabische Chronist Ibn-Idhari. Schenkt man ihm Glauben, waren unter den 20000 Angestellten 7000 Leibgardisten sowie »3750 Eunuchen und Haremswächter«. Der Sohn und Nachfolger, Al-Hakam II. (961–976), Vollender des Palastes, ein Universalgelehrter, hütete in seiner Privatbibliothek 140000 Handschriften; der Vatikan, größte Bibliothek des christlichen Europa, damals nur 1000.

In Córdoba lebten Söhne des Propheten, Juden und Christen – letztere »dschizia« (Kopfsteuer) zahlend – friedlich und im Dialog nebeneinander, »unter dem reinen göttlichen Mandat der Kultur«, wobei die stärksten intellektuellen Impulse von Arabern und Juden ausgingen. Ihre Geistes- und Naturwissenschaftler versetzten die gesamte Welt in Staunen, befruchteten das spätere Europa.

Während die Abbasiden bis 1258 in Bagdad blieben, allerdings ohne weltliche Macht, danach bis 1577 in Kairo, schlitterte Córdoba 1009 in Anarchie und Bürgerkrieg. 1031 zerbrach das Kalifat. Berber-Söldner aus Nordafrika, Anhänger der fundamentalistischen ägyptischen Fatimiden, besetzten das maurische Spanien. Es zerfiel in 23 Zwergreiche (*taifas*); verschiedene Sippen bzw. Dynastien regierten jetzt. Córdoba gehörte zur »taifa« Sevilla. 1236 besetzte König Ferdinand III. von Kastilien – »der Heilige« – die Stadt. Er ließ, neben dem Einbau der ersten Kapelle in die Moschee, 14 Kirchen, genannt »fernandinas«, errichten.

Stadtrundgang

Beim **Bahnhof** (Estación, 1) links 200 Meter auf der *Avenida de América*, dann rechts, durch die *Avenida del Gran Capitán*, die Avenida Ronda de los Tejares kreuzen. In der **Iglesia de San Hipólito** (rechts, 2) stehen die Grabmäler der Könige Ferdinand IV. (1295–1312), Alfonso XI. (1312–1350) und des Historikers Ambrosio de Morales (1513–1591), Chronist Philipps II. Auf dem Sträßchen *San Felipe-Valladares* in die Altstadt – das andere, malerische Córdoba. Auf der *Plaza Angel de Tores* rechts. Die Fassade der **Casa de los Ceas o del Indiano** (Nr. 3) zeigt gotischen Mudejarstil, das heißt die künstlerisch-maurische Tradition – Motiv- und Formengut – des ausklingenden 15. Jahrhunderts (4). Vom Platz rechts weiter. Im Haus Nummer 19 die *Bodega El Picanton*. Außerhalb der **Puerta de Almodóvar** (5), die in maurischer Zeit errichtet wurde – damals hieß sie Bab al-Yahud und war eines von 13 Toren der 8 Kilometer langen, mit 132 Türmen bewehrten Stadtmauer –, steht das Bronze-Denkmal des in Córdoba um 4 v. Chr. geborenen römischen Dichters und Philosophen, Erziehers und Lehrers von Kaiser Nero, Lucius Annaeus Seneca d. J.

Vor dem Tor links in die *Calle Judíos*. Jetzt bewegen wir uns im orientalisch anmutenden, populärsten **Judenviertel** (*judería*) Spaniens. Laut Überlieferung seien die ersten Juden schon 536 v. Chr. eingewandert. Unter den liberalen Kalifen spielten manche, arabisch gekleidet und sprechend, sogar führende Rollen, Abraham ibn-Meir brachte es zum Vizekönig. Erst die Intoleranz der streng orthodoxen, aus einer Sekte des asketischen Gelehrten Mohammed ibn-Tunart hervorgegangenen Almohaden, letzte Welle berberischer Okkupanten, störte ab 1147 das Zusammenwirken, ehe die christlichen Könige die Juden 1492 auswiesen.

An der linken Seite des Gäßchens schenkt die *Bodega Guzmán* »manzanilla« aus, trokkenen Weißwein, sowie den bernsteingelben, halbtrockenen Sherry »amontillado«. Die **Synagoge** (6, Hausnummer 20, Besichtigung außer Mo. 10–14 Uhr, 15.30–17.30 Uhr, Sonn- und Feiertage 10–13.30 Uhr) entstand 1314/15, also bereits in christlicher Zeit, und ist das einzige unzerstörte mittelalterliche jüdische Bethaus Südspaniens, eines von ehemals über 300 der Halbinsel. »Öffnet die Tore den Gerechten und Getreuen« liest man in Hebräisch über dem Eingang. Ein hoher Vielpaßbogen in der Ostwand erinnert an den Thora-Schrein. Auf der vom Vorraum gesondert zugänglichen Empore nahmen, getrennt von den Männern, die vom Synagogendienst ausgeschlossenen Frauen Platz.

Die trotz Restaurierung (1885) vorhandenen Schäden im Inneren sind darauf zurückzuführen, daß die Synagoge nach 1492 als Hospital für Tollwutkranke zweckentfremdet wurde und 1588 die Schuhmacherzunft dem hl. Krispinus eine Kapelle weihen ließ. Eine Tafel gedenkt der wichtigsten geistlichen Persönlichkeit des Judentums, des Theologen (Rabbi), Philosophen und Leibarztes des Sultans Saladin: Mosche ibn-Maiom, lateinisch Moses Maimónides, geboren 1135 in Córdoba, 1159 vor den Verfolgungen der Almohaden emigriert, gestorben 1204 bei Tiberias in Palästina. Seine wichtigste Publikation, »Führer der Verirrten«, beeinflußte sogar die christliche Theologie. Am Weiterweg »treffen« wir Maimónides auf der gleichnamigen Plazuela, sitzend, mit Turban und Robe.

Danach links in der Casa de las Bulas: **Museo Municipal Taurino** (7); geöffnet 9.30–13.30 Uhr, 15–20 Uhr, Sonn- und Feiertage vormittags, Mo. geschlossen. Für »aficionados«, fachkundige Anhänger des Stierkampfes, ist dieses Museum eine Art Walhalla. Es vergöttert »Unsterbliche«, allen voran (Scheinsarkophag) den melancholisch blikkenden, ruhigen, bescheidenen Manuel Laureano Rodriguez Sanchez, genannt »Manolete«, der so nahe an die Hörner ging wie keiner vor ihm. 1947 tötete ihn in der Arena von Linares der fünfte Stier, ausgerechnet ein »rasierter« (mit offiziell verbotenen, gestutzten Hörnern) Miura-Stier der gleichnamigen Familie aus Sevilla, die 1992 ihr einhundertfünfzigjähriges Züchterjubiläum feierte. »Catastrófico«, jammerte Spanien. Córdoba setzte ihm auf der Plaza de Santa Maria vor der bei Stierkämpfern beliebten Kirche ein pompöses Denkmal.

In den sechziger Jahren strahlte der Stern des technisch unkonventionellen, trickreichen, oftmals geradezu selbstmörderisch auf Schaueffekte bedachten, charismatischen, von den Fans frenetisch gefeierten, in Zunft und Fachpresse heftig kritisierten Manuel Benitéz – »El Cordobés« –, geboren am 4. Mai

Stadtplan von Córdoba:
① Bahnhof, ② San Hipólito, ③ San Nicolás de la Villa, ④ Casa de los Ceas o del Indiano, ⑤ Puerta de Almodóvar, Seneca-Denkmal, ⑥ Synagoge, ⑦ Stierkampfmuseum (Museo Municipal Taurino), ⑧ Arabisches Bad, ⑨ Alcázar, ⑩ Priesterseminar, ⑪ San-Rafael-Säule, ⑫ Puerta del Puente, ⑬ Puente Romano, ⑭ Torre de la Calahorra, ⑮ ehem. Erzbischofssitz und erster Kalifenpalast; Informationsbüro, ⑯ Moschee/Kathedrale, ⑰ Calle de las Flores, ⑱ Archäologisches Museum, ⑲ Plaza del Potro, Kunstmuseen, ⑳ Plaza de la Corredera, ㉑ Rathaus, röm. Tempelreste, ㉒ Plaza de las Tendillas, ㉓ Palacio del Marqués de Viana, ㉔ Manolete-Denkmal, ㉕ Torre de la Malmuerta, ㉖ ehem. Kloster La Merced, Ⓐ Zur Arena, Ⓑ Zum Flughafen, Ⓒ Zum Campingplatz und Parador Nacional Arruzafa, Ⓕ Ruinen arab. Flußmühlen, Ⓜ Zur Medina Azahara, Ⓟ Puerta de Sevilla an der arab. Stadtmauer, Ⓢ Schöpfrad, Ⓣ Tourismusbüro.

1936 in Palma de Rio am Guadalquivir südwestlich von Córdoba. Das jüngste Kind eines »roten«, im Bürgerkrieg gefallenen Landarbeiters und einer früh verstorbenen Kellnerin war Vollwaise, vor der Matador-Karriere armer Tagelöhner, Hühnerdieb, Analphabet zeitlebens, Verehrer Francos, Frauenheld. Der Kassenfüller scheffelte Unsummen – 6 bis 7 Millionen Mark während einer Saison – im blutigen Sand der Arenen. Honorar für einen Kampf bzw. zwei Stiere: 80000 Mark, und das 1968. »El Cordobés« spielte Rollen in drei Filmen, besitzt vier »fincas« (Landgüter), ein siebenstöckiges Hotel, mehrere weiße Mercedes sowie einen sechssitzigen Düsenjet. Als er sich, wie man munkelte, aus Angst vor einem direkten Vergleich mit seinem schärfsten Rivalen Miguel Mateo – »Miguelin« – 1966 zurückziehen wollte, drohten ihm seine Manager mit einer Konventionalstrafe von 16 Millionen, denn es liefen noch 118 Kontrakte. Manuel mußte sich wieder in den »Lichteranzug« zwängen!

Im Mai 1994 feierte »El Cordobés«, mittlerweile 58 Jahre alt, ein Comeback in der Arena von Tarragona. Der private Fernsehsender Antena 3 soll ihm für vier Stiere fünf Millionen Mark gezahlt haben. »Ich habe mich nie zur Ruhe gesetzt. Ein Matador bleibt Matador und stirbt als Matador«, kommentierte der Umjubelte seinen Auftritt.

Ein lokaler Heroe des »toreo« (Stierkampf) und König der Plazas zwischen 1870 und 1890: Rafael Molina, genannt »Lagartijo«, die Eidechse. Seine Physiognomie ist verewigt auf dem 1924 enthüllten Reiterstandbild des Kriegshelden Gonzalo Fernández (1443–1515, siehe Tour 17) auf der Plaza de las Tendillas, denn der Bildhauer Matea Inurria nahm den Matador als ebenbürtiges Vorbild. Die Arena war von 1846 bis 1965 auf der Plaza de la Tejardes; dann entstand die Kampfstätte »Los Califas« – Kalifen nannte das Volk die waghalsigen hiesigen Matadore – im Ciudad-Jardin-Viertel.

Am Ende der *Calle Tomás Conde* liegen rechts die Ruinen des einzigen in Córdoba erhaltenen, zum alten Kalifenpalast gehörenden **Arabischen Bades** (*Baño Arabe,* 8).

Geradeaus über den *Campo Santo de los Mártires* zur Frontmauer des **Alcázar de los Reyes Cristianos** (9); geöffnet 9.30–13.30 Uhr, 15–20 Uhr, Sonn- und Feiertage vormittags, Mo. geschlossen. Bauherr der rechteckigen Vierflügelanlage innerhalb der Gärten des maurischen Alcázar war 1327/28 König Alfonso XII. Hier entwarfen die »Katholischen Könige« Strategien für den Krieg gegen das maurische Granada; Königin Isabella empfing Cristóbal Colón (Christoph Kolumbus) und traf den Entschluß, seine Entdekkungsreisen zu unterstützen. Pikantes am Rande: Isabel la Católica soll ein Verhältnis zu dem Seefahrer gepflegt haben, ratschten Klatschmäuler. Oder war alles nur eine Verwechslung mit der Geliebten des Kolumbus, Beatriz Henriquez aus Córdoba?

Um 1480 zog im Schloß das Inquisitionsgericht ein, jene vom Papsttum wider Andersdenkende oder kritische Gläubige installierte Mordjustiz. Ihre Scheiterhaufen loderten auf der Plaza de la Corredera, wo 1624 die ersten Stierkämpfe stattfanden. Erst 1808 endete die Inquisition in Spanien. Wehrgänge und Türme bieten instruktive Blicke über die Stadt und den Guadalquivir. Die Räume bergen antike Funde.

Vor der Burg links, zwischen *Priesterseminar San Pelagio* (rechts, 10) und ehemaligem *Erzbischofssitz* (Palacio Episcopal; Diözesan-

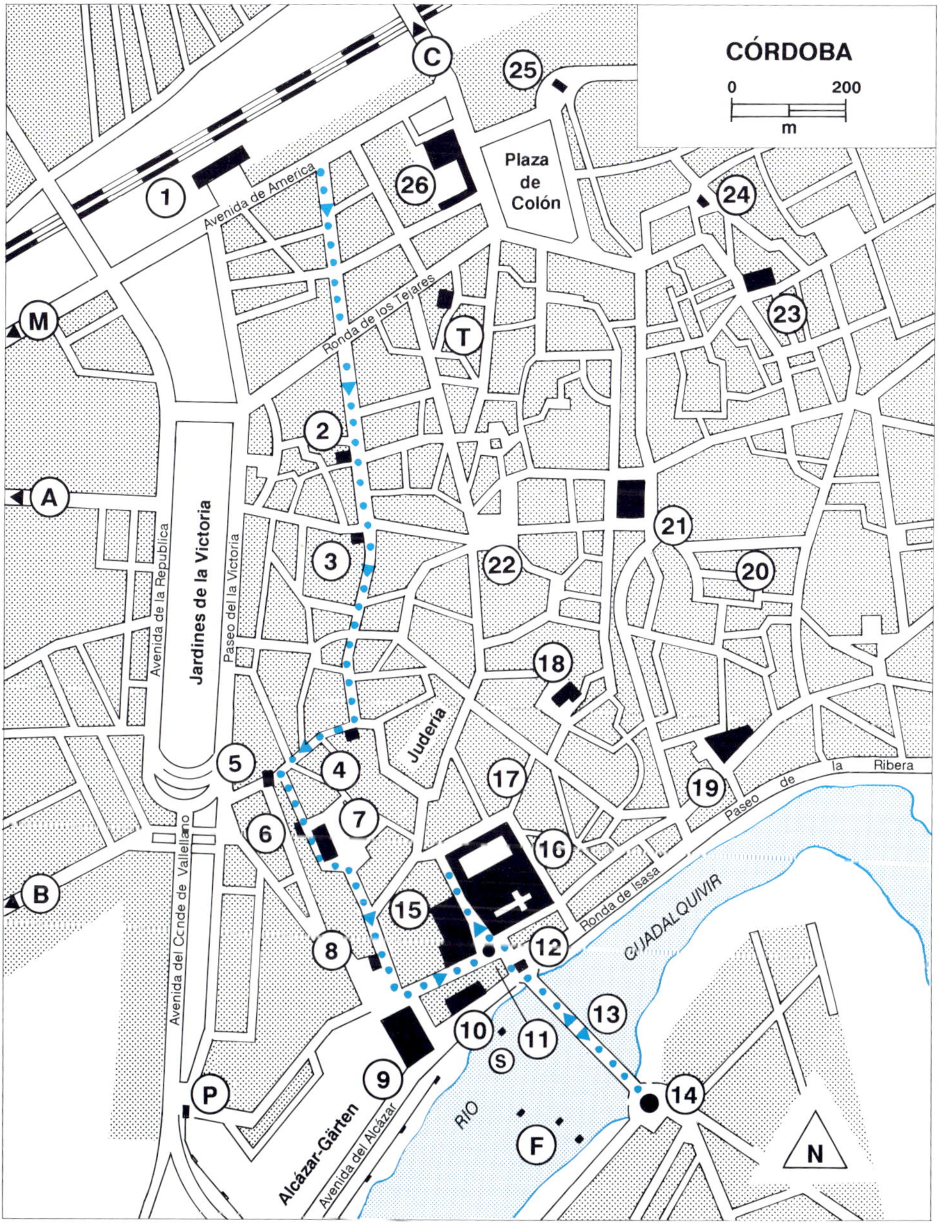

museum, Eingang neben der Moschee, 16–19 Uhr) an Stelle des ersten Kalifenpalastes (15).

Danach folgt rechts die 1781 geweihte, vergoldete **San-Rafael-Triumphsäule** (11) des Schutzpatrons Córdobas, als Dank für geringe Schäden bei einem Erdbeben. Die **Puerta del Puente** (12), 1571 im Renaissancestil neu errichtet, entspricht dem römischen bzw. maurischen Bab al-Kantara, dem Stadt- und Brückentor, denn davor überspannen die Bögen des 240 Meter langen **Puente Romano** (13) den Guadalquivir. In Brückenmitte erneut der Erzengel Raphael, aufgestellt 1651 nach einer Pestepidemie.

Über die Brücke zog die römische Via Au-

Trotz der im 16. Jahrhundert integrierten christlichen Kirche ist die ehemalige Moschee von Córdoba eines der Weltwunder geblieben, in deren Säulenwald den Besucher ein Gefühl der Unendlichkeit umfängt.

gusta aus Gallien nach Cádiz. Stromabwärts entragen dem Fluß die Ruinen arabischer Getreidemühlen des 10. bis 12. Jahrhunderts. Rechtsseitig ist die »*Noria de la Albolafia*« (arab. Abul-Afya) in ihrer Drehung erstarrt. Das Schaufelrad schöpfte Wasser in einen Aquädukt für die maurischen Alcázar-Gärten. Das Geräusch soll Königin Isabella der-

maßen gestört haben, daß ihr Gatte Ferdinand die Konstruktion abreißen ließ. Ihre Rekonstruktion fiel im Frühjahr 1993 einem Brand zum Opfer. Doch schon an Weihnachten des gleichen Jahres war eine neue, 36 Zentner schwere »noria« aus Pinienholz gefertigt, mit handverzierten Keramik-Schöpfflächen. Schließlich ist sie Bestandteil des Wappens Córdobas und außerdem auf einer Briefmarke verewigt.

Sozusagen gekrönt wird der Puente Romano von dem stattlichen **Torre de la Calahorra** (geöffnet 10–14 Uhr, 17.30–20.30 Uhr, 14). »Kalat« (Festung) und »horr« (außerhalb) dürften zum Namen des 1236 erwähnten Brückenkopfes beigetragen haben. Er bestand um 1325 aus zwei durch einen Bogen verbundenen Türmen. Der dritte Rechteckturm, welcher den T-Grundriß bedingt, wurde 1369 angefügt, die beiden viertelzylindrischen Türme samt Wehrgang im 15. Jahrhundert. Sehenswertes, mit Unterstützung der UNESCO eingerichtetes *Museo Histórico de la Ciudad (Stadtmuseum)*.

Die **Moschee/Kathedrale von Córdoba** (16): Zurück, linkshaltend neben der Moschee/Kathedrale durch die *Calle de Torrijos* (Oficina de Turismo links im Haus Nummer 10), dann rechts durch die *Puerta de los Deánes* in den *Patio de los Naranjos* (Hof der Orangen, 120×58 Meter), ursprünglich eine mit Zypressen-, Oliven- und Lorbeerbäumen bepflanzte Stätte für rituelle Waschungen – Hände, Mund, Nase, Ohren, Gesicht, Hals, Unterarme, Füße – in einem Wasserbecken (*mida*), wie sie als offenes Areal (*sahn*) vor jeder Moschee existiert, hier etwa ein Drittel der Gesamtfläche von 22750 Quadratmetern. Zur Moschee gehörte das 48 Meter hohe **Minarett** (verbaut im barocken, 69 Meter hohen, ersteigbaren Glockenturm der Nordmauer), von dessen Plattform der Muezzin täglich fünfmal zum Gebet rief. Eine Überlieferung berichtet, daß der Muezzin blind sein mußte, denn er war der einzige, der aus der Höhe in die Intimität der Innenhöfe (*patios*) schauen konnte.

Der geschlossene, überdachte Komplex der Freitagsmoschee (arab. *Masgid-i Gami*, Hauptmoschee) Córdobas entspricht dem Typus der Stützenmoschee: wuchtig, festungsähnlich wie die großen Moscheen des Orients. »Masgid«, gesprochen »masdschid« – Ort, wo man sich vor Gott niederwirft –, heißt »Moschee« im Arabischen; spanisch »Mezquita«. Sie diente – Tag und Nacht offen – nicht nur der Frömmigkeit, sondern auch politischen Versammlungen, wissenschaftlicher Lehre, Gesetzesverkündigungen, der Rechtsprechung durch »qadi«. Im Hof diskutierten Studenten mit Professoren, diagnostizierten Ärzte.

Vorgängerbauten waren ein römischer Janustempel sowie die christlich-westgotische Kirche San Vincente. Sie wurde 748 in einen katholischen und islamischen Teil getrennt, wobei die Christen weder laut beten noch singen durften. Das lenke die Söhne Allahs ab, war die Begründung. Vier Jahrzehnte später erwarb – durch diskrete Drohungen? – Abd ar-Rahmân I. den Gesamtkomplex für 100000 Gold-Dinare von der Christengemeinde, ließ die Kirche abreißen und begann 786 mit dem Bau der Moschee, die 793, fünf Jahre nach seinem Tod, vollendet war: elf Schiffe, Seitenlänge 75 Meter. Erweiterungen zwischen 833 und 988. Der englische Reiseschriftsteller Morton: »Von allen Bauten der mohammedanischen Welt war sie für mich das Phantastischste.« 1990 wurde sie von der UNESCO zum »Kulturerbe der Menschheit« erhoben!

Nach der Eroberung Córdobas 1236 ließ König Ferdinand III. die Moschee der Heiligen Jungfrau weihen: Santa Maria la Mayor. Kapellen wurden integriert, 1489 eine Kirche, 1523 die hohe, einschiffige Kathedrale – gegen heftigen Widerstand von Bürgerschaft und Stadtrat. Als Kaiser Karl V., der die Umgestaltung auf Druck der Geistlichkeit befürwortet hatte, 1526 in Córdoba eintraf, soll er gegenüber den verantwortlichen Domherren bitter enttäuscht geklagt haben: »Hätte ich gewußt, was Ihr vorhattet, Ihr hättet es nicht getan, denn was Ihr vollbracht habt, findet man überall, und was Ihr hattet, nirgendwo in der Welt.«

Abgesehen davon, daß durch den Einbau des Renaissance-Gotteshauses rund hundert Säulen fielen, wirkt es wie ein Fremdkörper, wie ein Zwitterwesen, zwar bombastisch, jedoch irgendwie mißraten, einfach fehl am Platz. Dennoch blieb die für »Ungläubige« geheimnisvolle Atmosphäre geistiger Anziehungskraft einer Moschee gewahrt.

Eintritt (April bis September 10–19 Uhr, sonst bis 17.30 Uhr) an der südöstlichen Ecke des Hofes. Im Inneren ein Gefühl von Richtungslosigkeit. Früher flutete Licht durch offene Arkaden. Am vorletzten Tag des Fastenmonats Ramadan flackerten rund 2400 silberne Öllämpchen. Außerdem brannten, auf den Kopf gestellt, die Glocken aus der St.-Jakobs-Basilika in Santiago de Compostela als Lampen. Sie waren nach der Einnahme von Santiago (997) unter Al-Mansur auf dem Rükken christlicher Gefangener nach Córdoba transportiert worden.

Das Auge sucht irritiert Fixpunkte. Neunzehn schmale Schiffe von jeweils 104 Meter

Grundriß der Moschee/Kathedrale:
① Puerta de los Deánes, ② Patio de los Naranjos, ③ Glockenturm/Minarett, ④ Puerta del Perdón (ursprünglich Haupteingang), ⑤ Puerta del Cano Gordo, ⑥ Capilla de la Virgen de los Faroles, ⑦ Puerta de Santa Catalina, ⑧ Moschee-Eingang, ⑨ Puerta de las Palmas (früher Haupteingang), ⑩ Mihrab, ⑪ Maqsura, ⑫ Sabbat-Gang vom Alcázar, ⑬ Sakristei/Schatzkammer, ⑭ Capilla Real, ⑮ Capilla de Villaviciosa, ⑯ Capilla de San Pablo, ⑰ Capilla Mayor (Hauptkapelle), ⑱ Kanzel, ⑲ Chor, ⑳ Capilla de la Santa Cena, ㉑ Capilla del Sagrario, ㉒ Capilla de la Asunción, ㉓ Capilla de la Natividad, ㉔ Capilla de la Concepción, ㉕ Capilla del Espiritu Santo, ㉖ Capilla de la Expectación, ㉗ Capilla de San Nicolás, ㉘ Capilla del Baptisterio, ㉙ Capilla de la Bautista, ㉚ Capilla de la Concepción, ㉛ Capilla de Santa Ana, ㉜ Capilla de San Antonio, ㉝ Capilla de Santa Ursula, ㉞ Capilla de Santos Varones, ㉟ Capilla de las Animas, ㊱ Capilla del Rosario, ㊲ Capilla de San Esteban, ㊳ Capilla de San Eulogio, ㊴ Capilla de San Ambrosio, ㊵ Capilla de San Augustin, ㊶ Capilla de San Simón y San Indas, ㊷ Capilla de la Concepción, ㊸ Capilla de la Santisima Trinidad, ㊹ Capilla de San Acasio, ㊺ Capilla de San Pedro, ㊻ Postigo de la Leche (im Mittelalter Ablage für Findelkinder), ㊼ Puerta de San Esteban, ㊽ Postigo de Miguel, ㊾ Puerta del Palacio, ㊿ Puerta del Sagrario.

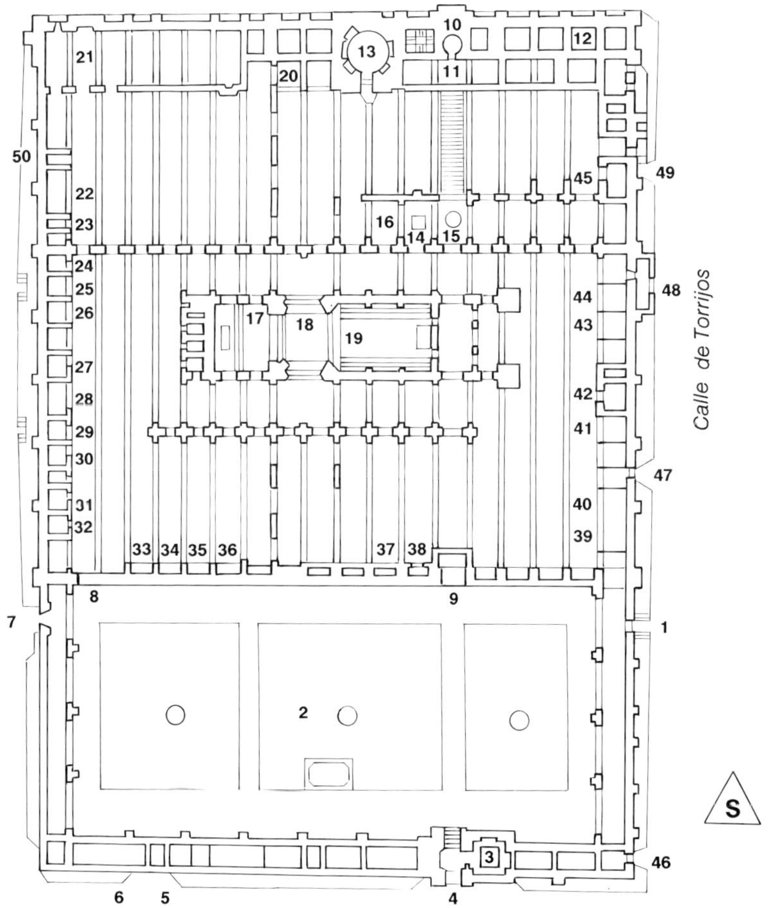

Moschee / Kathedrale

Länge. Rostrot und weiß gestreifte Doppelbögen hintereinander, in schier endloser Perspektive illusionistisch schwingend. Hundertfache rhythmische, halluzinatorische Wiederholung – Spiegelbild göttlicher Unendlichkeit oder kosmischer Ordnung? – eines effektvollen Waldes von symmetrisch angeordneten, teilweise bis aus Karthago hergeschafften, hier und dort verlängerten oder in dem früher mit Teppichen ausgelegten Boden versenkten 793 Säulen, die durch Rippen und doppelte Bogensysteme aus geweißtem Sandstein und roten Ziegeln verbunden sind. Zwischendurch, wie hinter Kulissen, erspäht man den 1618 entstandenen Hochaltar der Kirche.

Gewissermaßen das Allerheiligste der Moschee bildet die Nische des »mihrab«, ein achteckiger winziger Kuppelraum an der »qibla«, der gen Mekka weisenden Südmauer. Der Hufeisenbogen über der Pforte symbolisiert die aufgehende Sonne, dargestellt durch die Felder der rechteckigen Bogenrahmung (*alfiz*). Ursprünglich war der »mihrab« eine kleine Apsis oder Wandmulde, damit Blinde die Gebetsrichtung ertasten konnten. Das Hauptgebet fand Freitagmittag – Freitag war wichtigster Markttag – in der größten Moschee statt, deshalb Freitagsmoschee. Rechts des »mihrab« muß man sich die über eine Treppe erreichbare Kanzel (*minbar*), eine Art Holzthron, vorstellen, auf welcher der Iman das Gebet sprach, den Kalifen pries und predigte.

Dem »mihrab« vorgesetzt ist der dreigeteilte, einst aus Sicherheitsgründen durch eine hölzerne Schranke (*maqsura*) von der Moschee getrennte Gebetsraum des Kalifen, den er vom Alcázar an der Westseite durch einen Gang ungestört betrat. Über den Hauptraum und seine spektakuläre Kuppel schreibt Reclams Kunstführer: »Die Statik, die hier herrscht, entzieht sich der logischen Erfaßbarkeit.« Milliarden bunter Mosaiksteinchen, geschätzt etwa 16 Tonnen, glitzern, gestaltet von byzantinischen Mosaizisten, in feinen, phantasiereich stilisierten Pflanzenmustern. Prächtigste religiös-künstlerische islamische Offenbarung im Westen. Wunderbar! Dennoch nur ein Abglanz der Moschee *vor* der Christianisierung.

Weiterweg: Nördlich durch das gepflasterte, eng gewundene Labyrinth der maurischen *Almedina* (Innenstadt) mit ihren weißen Häusern, deren Flure glasierte Kacheln (*azulejos*, vom arab. *al-zulaich*) zieren. Geraniengeschmückte »patios«, kleine Balkone und schmiedeeiserne Gitter vor den Fenstern gehören zum Bild wie die Andenkengeschäfte und Gaststätten unter dem Motto »servizio rápido«. Verglichen mit der »judería« ist nordöstlich der Moschee die »morería«, das ehemals maurische Viertel, still geblieben. Unverfälscht pulsiert der Alltag jedoch nur abseits des Sightseeing-Nabels, beispielsweise um die *Arena* (Plaza de Toros), an der *Plaza de Costa del Sol*, in den »tascas« (Kneipen) der *Calle de Felipe II* oder im modernen Zentrum an der *Plaza de las Tendillas*, um die *Plaza de la Corredera* und *Plaza San Miguel*, nach Sonnenuntergang am baumbestandenen *Paseo de la Victoria*, dem Boulevard von Córdoba.

Nützliche Informationen

Anfahrt: Von Granada 166 km, von Sevilla 143 km, von Málaga 175 km. Bahnhof. Gute Busverbindungen. Flugplatz (Aeropuerto) 7 km außerhalb.
Ausgangsort: *Córdoba* (124 m), 284 000 Einwohner, Bischofssitz, drittgrößte Stadt (Provinzhauptstadt) Andalusiens, bis ins 16. Jahrhundert (40 000 Einwohner) Hauptstadt, Handelszentrum für Tuch und Seide. Heute Landwirtschaftszentrum (Gemüse, Getreide, Wein) sowie Textilindustrie, Edelmetall- und Lederverarbeitung, Keramikproduktion.
Ausgangspunkt: *Bahnhof* (Parkplätze meist belegt).
Parken: Östlich des Bahnhofs, rechts der Kreuzung. Parkhaus Avenida Gran Capitán (Bahnhofsnähe). Neben der Puerta del Puente (bei der Mezquita/Catedral). Jenseits des Puente Romano.
Unterkunft und Verpflegung: Aus der Vielzahl der Hotels, Pensionen und Restaurants eine kleine Auswahl. Vier Sterne: *Adarve* (Calle del Magistral González Francés 15,

Ornamentales Detail an der Puerta San Miguel in der Westfront der Mezquita in Córdoba.

Moscheenähe); Tel. 48 11 02. *Parador Arruzafa* (4 km nördlich, Beschilderung »Parador« durch Avenida del Brillante, Busverbindungen); Tel. 27 59 00. Mittelklasse: *Albucasis* (Judería, Calle del Buen Pastor 11); Tel. 47 86 25. *Marisa* (Cardenal Herrero 6, Moscheenähe); Tel. 47 31 42. Einfach, in der Judería: *Antonio Machado* (Calle del Buen Pastor 4); Tel. 29 62 59. *Seneca* (Calle Conde y Luque 7). *Selbstbedienungs-Restaurant Los Patios* (Calle Cardenal Herrero 14, bei der Moschee). Fleisch und Fisch vom Holzkohlengrill: *El Churrasco* (Calle Almanzor Romero 16). Gelobte regionale Küche: *Chico Medina* (Calle Cruz Conde 3), *Ciro's* (Paseo de la Victoria 19), *Oscar* (Plaza de Chrinos 6), *La Moreneta* (Calle Cardenal González 63). Maurische Restaurants: *Halal* (Calle Rey Heredio); *El Caballo Rojo* (Calle Cardenal Herrero 28). Vegetarisch: *Madre Tierra* (Plaza del Hoteno 3). Typische Tavernen: *La Sacristia* (Calle Alarcón López 3, Lokal der Stierkampffreunde des Stadtteils Santa Maria), *Taberna de Pepe* (Calle Almanzor Romero), *El Pisto* (bei der Kirche San Miguel). *Markthallen* (Plaza de la Corredera), werktags 9–12 Uhr.

Jugendherberge: Plaza Judá Levi. Mahlzeiten erhältlich, Voranmeldung unerläßlich, Tel. (9 57) 29 01 66.

Camping: *Municipal* (Avenida del Brillante 50, 3 km nördlich). Tel. 47 20 00. Zufahrt: Im Stadtbereich (Bahnhof) der Beschilderung »Parador« folgen. Busverbindungen Linie 10, 11.

Weitere Sehenswürdigkeiten: • *Schatzkammer der Kathedrale* (sakrale Kunstwerke des 15. bis 20. Jahrhunderts); es gilt die Eintrittskarte der Moschee. • *Museo Arqueológico Provincial* (Plaza de Jerónimo Páez, nördlich der Moschee); 10–14 Uhr, Sonn- und Feiertage 10–13.30 Uhr, Mo. geschlossen (18). • *Museo Provincial de Bellas Artes* (Provinzmuseum der Schönen Künste, Plaza del Potro) im 1443 gestifteten Hospital La Caridad. Nach Sevilla und Cádiz bedeutendste Gemäldesammlung Andalusiens. In diesem Gebäude, dem Geburts- und Sterbehaus des Malers Julio Romero de Torres (1874–1930), auch das gleichnamige Museum. De Torres gilt als Vertreter des Modernismus und Symbolismus; typisch für ihn ist die dunkle Schönheit seiner Frauenbildnisse. Geöffnet Di. bis Sa. 10–14 Uhr, 18–20 Uhr, So. 10–14 Uhr. Auf der Plaza (19), vielleicht die volkstümlichste Córdobas, einst Viehmarkt sowie im 16. und 17. Jahrhundert zentraler städtischer Platz, sprudelt die Fuente del Potro (Fohlen-Brunnen, 1577); das Hengstfüllen hält zwischen den Vorderhufen das Wappen Córdobas. • Am Platz auch das *Mesón del Potro* (Wechselausstellungen moderner Kunst), wo der Dichter Cervantes (»Don Quijote«) genächtigt haben soll. Außerdem Eingang in die ehemalige Klosterkirche *San Francisco*, üppig dekoriert im »Churriguerismus«, einem in Kastilien während des frühen 18. Jahrhunderts entstandenen hochbarokken Stil; in der Tabernakel-Kapelle (Capilla de Sagrario) zwei Gemälde, die Franz von Assisi darstellen. • *Ayuntamiento* (21), Rathaus der sozialistischen Stadtverwaltung, Spätrenaissance (1594–1631), Calle de Claudio Marcelo. • Nahebei die Teilrekonstruktion eines römischen Podiumstempels (frühes 1. Jahrhundert) mit ionischen Säulen.

• *Palacio del Marqués de Viana* (23, Calle San Augustin), entstanden im 15. Jahrhundert auf den Mauern eines Palastes des letzten Kalifen (Hischam III., 1027–1031), umgestaltet zwischen dem 17. und 19. Jahrhundert, prächtiger Adelspalast (13 Innenhöfe, 181 Räume), Sammlung römischer Grabfunde, Leder- und Silberarbeiten, Möbel, Porzellan, Fliesen, Waffen etc. Geöffnet außer Mittwoch 9–14 Uhr, deutscher Prospekt.

Feste: Während der *Karwoche* (Semana Santa) ca. 30 Prozessionen mit 60 »cofradías«.

• *Fiesta de los Patios* (erste Maiwoche) in den Vierteln (*barrios*) Alcázar Viejo, San Lorenzo, San Augustin. • *Concurso Nacional de Flamenco* (2. Maiwoche alle drei Jahre, die nächsten 1995, 1998) wichtigstes Flamenco-Ereignis Spaniens. • *Feria de Nuestra Señora de la Salud* (letzte Maiwoche), Volksfest, Jahrmarkt zwischen Avenida de la Republica Argentina und Paseo de la Victoria, Mädchen und Frauen gekleidet als Zigeunerinnen, Reiter, Stierkämpfe (täglich 19.15 Uhr).

• Anfang September *Wallfahrt* (*romería*) zum Santuario de Nuestra Señora de Fuensanta (Plaza de Fuensanta). Fuensanta ist zusammengesetzt aus »Fuente« und »Santa«

(Heiliger Brunnen), weil mit dessen Wasser eine wundersame Heilung geschah.
Sehenswürdigkeiten der Umgebung: • Kalifenpalast bzw. -stadt *Medina Azahara* (10 km westlich), geöffnet 1. Juni bis Ende September außer Mo. 10–14 Uhr, 15.30–18 Uhr; Bus ab Córdoba (Calle de la Bodega) 10 und 12 Uhr, 1,5 km entfernt • *Monasterio de San Jerónimo*, 1405 gegründet, erbaut mit Materialien der Medina Azahara, bis 1835 Hieronymiten-Kloster, heute Privatbesitz der Erben des Marqués de Mérito; Besichtigung des wohl schönsten gotischen Kreuzganges der Provinz möglich (trotz Umgestaltung im 18. Jahrhundert). • *Las Ermitas* (5 km nordöstlich der Medina, Idylle am Hang zwischen Pinien, Zypressen, Zedern, Eukalyptusbäumen; englisches Informationsblatt), Einsiedelei aus dem 4. Jahrhundert, Kirche 18. Jahrhundert, Zellen und 13 Häuschen der Klausner; bewohnt bis 1957.
Auskunft: Tourismusbüro neben der Moschee (Calle de Torrijos 10), Tel. (957) 471235; oder Oficina de Información de Turismo, Plaza de Judá Levi; Tel. (957) 290740.

19 El Torcal de Antequera

Wie ein Traum aus Stein

Tourencharakter: Unschwierige Rundwege.
Höhenunterschied im Aufstieg: Insgesamt 150 Meter.
Reine Gehzeit: Rote Route knapp 1 Stunde. Gelbe Route 1 Stunde. Grüne Route knapp ½ Stunde.
Beste Jahreszeit: Frühjahr bis Herbst. Hauptblütezeit: März, April, Mai.

Wind, Sonne und Regen als Bildhauer meißelten hartnäckig eine Kapriole der Schöpfung, die Zauberwelt des Torcal, das aufsehenerregendste geologische Phänomen Südeuropas. Die Gebilde bestehen aus relativ weichem, grauem Jurakalk, der vor rund 150 Millionen Jahren horizontal geschichtet dem

Meer entstieg. In die Schwachzonen – Risse, Spalten, Fugen – drangen kohlensäurehaltige Niederschläge, bildeten Höhlensysteme und gleichzeitig Bruchstellen, die sich unterschiedlich erweiterten und schließlich infolge tektonischer Kräfteeinwirkungen bzw. Sprengung durch den Frost einstürzten.

Was die Erosion übrigließ, bildet das karstige Stein-Museum des annähernd 1300 Meter hoch gelegenen Plateaus der Sierra del Torcal nördlich von Málaga, südlich von Antequera. In Spanien finden wir ein ähnliches Phänomen nur noch in der »Ciudad Encantada« (verwunschene Stadt) bei Cuenca in der Serranía de Cuenca bei Madrid. »Torcal« bedeutet, frei übersetzt, »Land mit den Erdsturztrichtern«. Das bizarre Steingeflecht bildet einen regelrechten Kalkdschungel auf einer Fläche von 1170 Hektar: Naturpark seit 1978. Die quellenden Formen des skurrilen Panoptikums fordern die Phantasie, erinnern an den Surrealismus und an die Werke des britischen Künstlers Henry Moore (1898–1986), den Hauptvertreter der modernen Plastik.

Im Informationszentrum skizziert ein Leuchttisch die drei Rundwege. Lichtbilder illustrieren namentlich alle besonderen Felsfiguren. Eine davon heißt »Sombrerillo«, an der roten Route. Ihr schräger »Sonnenschirm« – Durchmesser 6 Meter – scheint die Balance zu verlieren auf dem schlanken Hals. Die Pfade winden sich in »callejones«, den typischen Korridoren, durchmessen »hoyos« und »corralones«, passieren »dolinas« und »torcas« zwischen immergrünen Steineichen, Ahornen, Krüppelkiefern, weichen dichtem, stacheligem Weißdorn-, Ginster-, Rosmarin-, Myrten-, Zistrosen- und Heckenrosengestrüpp so gut wie möglich aus. Stellenweise kleiden Flechten und Moose die Felsen in dezente Töne. Efeu klettert. Eine kupferfarbene Hufeisennatter genießt die Wärme des Gesteins. Graubraune, teilweise mehr als 2 Meter lange Eidechsennattern lauern auf junge Vögel – Steinsperlinge, Steinrötel, Zipp- und Zaunammer –, suchen Ratten, Mäuse und Eidechsen.

In dem Garten aus Stein haben Botaniker 30 Orchideenarten registriert. Zum Beispiel Gelbe und Braune Ragwurz, Wespen-Ragwurz, purpurfarbenes Schmetterlings-Knabenkraut, (abstoßend riechendes) Wanzen-Knabenkraut, Italienisches Knabenkraut, die in Südspanien nur hier gedeihende, blau blühende, an den pelzigen Rändern braune Atlas-Ragwurz sowie die ihr ähnliche Spiegel-Ragwurz. Ferner karmesinrote Pfingstrosen, lilafarbene »Arabis ferna« (eine Gänsekresse), die zierliche »Narcissus cantabricus«, das Storchschnabelgewächs »Geranium lucidum«, Affodil, einen torcal-endemischen Steinbrech (*Saxifraga biternata*) mit weißen Glockenblüten und farnartigen Blättern, sowie die sonst nur noch an einigen Stellen in Portugal bekannte purpurrote »Iris subbiflora«; sommers u. a. die Bocks-Riemenzunge (*Mimantoglossum hircinum*); im Spätherbst die Mittags-Schwertlilie, das Violett der Waldrebe, um nur einige zu nennen.

Unterwegs gelegentlich Ausblicke Richtung Meer, wo das zubetonierte Málaga vegetiert. Von dort kommen sommers, wenn die Felsen knallende Hitze ausstrahlen, scharenweise Touristen und lassen sich auf müden, mürrischen Eseln durch den Torcal tragen! Dabei erlebt man nur »per pedes« die tektonischen Feinheiten und vor allem die reiche Flora.

Der Wegverlauf

Itinerario rojo/Rote Route:
Am **Parkplatz** zeigt eine rote Tafel den anfangs noch deutlichen Pfad. Aber auch späterhin, ja während der gesamten Wanderung kann die Spur anhand roter Holzpflöcke nicht verfehlt werden. Nach ¼ Stunde schwach links durch eine leicht ausgeprägte Einsattelung. Nordwestlich erscheint der Camorro Alto, höchster Gipfel (1377 m) der benachbarten Sierra de Chimenea.

Rechts haltend abwärts. Nach insgesamt ½ Stunde senkt sich die Route in einen nordwärts geöffneten Kessel. Der Steig schwenkt in Ostrichtung ein und erreicht schließlich südostwärts wieder das Straßenband, 5 Minuten vor dem Informationszentrum.

Itinerario amarillo/Gelbe Route:
Den Einstieg erklärt die grün-gelbe Tafel. Aufwärts, zunächst von grünen Pflöcken geleitet. Nach 10 Minuten zweigt die grüne Route (*Itinerario verde)* links ab in einen Kessel. Gelb führt geradeaus und ist nicht zu übersehen. Den Linksbogen ausgehen. Südwestlich in den erwähnten Kessel. Links mündet »Grün«. Gegensteigung und zurück zum Informationszentrum.

Nützliche Informationen

Anfahrt: Von Antequera Straße 3310 insgesamt 16 km, von Málaga Straße 423 über Almogia 49 km. Die Zufahrtsstraße (3,5 km) zweigt zwischen Antequera (12 km) und Málaga (45 km) ab; keine Busverbindung. Nächster Bahnhof Antequera.
Ausgangspunkt: *Llanos de los Polvillares/ Torcal Alto* (1190 m), Ende der Stichstraße. Informationszentrum geöffnet 9.30–16.30 Uhr. Die Wege beginnen beim Parkplatz rechts vor dem Informationszentrum.
Gehzeiten: Für die rote und gelbe Route zusammen 2 Std.

Türme, Zacken und Bastionen charakterisieren El Torcal, ein geologisches Phänomen, das durch die Erosion des weichen Jurakalkes in Jahrmillionen entstanden ist.

Unterkunft: In Antequera billige Pensionen: *Colón* (Infante Don Fernando 29, Zentrum); Tel. 844516. *Pepe* (Najera 1); Tel. 844354. Mittlere Preislage: *Madrona* (Calzada 1); Tel. 840014. *Reyes* (Tercia 1); Tel. 841028. Erstklassig: *Parador* (Parque de Maria Christina), Schwimmbad, Tel. 840261.

Verpflegung: Bürgerliche, sonntags vielbesuchte Speiselokale an der Straße von Antequera (z. B. Bar Cascada, Venta Molino Blanco).

Antequera: *Cafetería Marengo* (Calle de Cantareros 24), preiswerte »Platos combinados«. *Arena-Restaurant.* Oberhalb der Arena das *Restaurante El Farito* (Paseo Christina), auch Tische im Freien. *Supermarkt* (Cazades 19).

Camping: *Molino de Saydo*, bei Molina (12 km nordwestlich von Antequera, an der Autovia nach Sevilla), Anmeldung im Hotel Molino de Saydo; Tel. (952) 740475. *Laguna Fuente de Piedra* (23 km nordwestlich, an der Autovia nach Sevilla); Tel. (952) 735294.

Sehenswürdigkeiten der Umgebung: *Antequera*, 37100 Einwohner: • *Colegiata de San Sebastián (Stiftskirche)*, Renaissance, oktogonaler, gefliester barocker Ziegelturm (1709). • *Museo Municipal* (Plaza del Coso Viejo im Palacio de Nájera, 17./18. Jahrhundert): Prunkstück ist die 1,40 Meter große Bronzeskulptur (»Efebo de Antequera«, nach hellenistischem Vorbild) eines römischen Jünglings aus dem 1. Jahrhundert; Saal für den heimischen Maler Cristóbal Toral (geb. 1940), geöffnet tägl. (außer Mo.) 10–14 Uhr. • Durch das malerische Viertel *El Carmen de Santa Maria* zum 7 Meter hohen *Arco de los Gigantes* (1585 an der Stelle des Burgtores); eingemauerte römische Fundstücke. Dahinter brilliert an der profanierten *Colegiata de Santa Maria la Mayor* die nach Ansicht des Autors großartigste Renaissance-Fassade Andalusiens (1515–1550). • Unterhalb der Kirche sind Ausgrabungen einer *Thermenanlage* (1.–4. Jahrhundert) des römischen »Anticaria« zu sehen. • Von der Kir-

El Sombrerillo – eine der merkwürdigsten Felsformationen an der roten Wanderroute des Torcal.

che durch den Park vollends hoch auf den *Cerro de San Cristóbal* mit Resten einer *Maurenburg* des 13./14. Jahrhunderts, als die Stadt »Antaqira« hieß (bis zur christlichen Eroberung 1410). Basis der Festung sind römische bzw. westgotische (Kirche San Pedro, 6. Jahrhundert) Fundamente; aus dem Fels gehauene Zisterne. Westmauer mit zwei Türmen. Rechts (Aufgang zur Mauer, schönster Aussichtsplatz über Antequera) der 1582 auf den Hauptturm (genannt »Torre Mocha«, Stümpfling) gesetzte Glockenturm, im Volksmund »Papabellotas«; links Torre Blanca. • *Arena*, 1848 erbaut. *Flamenco-Bar*: La Trini. – • *Zona monumental* (wesentliche Zeugnisse iberischer Megalithkultur) am nordöstlichen Stadtrand, 1,5 km ab der Plaza San Sebastián, unmittelbar links nach der Repsol-Tankstelle: *Dolmen de Menga* (auch *Cueva de Menga*, nach einer hier hausenden Leprakranken namens Dominga, im Dialekt »Menga«), 1847 freigelegtes Fürstengrab (50 m Durchmesser), wie es während der Jungsteinzeit in Europa und im Mittelmeerraum üblich war; 25 m langes, bis 6,5 m breites, vor 4500 Jahren errichtetes, 1991 restauriertes Ganggrab (ovale Grabkammer, Platz für 40 Personen). Der Granit-Deckstein über der 3,20 m hohen Stirnwand wiegt geschätzte 170 bis 180 Tonnen, herbeigeschafft vom Steinbruch Cerro de la Cruz (1,5 km entfernt).
Etwa 70 m entfernt der bronzezeitliche, ungefähr 700 Jahre jüngere *Dolmen de Viera* (*Cueva de Viera*, nach den Entdeckern von 1906, dem Brüderpaar Viera), 19 m lang, Seitenlänge der Grabkammer 1,75 m. Führungen (spanisch) in beiden Gräbern Mo.–Fr. 9.30–13.30 Uhr, 15–18 Uhr, So. 10–14.30 Uhr. Funde im Archäologischen Museum Málaga (Alcazaba).
Auskunft: Información Turistica, E-29200 Antequera, Palacio de Nájera;
Tel. (952) 842180 (vormittags), 841827 (nachmittags).
Erhältlich ein fotokopiertes Faltblatt (spanisch) mit Routen und Abbildung von 24 typischen Torcal-Felsgestalten.
Wanderkarte: Mapa Topográfico Nacional de España 1:50000, Blatt 1038 (Ardales); Ausgabe 1972. Nicht erforderlich, da keine Wegeeinzeichnung.

20 Garganta del Chorro

Die Gigantenkluft

Tourencharakter: Rundwanderung, die in der Schlucht Trittsicherheit und Schwindelfreiheit erfordert.
Höhenunterschied im Aufstieg: Etwa 200 Meter.
Reine Gehzeit: 1¾ Stunde.
Beste Jahreszeit: Frühling bis Herbst.

El Chorro – wörtlich übersetzt »Wasserstrahl« – nennt der Volksmund die 3 Kilometer lange, mehr als 200 Meter tiefe, aus drei Cañons bestehende Felsschlucht des Tajo de Almorchón. Es handelt sich um eine tektonische Kluft, einen bei der Gebirgsfaltung entstandenen Nord-Süd-Riß zwischen karstigen Kalkmassiven der Trias- und Jurazeit. Der Rio Guadalhorce aus der Hochebene um Antequera hat ihn, Richtung Meer drängend, lediglich vertieft, fantastisch ausgefräst, ausgehöhlt in Form glatter Kolke und riesiger »Badewannen« im smaragdgrünen Element. Rio Guadalhorce, Guadateba und Turón, um nur die größten Flüsse zu erwähnen, füllen die in den zwanziger Jahren fertiggestellte, an Wochenenden von Ausflüglern überschwemmte Stauseenplatte der weichen, sandigen Hügellandschaft im Parque Natural de Ardales. Sie dient der Bewässerung großräumiger Zitronen- und Apfelsinenkulturen im Valle del Sol am Guadalhorce-Unterlauf sowie der Trinkwasserversorgung Málagas.

Beim Bau der Stauseen wurde zwischen 1901 und 1905 von der Bahnstation El Chorro ein »desfiladero« (Felsengalerie) durch die Schlucht installiert, als Nachschubtrasse für die Arbeiter: »Camino del Rey« – Weg des Königs, das heißt Alfonsos XIII., des letzten spanischen Monarchen vor dem Ausbruch der Franco-Diktatur (1939). Alfonso hatte die erste Staumauer 1921 eingeweiht. Der Camino bestand zunächst aus Brettern, getragen von Holzbalken, die durch starke, im Fels verankerte Dübel befestigt waren, und einem Drahtgitter; erst später folgte die heutige Konstruktion. Sie erlitt im Lauf der Zeit erhebliche Schäden durch Steinschlag und

Blick vom Chorro-Stausee in den unteren Schlund der Gigantenkluft. Rechts ist die horizontale Trasse des »Camino del Rey« erkennbar, links das Restaurante El Pilar.

kann nur unter Schwierigkeiten vollständig begangen werden. Der Weg ist infolge einiger tödlicher Unfälle offiziell gesperrt!

Konkrete Auskünfte über den Erhaltungszustand waren nirgends zu erfahren, so daß der Autor selbst erkunden mußte. Ergebnis: Die untere Pforte des Chorro ist nur für Sportkletterer – Routen in sämtlichen Schwierigkeitsgraden – interessant, weil Wanderer schon am Schluchtmaul »abblitzen«. Das soll sich jedoch, laut jüngster Information der Regionalregierung, 1994/95 ändern. Sie beabsichtigt nämlich, den Steig instandzusetzen. Deshalb nur eine vorläufige Zugangsskizze bzw. die aktuelle Situation (Frühjahr 1994): Am Chorro-Stausee (13 km von Alora) über die Brücke. Gleich links, 1,3 Kilometer zu einem Eisentor; Parkraum an der Trocken-

Auf kühner, vor einem Jahrhundert angelegter Trasse geht es in den drei Kilometer langen, stellenweise mehr als 300 Meter tiefen Schlund der Garganta del Chorro.

bach-Brücke (180 m). Rechts davon ansteigen, linkshaltend aussichtsreich unter Felsen in ¼ Stunde zur Eisenbahnbrücke (250 m). Danach beginnt links der schaurig-luftige Camino del Rey. Doch schon nach 5 Minuten (Kletter-Sicherungshaken) ist der Steig unterbrochen! Vom Parkplatz 20 Minuten.

Lohnender gestaltet sich nachstehend beschriebener Zugang von oben, das heißt vom Embalse de Guadalhorce. Bei dieser Gelegenheit sollte man das menschenleere Gebiet – Mesa de Villaverde – zwischen Chorro und Stausee eingehender betrachten, besonders das von der Erosion bizarr geformte nackte Gestein an den Abgründen. Im weißgetünchten Kirchlein der Ermita Nuestra Señora de Villaverde hinter El Chorro, genauer gesagt etwa 2 Kilometer nach dem Restaurant El Pilar, feiern die Leute von Ardales am 5. September volksfestähnlich ihre Patronin. Der Ortsname Ardales ist vom Arabischen abgeleitet: Ard Allah – Erde Gottes. Es wurde 1389 von König Johann I. zurückerobert. Auch Alora, das römische Municipium »Ilura«, stand fast acht Jahrhunderte lang (bis 1484) unter maurischer Herrschaft und hieß »Alura«, wovon die hochgelegene Festung (Alcazaba, heute Friedhof) zeugt.

Glanzlicht der Sehenswürdigkeiten bzw. seltenes Beispiel frühchristlicher Sakralkunst ist *Bobastro.* Exakt 3,3 Kilometer nach dem Restaurant El Pinar zweigt das Zufahrtssträßchen links ab. Nach 2,8 Kilometern (rechts Parkbucht) führen links Steinstufen hoch. Sie gehen in einen Pfad über, der gut 10 Minuten später bei der Kirchenruine (530 m) endet. Erhalten sind ansehnliche, aus dem Fels gehauene Mauern auf typisch westgotischem, basilikalem Grundriß. Die drei Schiffe trennen Pilaster mit Hufeisenbogen; von den drei Apsiskapellen sind die seitlichen quadratisch. Es handelt sich um eine unvollendete, sogenannte mozarabische Kirche, von gotischen Christen unter maurischer Herrschaft erbaut, eine von zwei noch in Spanien vorhandenen.

Fährt man vom Beginn des Pfades 1,2 Kilometer weiter, wird die Presa de la Encantada (600 m) erreicht, ein kleiner Speichersee, aus dem hochgepumptes Wasser durch Röhren in die Tiefe stürzt und Strom erzeugt. Etwa 1 Kilometer danach endet die Straße unterhalb einer Kuppe (622 m) mit Grundmauerresten der Zitadelle Bobastro. Von hier aus rebellierte Omar ibn-Hafsûn – sein westgotischer Urgroßvater war zum Islam konvertiert – seit 879 gegen das Emirat Córdoba, gebot über Teile Andalusiens, bis Jaén, sowie an der Küste zwischen Málaga und Gibraltar, einschließlich Ronda. Der selbsternannte Herrscher im unabhängigen »Königreich« nahm den christlichen Glauben seiner Vorfahren an und starb 917. Begraben worden sei er laut Überlieferung in der quadratischen, künstlich geschaffenen Grube neben der erwähnten mozarabischen Kirche. Als Emir Abd ar-Rahmân III. im Jahre 928 Bobastro eroberte, ließ er den Leichnam »des größten Feindes seiner Dynastie« (Alfonso Lowe) und den dessen Sohnes, der den Kampf des Vaters ein Jahrzehnt fortgesetzt hatte, nach Córdoba bringen, »wo sie öffentlich an Galgen gehängt wurden«.

Der Wegverlauf

Vor dem **Restaurant El Mirador** (380 m) bzw. dem Tunnel die Straße halb rechts verlassen und auf geschottertem Fahrsträßchen bergan, auf der Rückseite des »Mirador«. Nach etwa 10 Minuten rechts halten (links Stichweg zu einem Aussichtsplatz). Abwärts, begleitet

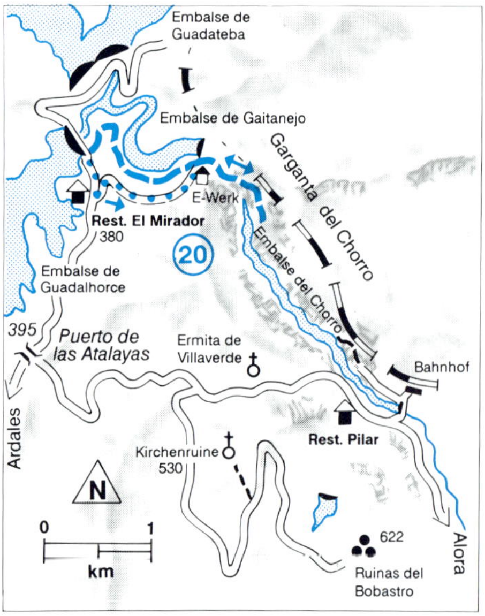

von lichtem Aleppo-Kiefernwald der nördlichen Sierra de Almorchón, dem Lebensraum eingewanderter Steinböcke aus der Serranía de Ronda. Bald erscheint der *Embalse de Gaitanejo*, das Rückhaltebecken der Stauseen, sowie das **Elektrizitätswerk** (290 m), zu dem es von dem Parkplatz ½ Stunde zu gehen ist.

Etliche Gänsegeier und Steinadler haben irgendwo ihre Horste. Wanderfalke und Turmfalke nisten in Felslöchern. Man hört den Schrei der rotschnabeligen Alpenkrähe, sieht vielleicht Wasseramseln, Steinsperlinge, den Haustauben ähnliche Felsentauben, weißbauchige Mehlschwalben, scheue, nur im meernahen Spanien und in Nordwestafrika lebende Trauersteinschmätzer.

Wer von hier aus in die Schlucht schauen will, kann zunächst das Elektrizitätswerk links passieren und in die atemberaubende, scheinbar Menschenmaß sprengende **Schlucht** gehen, wo man sich der kühnen, exponierten Weganlage anvertraut. Sie weist nach 10 Minuten eine kurze Unterbrechung (Holzbretter) auf. Etwa 5 Minuten später führt ein Steg in schwindelnder Höhe zur Eisenbahnlinie Málaga–Antequera. Diesseits vom Steg ist die Konstruktion nach ein paar ausgesetzten Schritten stückweise baufällig und ihr Begehen riskant! Vernünftige Konsequenz: zurück zum anfangs erwähnten Elektrizitätswerk.

Von dort auf dem Wanderweg unmittelbar am **Embalse del Gaitanejo** entlang, dem kleinsten und ältesten der Stauseen, der flußähnlichen Charakter hat. Bei etwas Glück beobachtet man am Ufer die nur in Spanien und Nordafrika vorkommende Maurische Wasserschildkröte, der Panzer hellbraun bis dunkeloliv, bei alten Tieren olivgrün, bis 25 Zentimeter lang. Wasserliebend ist auch die graubraune oder olivgrüne ungiftige Vipernatter, gekennzeichnet durch ein Zickzackband ähnlich der Kreuzotter. Die grüne Gottesanbeterin, eine sogenannte Fangschrecke, wartet an trockenen Stengeln in scheinbar betender Haltung, die Vorderbeine zusammengefaltet, auf Insekten. Schmetterlinge – Schwalbenschwänze, Segelfalter – taumeln von Blüte zu Blüte. Libellen hängen schwirrend über dem Ufersaum. Jenseits, zu Füßen grauer, von der Erosion pittoresk gestalteter Felsen, wachsen Johannisbrotbäume und immergrüne Tamarisken. Müll auf den Rastplätzen von den Sonntagsgästen.

Der Weg verschmälert sich im wunderschönen Tal. Nach insgesamt ¼ Stunde geht es auf dem oberen Pfad ansteigend weiter. Rascheln im Gras: Eidechsen, der Algerische Sandläufer; oder bis zu einem halben Meter lang werdende Perleidechsen. Die Staumauer des Embalse de Guadalhorce tritt ins Blickfeld. Nun mäßig abwärts, bis links ein Tunnel zum **Restaurant El Kiosco** führt. Auf der Straße links in 5 Minuten zum Ausgangspunkt.

Nützliche Informationen

Anfahrt: Von Alora, zwischen Málaga (38 km) und Antequera (40 km), nordwestlich (insgesamt 21 km) über El Chorro (Bahnhof, Restaurante El Pilar) zum Stausee. Dort rechts 2 km bis Bar-Restaurante El Mirador vor dem Tunnel.
Von Málaga 59 km, von Antequera 61 km, von Aradales 8 km.

Ausgangspunkt: *Bar-Restaurante El Mirador* (380 m); siehe Anfahrt.

Parken: Hinter dem Tunnel beim Häuschen des Kontrollpunktes.

Gehzeiten: Insgesamt 1¾ Std. Parkplatz – Elektrizitätswerk: ½ Std. E-Werk – Schlucht: ¼ Std. Schlucht – E-Werk: 20 Minuten. Rückweg: 40 Minuten.

Unterkunft: *Apartamentos Garganta de El Chorro* beim Bahnhof (Estación), Tel. (952) 497219. In Alora: *Pension Alondra II*, Tel. (952) 496371. In Carratraca (6 km südöstlich von Ardales): *Hostal El Principe*, Tel. (952) 458020.

Verpflegung: In *El Chorro Estación* (Bahnhof) zwei Bars; empfehlenswert die des Hotels. *Restaurante El Pilar* 1,3 km vom Staudamm taleinwärts. Etwas weiter (Straße zum Stausee) Bar in der Ermita Nuestra Señora de Villaverde.

Camping: *Parque Ardales* (Stausee Guadalhorce, 7 km von Ardales).

Auskunft: Ayuntamiento la Villa de Ardeles, E-29550 Ardales; Tel. (952) 458087. Faltblatt mit eingezeichneten Wanderwegen.

Wanderkarte: Mapa Topográfico Nacional de España 1:50000, Blatt 1038 Ardales (Ausgabe 1972).

21 Montes de Málaga

Naturpark und Schlemmerparadies

Tourencharakter: Unschwierige Rundwanderung.
Höhenunterschied im Aufstieg: Knapp 300 Meter.
Reine Gehzeit: 2 Stunden. Mit Pico de la Reina 2½ Stunden.
Beste Jahreszeit: Frühjahr bzw. Mai bis Anfang Juni wegen der Blüte. An Sonntagen starker Ausflugsverkehr!

Die Montes de Málaga erheben sich nördlich der Costa-del-Sol-Drehscheibe und bergen seit 1927 den gleichnamigen, im Laufe der Zeit aus ökologischen Gründen vergrößerten Parque Natural, dessen südliche Grenze etwa 5 Kilometer von den Randbezirken Málagas entfernt ist. Ausmaß: 4762 Hektar westlich der Carretera de los Montes (C 345). »Lugar pintoresco« locken Tafeln an dieser kurvenreichen Panoramastraße vom Küstensaum landeinwärts, aus der Hektik und den unästhetischen Betonburgen in das lieblich anmutende, leicht geschwungene, waldreiche Mittelgebirge. Eine *Venta* (Restaurant) löst die andere ab. Allesamt populäre, preiswerte »Freßtempel« der Malagueños an Wochenenden. »Plato de los Montes« ist eine der bodenständigen Spezialitäten: Bratkartoffeln, Eier, Paprikawurst. Seenähe rechtfertigt »Frituras malagueñas«, beispielsweise in Form gegrillter Sardinenspieße. Als Dessert vielleicht eine lokale Spezialität: »Batata confitata«, Süßkartoffel mit Konfitüre, oder »Borrachuellos de Casabermeja«, likörgetränkte Plätzchen. Die Rebenkultur wurzelt in römischer Ära. Echte »vinos de los montes«, wie der »vino lágrima« (Tränenwein), tragen auf dem Etikett das Prädikat »Auténtico vino de Málaga«.

Zu einer mehr als 150 Jahre alten Kelterei, der von Torrijos im scheinbar weltverlorenen Tal des Arroyo de Choperas, lenkt uns unsere Tour.

Der Wegverlauf

Neben der **Fuente de la Reina** dem Teersträßchen folgen. Nach 100 Metern zweigt halb rechts das Teersträßchen ab zum **Pico de la Reina**, dem Gipfel der Königin. Er bildet mit 1031 Metern zwar den Kulminationspunkt der Montes de Málaga und gewährt umfas-

Besonders schön sind Wanderungen in den Montes de Málaga im Frühling während der Blüte. Auf dem Weg zu dem Landgut »El Lagar Viejo de Torrijos«.

Nur etwa 20 Kilometer von der tourismusüberschwemmten Costa del Sol entfernt gewähren die Montes de Málaga erholsame Stille.

sende Rundblicke, ist aber durch Sendeanlagen verunziert; hin und zurück ½ Stunde.

Die Wanderung folgt dem Natursträßchen, passiert links einen Fernsehverstärker und senkt sich zum Platz **Las Contadoras** (800 m), so benannt nach dem etwas tiefer liegenden Bauernhof, der als »Aula de naturaleza« dient. Die Schotterstraße gabelt sich. Wir lassen sie unbeachtet, das heißt, man biegt vor dem großen Kilometer- und Richtungsstein scharf rechts in den durch eine Kette gesperrten Weg ein und erlebt nun die reiche Vegetation der »Montes«. Stein- und Traubeneichen besetzen die Flanken, Pappeln, Ulmen, Eschen, wilde Ölbäume. Üppige mediterrane Flora! Zistrosen und Weißdorn, Erdbeer- und Brombeerstauden; Thymian und Schopflavendel verbreiten würzige Düfte.

Abwärts, ein Trockental kreuzen und mäßig bergan zwischen zwei mächtigen Eukalyptusbäumen hindurch. Bald verschmälert sich die Spur, wird überwachsen von mannshohem Ginster. Vogelgezwitscher unterbricht die köstliche Stille. Gelegentlich ergeben sich weiträumige Ausblicke, vor allem nach Norden. Nach etwa einer ¾ Stunde schwenken wir in die Mulde des *Arroyo de Los Melgarejos* ein. Obwohl keinerlei Markierungen vorhanden sind, kann die Route nicht verfehlt werden. Der Förster hat Wasserlöcher gegraben, an deren weicherdigen Rändern sich Wildschweinspuren abzeichnen. Zu sehen bekamen wir von den 27 vorkommenden Säugetierarten – u. a. Wildkatzen – allerdings nichts, auch keines der 19 Reptilien und Amphibien, ganz zu schweigen von Chamäleons, die hier leben sollen!

Bald umfängt uns das Tal des *Arroyo de Choperas*. Etwa 1¼ Stunde nach dem Parkplatz steht links unterhalb am Hang ein kleines Gebäude. Jetzt wird der breite Weg *links* verlassen. Weglos wenige Minuten hinab zum malerischen Cortijo **El Lagar Viejo de Torrijos** (700 m). »Lagar viejo« bedeutet »alte Weinkelter«. Das Landgut entstand 1843. Seitdem preßt alljährlich im September nach der Lese die »Prensa de Viga« die Trauben. Alles ist im Originalzustand erhalten, auch die Ölmühle, welche ein Esel »antreibt«, sowie der »horno« zum Backen des Steinofenbrotes. Für die Konservierung dieser historischen Stätte der Landwirtschaft bzw. ihr museales Aussehen sorgte die staatliche Umweltbehörde Agencia del Medio Ambiente (AMA). Leider ist der Cortijo meist geschlossen. Anmeldung: Tel. (952) 580007 oder wie bei Auskunft.

Am Arroyo warten Erholungs-, Picknick- und Badeplätze; Zelten erlaubt.

Auf dem staubigen Fahrsträßchen bergan, 10 Minuten zur Querung des *Arroyo del Mirto*. Die Linkskurve ausgehen. Etwa 20 Minuten später wird die Straße betreten.

Rechts, begleitet von großartigen Ausblikken in Richtung Mittelmeer und Málaga, der Halbmillionen-Metropole und Geburtsstadt von Picasso, wo 1992 durch das spanische Königspaar der zukunftsweisende »Parque Tecnológico Andaluz«, eine Art »Silicon Valley«, seiner Bestimmung übergeben wurde. Málaga ist eine ganz andere Welt, atmosphärisch und urban inhuman, wie ich jedesmal zu spüren vermeine. Das Kontra sind die Schatten, das Grün, die unhörbaren Stimmen, der leise Atem des Naturparkes, an dessen Rand wir über den **Puerto de León** (900 m) in ¼ Stunde zur *Fuente de la Reina* schlendern.

Nützliche Informationen

Anfahrt: Straße C 345 von Málaga (nächster Bahnhof, Flughafen) 20 km; Ausfahrt zwischen Kathedrale und Alcazaba über die Alcazabilla Victoria. 12 km von Colmenar. Busverbindungen; Busbahnhof in Málaga am Paseo de los Tilos.
Ausgangspunkt: *Fuente de la Reina* (920 m), denkmalähnlicher Quellbrunnen unweit (400 m) des Puerto del León, bei Kilometer 546. Kleine Gaststätte.
Gehzeiten: Insgesamt 2 Std. Fuente de la Reina – Las Contadoras: ½ Std. Las Contadoras – Torrijos: ¾ Std. Torrijos – Straße: ½ Std. Straße – Fuente de la Reina: ¼ Std.
Unterkunft: Hotels etc. in Málaga.
Verpflegung: Gasthöfe an der Straße nach Málaga, 8,5 km ab Fuente de la Reina die traditionsreiche *Venta El Boticario*; daneben *Venta-Bodega El Mijeno*.
Auskunft: Centro de asesoramiento y iniciati-

vas ambientales; Tel. (952) 251449; speziell für den Naturpark. Oficina de Turistica, Pasaje de Chinitas 4, E-29015 Málaga; Tel. (952) 227907. Zweigstelle am Busbahnhof.
Wanderkarte: Mapa Militar de España 1:100000, Blatt 9–22/23, Málaga.

22 In der Sierra Blanca

Das Hinterland von Marbella

Tourencharakter: Unschwierige Rundwanderung.
Höhenunterschied im Aufstieg: Etwa 300 Meter.
Reine Gehzeit: 2¾ Stunden.
Beste Jahreszeit: Frühjahr, Frühsommer, Herbst.

Die Schlangenlinien der schmalen Straße enden plötzlich am Arroyo de Juanar, jenseits der Steinbrücke. Wir sind in der »Riserva Nacional de Serranía de Ronda«. Die Welt scheint wie mit Brettern vernagelt. In diesem Waldwinkel der Sierra Blanca errichteten die Markgrafen von Larios Anfang des 20. Jahrhunderts einen Palacio, um ihrer Jagdleidenschaft zu frönen. König Alfonso XIII weilte als Gast, auf der Pirsch nach dem »Macho montés«, dem Iberischen Steinbock bzw. seiner kleinsten Unterart: »Capra hispanica«.

Obwohl sie die am häufigsten vorkommende und weitestverbreitete Art Spaniens ist, wurde ihr hier ein Reservat eingerichtet. Sie darf nur unter Aufsicht des Amtes für Hochjagdschutz (Instituto Andaluz Reforma Agraria) geschossen werden, während Rebhuhn wie auch Kaninchen absolute Schonung genießen.

Kühles Grün umgibt den Erdenwinkel. Weshalb dann der Name Sierra Blanca – weißes Gebirge? Wegen des hellen Kalksteins auf den Höhen, wie wir noch sehen werden. Das gemütliche Refugio wirkt wie das Hexenhäuschen von Hänsel und Gretel. Man hat es 1965 auf die Fundamente des markgräflichen Palastes gesetzt. In der Umgebung blühen im Juni verschiedene Orchideenarten: die lilafarbene Wohlriechende Händelwurz (*Gymnadénia odoratissima*) und die Bienenragwurz (*Ophrys apifera*). Die Abgeschiedenheit rief den französischen Staatspräsidenten Charles de Gaulle in das Tal. Er vollendete hier 1970 seine Memoiren, im Zimmer 3.

Der Wegverlauf

Vom **Hotel-Parkplatz** bergan, links am Tennisplatz vorbei, zuerst im Wald, dann steil durch den Niederbewuchs auf breitem, während der Vormittagshitze unangenehmem Weg. Im Rückblick nimmt der auffallende Cerro Nicolás Formen an. Sogar die Trasse des Pfades, welcher von rechts unten schräg links zum Nordrücken führt, ist erkennbar.

Nach etwa 35 Minuten nicht der schwachen Linkskurve folgen, sondern geradewegs, stellenweise überwachsen, durch die *Sattelmulde*. Ein Stück eben dahin. Es schließt sich, rechts haltend, eine genußvolle Hangtraverse an. Nordwestlich und nördlich erstreckt sich in eintönigen Formen die Sierra de Canucha. Berge, wohin man schaut. Steinwild bekamen wir leider nicht zu Gesicht. Nur im November und Dezember, wenn die Böcke um die Weibchen kämpfen, sieht man gelegentlich welche, erfahre ich.

Der **Puerto Pozuelo** wird erreicht. Rechts haltend, erneut ansteigen in ¼ Stunde zu einem Rücken. Weiter im Uhrzeigersinn. Es er-

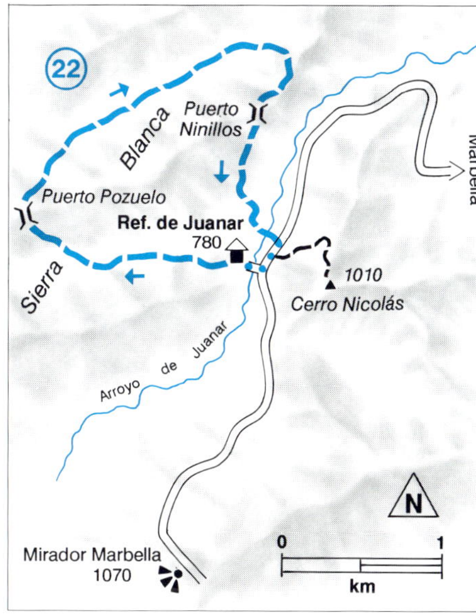

wartet uns als naturkundliche Rarität ein Wäldchen aus Igel- bzw. Pinsapotannen (*Abies pinsapo*), die Nadeln dunkelgrün, kurz, hart, spitz, gleichmäßig am Zweig. Überbleibsel der Eiszeit. Diese Konifere existiert weltweit nur an ein paar Stellen um Ronda. Das Mikroklima in ca. 900 Meter Höhe und der Standort an kühlen, verhältnismäßig niederschlagsreichen Nordhängen fördern das Wachstum (siehe Seite 114).

Ungefähr ¼ Stunde später gewinnt man einen Sattel zu Füßen des felsigen Pilar Pozuelo. Absteigen, nach 5 Minuten eine Viehtränke passieren. Dann leicht rechts halten, durch Strauchwerk in eine Mulde und auf der orographisch rechten Seite des Trockentales weiter. In den Flanken wachsen Zwergpalmen, Schopflavendel, Wacholder; vereinzelt die Händelwurz. Die Spur bietet keinerlei Probleme. Schließlich bergan in den **Puerto Ninillos**, den Übergang in das Tal des Arroyo de Juanar. Abermals kommodes Schlendern bzw. Hangquerung mit Gefälle, parallel zum Talsträßchen, an dem der ausgetretene Pfad nach 35 Minuten endet. Auf der Straße sind es nur mehr 10 Minuten zum *Refugio Juanar*.

Nützliche Informationen

Anfahrt: Ab Marbella beschildert (»Refugio Juanar«) auf der Straße C 337 über Ojen,

Das Refugio de Juanar im Hinterland von Marbella, wo Charles de Gaulle 1970 seine Memoiren schrieb.

18 km. Abzweigung der Stichstraße (5,5 km) nach 12,5 km.
Ausgangspunkt: *Refugio de Juanar* (780 m), Drei-Sterne-Hotel, ganzjährig geöffnet; Tel. (9 52) 88 10 00 oder 01.
Gehzeiten: Insgesamt 2¾ Std. Refugio – Puerto Pozuelo: 1 Std. Puerto Pozuelo – Puerto Ninillos: 1 Std. Puerto Ninillos – Refugio: ¾ Std.
Unterkunft und Verpflegung: *Refugio de Juanar*, DZ (ohne Frühstück) etwa 140 Mark; EZ 80 Mark. Appartement für sechs Personen 300 Mark. Camping verboten!
In Ojen eine Pension (Hostal).
Weitere Tourenvorschläge: • *Cerro Nicolás* (1010 m); ¾ Std. Von der Steinbrücke 20 m talauswärts. Beim Verkehrszeichen (40 km Höchstgeschwindigkeit) rechts ab und dem farnüberwachsenen Pfad folgen.
• *Mirador Marbella* (1070 m); 1¼ Std. Links des Arroyo de Juanar auf einer für den Verkehr gesperrten Sandstraße zur prächtigen Aussicht.
Jagd-Information: Instituto Andaluz Reforma Agraria; Tel. (9 52) 88 13 12.
Auskunft: Ayuntamiento, E-29610 Ojen, Tel. (9 52) 88 10 04.
Wanderkarte: Mapa Militar de España 1:100 000, Blatt 8–23 (Estepona).

23 Ronda: Ciudad und Mercadillo

Wiege des modernen Stierkampfes

Stadtrundgang: Arena – Puente Nuevo – Arco del Cristo – Puerta del Almocábar – Arabische Bäder – Palacio Salvatierra – Casa del Rey Moro – Puente Nuevo.
Höhenunterschied im Aufstieg: Etwa 150 Meter.
Reine Gehzeit: Mit Besichtigungen 4 bis 5 Stunden.
Beste Jahreszeit: Frühling, Herbst.

Ronda sei »eine unvergleichliche Erscheinung«, schwärmte Rainer Maria Rilke. Siebenunddreißigjährig verbrachte er den Winter 1912/13 im Hotel Reina Victoria, Zimmer 209, das heute jedem Gast zur Verfügung steht. »Hier wäre nun freilich auch der Ort, recht spanisch zu leben und zu wohnen«, erfuhr brieflich seine Freundin Maria von Thurn und Taxis-Hohenlohe. Für den »poeta« blieb Ronda das »bedeutendste Ereignis« nach Rußland und Paris. Die »auf zwei Felsmassen hinaufgehäufelte Stadt« (Rilke) ist in jedem Falle einen Besuch wert! Nicht nur, »wenn Sie je nach Spanien auf Hochzeitsreise gehen oder wenn Sie mit irgendwem durchbrennen«, wie Hemingway sarkastisch rät.

Der von einer gewaltigen Erdbewegung gerissene »Tajo« teilt das inselähnliche, vor 15 Millionen Jahren entstandene, leicht geneigte Plateau und damit die nördliche, nach der »reconquista« im 15. Jahrhundert durch Händler erwachsene Neustadt, das kommerzielle Zentrum (*mercandillo*), von der südlichen, mehr als 3000 Jahre alten »ciudad« auf herzförmigem Grundriß. Iberer, Kelten, Phönizier, Griechen, Karthager, jeder den anderen vertreibend, gaben sich in »Arunda« die Hand, ehe Rom 122 v. Chr. eine Veste schuf, möglicherweise als zum Meer hin deckender Brückenkopf der 12 Kilometer entfernten Stadt »Acinipo« (heute Ronda la Vieja). Die nach den Römern über drei Jahrhunderte ansässigen Westgoten wurden 712 von Mauren abgelöst.

Mohammeds Söhne verliehen »Izna Rand Onda« urbane Qualität und Kontinuität, fast 800 Jahre lang. Es wurde eine der stärksten Trutzburgen in »Al-andalus«, strategische und wirtschaftliche Drehscheibe an der Strecke Córdoba–Mittelmeer. Al Mutalid ibn-Abbad, König des berberischen Sevilla, der die »taifa« (Kleinreich) Ronda raffiniert vereinnahmt hatte, pries im 11. Jahrhundert »das schönste Kleinod meiner Krone«, womit wir den ersten authentischen »Sänger« hören. Hemingway (1899–1961) sah sie mit anderen Augen: »Die ganze Stadt und so weit, wie Sie in jeder Richtung sehen können, ist romantischer Hintergrund...«, für den Amerikaner alleine Theaterprospekt des Stierkampfes! Der Literatur-Nobelpreisträger suchte im Gegensatz zu Rilke keine zweite Heimat, sondern gewissermaßen das Ja zum Sterben im einzigen Land, »dessen Nationalschauspiel der Tod ist« (Federico García Lorca).

Was kümmerte »Don Ernesto« die Spiritualität der trostlosen Serranía de Ronda im Umkreis der Stadt. Vornean stand ohnehin der »Tod am Nachmittag«, Stiere, Corridas, Matares, Trinkgelage. Alfonso, ein Kellner des »Reina«, hat Hemingway noch persönlich bedient an der Bar. »Ha sido muy« – eine schöne Zeit, vertraut er mir mit glänzenden Augen an, wenn es auch oftmals bis in den Morgen ging, dafür stimmte das Trinkgeld. Excelente! Der Schriftsteller weilte zwei Sommer nacheinander in Ronda. Kein anderer Nichtspanier dürfte die »tauromaquia« (Kunst des Stierkampfes) und ihre hehren Regeln intensiver studiert haben als Hemingway. Wochenlang war er an der Seite befreundeter Toreros während der »temporade«, der Stierkampfsaison zwischen März und Oktober, häufig in der Arena von Ronda, wo unsere Betrachtungen ihren Anfang nehmen.

Stadtrundgang

19. Mai 1785: Einweihung der **Arena** (1), nicht die erste festinstallierte, wie behauptet wird, aber eine der stilvollsten Spaniens. Das sandige Rund – Durchmesser 66 Meter – säumt die »barrera«, umschlungen vom »callejón«, einem schmalen Gang unter toskani-

Die unvergleichliche Lage von Ronda hat die Dichter zum Träumen angeregt. Rechts der Puente Nuevo aus dem 18. Jahrhundert, eine der drei Brücken zwischen Altstadt und Neustadt.

schen Arkaden. Die zweistöckigen Ränge (*tendidos*) bieten knapp 5000 Menschen Platz. Die Kosten, die in kleinen Arenen fast so hoch sind wie in großen (Sevilla 14000 Plätze, Marbella 17000, Madrid 24000), erlauben nur mehr zweimal jährlich Kämpfe. Im Juli sowie Anfang September bei der historisch inszenierten »Corrida Goyesca«. Die übrige Zeit dient die Plaza de Toros musealen Zwecken: die Arena (Öffnungszeiten: 9–16 Uhr) als solche sowie das »Museo taurino« voller einschlägiger Exponate: Plakate, Zeitungsartikel, Schädel berühmter Stiere. Selbstverständlich auch sogenannte »Lichteranzüge« (*trajes de luz*), die bis zu zehn Pfund schwere, hautenge, seidene, golddurchwirkte Berufskleidung des Matadors. Das schwarze Gewand trug José Gómez y Ortega, genannt »Joselito«, am Todestag seiner Mutter. Einer der Genialsten aller Zeiten! Bereits sechzehnjährig zum Matador gekürt, tötete

Zweig einer Igel- oder Pinsapotanne, einem Relikt der Eiszeit, das weltweit nur mehr an wenigen Orten in der weiteren Umgebung von Ronda unter besonderen klimatischen Voraussetzungen wächst (siehe Tour 22).

der hellhäutige Zigeuner in rund hundert Kämpfen pro Jahr insgesamt 1557 »toros«; er wurde lediglich dreimal ernsthaft verletzt. Doch am 16. Mai 1920 traf ihn das Horn tödlich. Er habe eine miserable Konstitution gehabt, sei zu dick geworden nach der Wintersaison in Peru.

Schwarzweiß-Fotos zeigen »Papa Hemingway« inmitten Vertrauter, zweier Repräsentanten des Stierkämpfer-Clans der Ordoñez aus Ronda. Links der Alte, Cayetano, genannt »Niño de la Palma« – weil sein Vater das Schuhgeschäft La Palma betrieb –, verehrt von García Lorca, starb siebenundfünfzigjährig im Bett. Antonio Ordoñez, eines von vier Kindern, dem Vater wie aus dem Gesicht geschnitten, mit neunzehn zum Matador ernannt, schärfster Widersacher des berühmteren, mit seiner Schwester Carmen verheirateten Luis Miguel Dominguin, focht 1981 im Alter von 49 Jahren zum letzten Mal. Er ist Stierzüchter und Kampfveranstalter. Antonios vom Vater ererbte »finca« steht an der Carretera Campillos, unmittelbar vor dem Camping Venta El Abogado, etwa 6 km nordöstlich, rechts der Straße. Dort wurde im Brunnen die Asche seines Freundes, des 1985 verschiedenen Schauspielers und Regisseurs Orson Welles verstreut. Derzeitiger Lokalmatador: Pepe Luis Martin, Jahrgang 1970.

Im **Alameda-Park** (D) unweit der Arena, hart an der Schlucht, die Alt- und Neustadt trennt, stifteten Rondenos **Pedro Romero** (1754–1839), einem der Initiatoren des modernen Stierkampfes – neben den Sevillanern

»Costillares« und »Pepe Hillo« –, ein Denkmal. Er trat aus den Fußstapfen des Großvaters Francisco (1698–1793), »Erfinder« des roten Tuches (*muleta*) heraus, übernahm von seinem Bruder Juan (er wurde 102 Jahre alt) die »picadores« und »banderilleros« und bekämpfte den Stier als erster zu Fuß. Durch den Degen des hochgewachsenen gelernten Schreiners, dessen Kunst Goya in einer Serie von Radierungen (»Tauromaquia«) darstellte, fielen 5530 Stiere. Den ersten schaffte der fünfzehnjährige Bub, die letzten vier das zweiundsiebzigjährige Idol anläßlich einer Wohltätigkeitsveranstaltung. Der mehrfache Hausbesitzer hatte 1831 eine Stierkampfschule ins Leben gerufen, pikanterweise im Schlachthof, und lehrte hungrige Jungen den von ihm entwickelten, nüchtern-klassischen, effizienten, auf die Armbewegungen konzentrierten Stil in Konkurrenz zu dem eher spielerischen, durch Beinarbeit bestimmten aus Sevilla.

»Die Furcht fügt mehr Verletzungen zu als der Stier«, lautete Pedros vielzitierte Weisheit. Dies beherzigte der talentierte Zigeuner José Ulloa – »Tragabuches« – in der »cuadrilla« des jüngsten Romero-Sohnes Gasparo. Als der tödlich verletzt wurde, übernahm José die Kontrakte. Er heiratete »La Nena«, eine sündhaft schöne Flamencotänzerin. Ihr lag die Männerwelt Rondas zu Füßen. Als sie ihn 1814 mit einem Ministranten betrog, freuten sich die Neider. »Tragabuches« erdolchte, heißblütig wie er war, den im Wasserbottich der Wohnung untergetauchten Nebenbuhler und warf seine Frau aus dem Fenster. Der wegen Doppelmordes Gesuchte schloß sich der Bande »Los siete niños de Ecija« an, die mit vielen anderen Entwurzelten den Südwesten Andalusiens brutal heimsuchte. Das Schicksal des einstmals strahlenden Matadors verlor sich im Dunkel.

Pedro Romero heißt ein mit Fotos und Plakaten ausgeschmücktes Restaurant schräg gegenüber der Arena. »Rabo de toro«, gesottener Stierschwanz, zählt zu den Spezialitäten, die schon Hemingway und Orson Welles gekostet haben.

Durch die *Calle Virgen la Paz* zur **Plaza de España**. Die Denkmalsbüste erinnert an den einheimischen Antonio de los Rios, spanischer Minister und 1862 Kongreßpräsident. Das **Verkehrsamt** (Haus Nummer 1, vormittags geöffnet) gibt kostenlos einen Stadtplan-Prospekt aus. An der Ostseite des Platzes entsteht (1994) ein Parador, einer der kühnstpostierten Spaniens!

Der 98 Meter hohe, dreibogige **Puente Nuevo** (2) – Symbol Rondas – über den »Tajo« kann Schwindel und Schaudern erwekken. Auf dem Grund der Titanenkluft fließt der Rio Guadalevín, bei Hitze eine übelriechende Kloake. »Neue Brücke« deshalb, weil die 1735 in nur acht Monaten gefügte Vorgängerkonstruktion fünf Jahre später einem Hochwasser zum Opfer fiel, bzw. noch zwei tiefer gelegene, ältere Brücken existieren. 1793 war das 1784 begonnene Werk vollendet. Im mittleren Brückenbogen des Puente Nuevo das Fenster des früheren Gefängnisses, in dem während des Bürgerkrieges (1936–1939) Inhaftierte schmachteten. 1936 seien 512 Franco-Gegner von der Brükke gestürzt worden.

Jenseits führt die *Calle Arminan*, an der Kunsthandwerker ihre Ateliers haben, in das einst muselmanische Ronda. Gegenüber Haus Nummer 46 der Unterbau eines Minaretts. Beidseits der verkehrsgequälten Straße zaubert das enge Gäßchengewinkel – beispielsweise die Calle de la Ermita – typisch arabisch-andalusische Atmosphäre.

Unser Rundgang führt am Ende der Brücke rechts in die *Calle Tenorio*. Nach dem kleinen Park, vor dem *Mirador del Campillo*, geht es rechts abwärts. Keine andere Stelle veranschaulicht effektvoller die Lage des zweigeteilten Adlerhorstes Ronda, den bauchige Felsformationen stützen. Nordwestlich lehnt sich an die Bastion der »Kesselhenkel« und bildet ein großes Nadelöhr. Von hier aus sieht man auch das Gefängnisfenster im mittleren Bogen des Puente Nuevo.

Rechts folgt ein Häuschen. Der Besitzer hält die Hand auf: 100 Pesetas – für die Begehung des steinschlaggefährdeten Steiges bis zur graubraunen Fäkalienbrühe im stinkenden, jedoch ungeheuer imposanten Schluchttrichter.

Der nächste Abstecher nach rechts führt zu den Ruinen eines arabischen, schießschartenbewehrten Stadttores aus Kalksteinquadern und Ziegelsteinen: **Arco del Cristo** (3) tauften es die christlichen Eroberer 1485; im

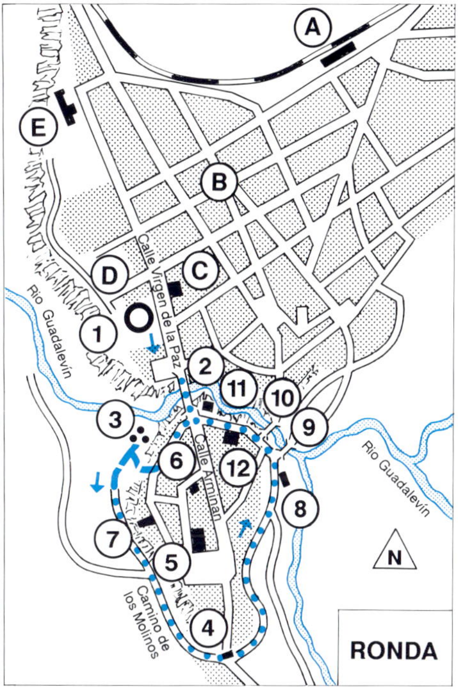

Stadtplan von Ronda:
① Arena, ② Puente Nuevo, ③ Arco del Cristo, ④ Puerta del Almocábar, ⑤ Santa Maria la Mayor, ⑥ Casa del Gigante, ⑦ Palacio de Mondragón, ⑧ Arabische Bäder, ⑨ Puente Arabe, ⑩ Puente Romano, ⑪ Palacio de Salvatierra, ⑫ Casa del Rey Moro, ⑬ Posada de las Animas, Ⓐ Bahnhof, Ⓑ Busbahnhof, Ⓒ Postamt, Ⓓ Alameda-Park, Ⓔ Hotel Reina Victoria.

16. Jahrhundert hieß es *Puerta de los Molinos,* wegen der Kornmühlen am Fluß.

Wieder auf breiter Promenade passiert man eine kleine Pforte der Stadtmauer. Etwa 50 Meter danach links den Hangpfad nehmen, der bald in den *Camino de los Molinos* mündet, empor zu dem von klotzigen Halbrundtürmen flankierten Hufeisenbogen der **Puerta del Almocábar** (4), abgeleitet vom Arabischen »al-maqbaratu« (= Friedhof). Die muselmanische Hauptpforte trennte im späten 15. Jahrhundert den aus einem Markt um das Kloster San Francisco (an Stelle des maurischen Friedhofs) entstandenen gleichnamigen »barrio« von der Altstadt. Das linke kleine Renaissancetor ist Kaiser Karl V., dem spanischen König Carlos I., gewidmet. Hier zogen am 22. Mai 1485 nach knapp zweiwöchiger Belagerung christliche Soldaten ein, 300 Berittene und 8000 Mann Fußvolk, neben Spaniern auch Söldner – laut Papst »Kreuzfahrer« – aus England, Deutschland, Polen, Frankreich, der Schweiz. Sie entledigten 400 Glaubensbrüder ihrer Fesseln (die Ketten hängen an der Apsis der Klosterkirche San Juan de los Reyes in Toledo). Ein Teil der zweitausend Bewohner emigrierte nach Afrika, andere ließen sich in den Bergen nieder. Die führenden Köpfe, möglicherweise Verräter, erhielten Ländereien von Juden, die man enteignet hatte, ehe König Philipp II. die Muslime nach mehreren Rebellionen endgültig 1609 des Landes verwies.

König Ferdinand ließ umgehend die Freitagsmoschee »reinigen«. Es entstand die *Kathedrale Santa Maria la Mayor* (5, geöffnet 9–12 Uhr, 16–19 Uhr). Hinter der Kirche steht das besterhaltene Stück maurischer Epoche: *Casa del Gigante* (6), Sitz des Vogtes, im 19. Jahrhundert Heim für Findelkinder. Ferdinand wohnte nahe der Alcazaba (heute Colegio Salesiano del Sagrado Corazón) im *Palacio de Mondragón* (7), ehedem Residenz des Gouverneurs Hamet al-Zegri.

An der äußeren Front der *Puerta del Almocábar* entlang auf der *Calle Marbella.* Vor der Tankstelle links, genau gesagt, rechts des grünen Eisentores dem unscheinbaren Pfad anvertrauen. Man stößt auf einen breiten Weg. Bergwärts, unterhalb der Stadtmauer, an der manche »casas colgantes« tatsächlich wie »hängende Häuser« zu schweben scheinen.

Rechts künden Ziegelreste einer Wasserleitung die **Baños Arabes** (8) an: Bäder aus dem 13./14. Jahrhundert in der einstigen Unterstadt, dem Juden-, Bordell- und Gerberviertel. Meist ist der Eingang verschlossen; die Restaurierungsmaßnahmen wurden offenbar unterbrochen (1993). Kein Wunder, denn im Altstadtbereich sind 600 Bauten schützenswert bzw. sanierungsbedürftig. Obwohl die »Escuela Taller« (Werkstattschule) arbeitslose Jugendliche handwerklich ausbildet und einsetzt, bleibt noch viel zu tun! An der *Capilla de San Miguel,* wo wahrscheinlich die Synagoge stand, links vorbei (rechts zu dem 1616 errichteten Puente Arabe, 9). Der 12 Meter hohe **»Puente Romano«**

(10) oberhalb ist vermutlich maurisch. Unmittelbar nach dem **Arco de Felipe V** (1742), bietet rechts *»El Sillon del Moro«* (Maurenstuhl) Rastgelegenheit. Das barocke, von einem schmiedeeisernen Balkon geschmückte Portal des **Palacio de Salvatierra** (11) lädt ein. Da der Marqués nur im August und an Weihnachten den Palast seiner in Mexiko zu Reichtum gelangten Vorfahren bewohnt, kann das kostbar ausstaffierte Innere bewundert werden, unter Führung Pedros, eines Toreros der siebziger Jahre (11, 14, 18 Uhr).

Rechts durch die *Calle Santo Domingo* aufwärts. Halt vor der konkaven Front (Nr. 9) der **Casa del Rey Moro** (12). 1042 sei das erste Haus entstanden, laut Überlieferung die Residenz des skandalumwitterten, halb wahnsinnigen, der Berbersippe Banu Ifran angehörenden Königs des Teilreiches Ronda. Er habe aus juwelenbesetzten Schädeln seiner Opfer getrunken, Frauen geraubt und ihre Männer ermordet, Harems »geplündert«, seine Tante zur Geliebten erniedrigt. Der heutige Palast (keine Innenbesichtigung) entstammt dem 18. Jahrhundert. Bezeugt ist eine Felsentreppe mit 365 Stufen, von Christensklaven ausgehauen, in die Tiefe des Rio Guadalevín. War Ronda belagert, mußten die »Ungläubigen« eine Kette bilden und das Wasser in Weinschläuchen, Kannen und Krügen nach oben bringen. Deshalb, wenn von Schwerstarbeit die Rede ist, das geflügelte Sprichwort »Dios me guarde del zaque de Ronda« (»Gott bewahre mich vor den Wasserkrügen Rondas«). Ehe man wieder den Puente Nuevo erreicht, ist rechts der ehemalige **Convento de Santo Domingo**, ab dem 15. Jahrhundert Sitz des Inquisitionstribunals. Das vierhundertjährige Gemäuer erhält, um es vor dem endgültigen Verfall zu retten, einen Konzertsaal.

Nützliche Informationen

Anfahrt: Von Málaga 118 km, von Sevilla 130 km, von Algeciras 99 km. Busbahnhof (Plaza Concepción Garcia Redondo). Bahnhof der Strecke Madrid – Algeciras.
Ausgangsort: *Ronda* (750 m), Bezirkshauptstadt der Provinz Málaga.
Parken: Längs der Calle Dr. Fleming. Gebührenpflichtig neben der Arena.
Unterkunft: Hotels und Pensionen, u. a. *Reina Victoria* (Calle Dr. Fleming 25), herrliche Lage, eigener Parkplatz, DZ 150 Mark; Tel. 871240. *Pension Virgen del Rocío* (Cal-

Im traditionsreichen Oval der Arena von Ronda (1785 erbaut), wo Hemingway oftmals den »Tod am Nachmittag« erlebte.

Felsabstürze boten dem islamischen und mittelalterlichen Ronda natürlichen Schutz gegen Feinde. Ausblick über die Serranía de Ronda.

le Villa Nueva 18), Tel. 877425. *Hotel Polo* (Mariano Soubirón 8), Tel. 872447–49. *Hostal Biarritz* (Calle Cristo 7), Tel. 872910.
Verpflegung: *Cafeteria-Bar Maestros* (Carretera Espinel), preiswerte Tapas, ebenso in der *Bodega La Veridad* (Calle Pedro Romero), beide nahe der Arena. *Restaurant Don Miguel* (an der Brücke, Schluchtblick von der Terrasse). Bei »Miguel« führt die Calle Villa Nueva zur *Pizzeria Piccolo Capri II* (Nr. 18). *Tortilleria la Sarten* (Coronel del Corales 20). *Mesón Santiago* (Plaza Socorro). *Mesón del Escudero* (beim Bahnhof).
Camping: *El Abogado* (beim gleichnamigen Restaurant), an der Carretera Campillos, ca. 6 km nördlich.
Feste: • Farbenprächtigster *Karneval* Andalusiens. • *Semana Santa* (Karwoche), täglich Büßer-Prozessionen. • *Feria de Mayo* bzw. *Fiesta de la Reconquista* (23.–25. Mai) zur Erinnerung an die Rückeroberung. • *Flamenco-Festival* (letzter August-Samstag).
Auskunft: Oficina de Turismo, Plaza de España 1, E-29400 Ronda, Tel. (952) 871272.

24 Garganta Verde, die Grüne Schlucht

Das Revier der Geier

Tourencharakter: Unschwierige Wanderung. Stellenweise Schwindelfreiheit erforderlich; bei Nässe rutschig.
Die Wanderung darf nur mit schriftlicher Genehmigung (*autorización*, erhältlich 9–14 Uhr) des Parkbüros in El Bosque (siehe Tour 26) unternommen werden.
Höhenunterschied im Aufstieg: 250 Meter.
Gehzeit: Etwa 2¼ Stunden.
Beste Jahreszeit: Ende Juli bis Herbst; im Frühsommer kann die Schlucht noch voll Wasser sein.

Plötzlich ein Huschen, ein Zischen über den Köpfen wie das Geräusch eines Segelflugzeuges, einen Wimpernschlag lang zwei große Schatten auf dem Weg, und über uns – schätzungsweise zehn, 20 Meter höher – das

Geierpärchen: riesige Flügel, braunes Gefieder, helle Hälse, vorgereckte Köpfe, sogar die scharfen Schnäbel waren zu erkennen. Es ging alles rasend schnell, zu schnell, um im Bestimmungsbuch zu blättern. Waren es Gänsegeier? Die Flügelspannweite (bis 2,5 Meter) dürfte zutreffen! Sie horsten, schmale Bänder bevorzugend, in den schroffen Felszinnen, sind Aasfresser, gesellig, lieben Wärme und Sonne. Ihre Brutzeit dauert 59 Tage, wobei sich die Eltern in der Eierpflege ablösen. Der jeweils freie Partner besorgt die Nahrung, mittlerweile hauptsächlich an Plätzen, wo Naturschutzorganisationen Futter auslegen, Fleisch verendeter Tiere aus Schlachthöfen und Zuchtstationen, da es an ausreichendem natürlichem Nahrungsangebot wie totem Weidevieh mangelt.

»Die Beseitigung der Kadaver durch die fliegende ›Gesundheitspolizei‹ ist hygienischer und das Grundwasser wird weniger gefährdet als beim Verbrennen oder Vergraben«, rechtfertigt Diplom-Forstwirt Roberto Cabo einleuchtend die Maßnahmen. Gänsegeier sind die am häufigsten in Spanien verbreitete Geierart, wahrscheinlich die größte Population weltweit. Im Laufe der letzten zehn Jahre hat sich ihre Zahl auf rund 20000 verdoppelt. Bleierne, bewegungslose Hitze erfüllt die Garganta Verde im Parque Natural de la Sierra de Grazalema. Gelb-rötliche Felswände recken sich aus dem grünen, artenreichen Vegetationsvorhang. Hin und wieder der helle Schrei eines Vogels. Sonst nichts. Es reicht und betört uns. Geologenaugen leuchten!

Attraktivste Zufahrt: von Grazalema auf kühn angelegter, kurviger Straße über den Puerto de las Palomas (1260 m). 1992 wüteten Waldbrände in den talseitigen Flanken, hinterließen eine verkohlte schwarze Trostlosigkeit. Etwa 11 Kilometer nach Grazalema bietet links ein geräumiges Podest prächtige Blicke in die »Grüne Schlucht«, über der häufig Greifvögel in der Thermik ihre Suchschleifen drehen. Am Parkplatz döst der Wärter neben seinem kleinen Auto. Er kontrolliert das Billett für den Eintritt, achtet auch auf Besucher des »Pinzapar« mit seinen 20 bis 30 Meter hohen »Spanischen Tannen«, von denen am Schluß die Rede sein wird.

Empfehlenswerte Basis: Zahara de la Sierra, ein »pueblo blanco« unter dem Schirm eines stattlichen Araberkastells: bestrickendstes »Treppendorf« im Naturpark, an seiner nordwestlichen, von der Sierra de Zafalgar gebildeten Ecke, oberhalb des gestauten Rio Guadalete. Der vormalige Ortsname lautete »Zahara de los Membrillos«. »Zahra«, wie die Mauren das Bilderbuchdörfchen tauften, bedeutet »Blume, Blüte«; das spanische »membrillos« bedeutet »Quittenbäume«. Die Grenzfeste gegen das muselmanische Restreich Granada trat dreimal gewichtig auf die Bühne der Geschichte: in der zweiten Hälfte des 13. Jahrhunderts, als Alfonso X. den König von Marokko, der zeitweise im Besitz Rondas war, zu Friedensgesprächen traf. 1481, nachdem christliche Truppen die Burg besetzt hatten, erstürmte sie Muley Abul Hassan, König von Granada, in der gewitterdurchwühlten Weihnachtsnacht – alle Leute waren in der Kirche –, erschlug oder versklavte die Einwohner. Der Vater des letzten Maurenkönigs Abu Abd Allah (»Boabdil«) provozierte damit sowie durch die bereits 1478 angedrohte Verweigerung der Tributzahlungen an Kastilien-Aragón die Einnahme von Alhama de Granada (1482), letztlich die Rückeroberung Granadas 1492. 1483 fiel Zahara wieder in die Hände der Christen. Ihr Befehlshaber Rodrigo de León erhielt den Titel »Marqués de Zahara«. Die maurische Standarte wird im Rathaus aufbewahrt.

Der Wegverlauf

Puerto de los Acebuches – Paß der wilden Olivenbäume (740 m). Von der *Parkbucht* das Zaungattertor gebückt durchschreiten. Rechts halten, vorbei an einem Brunnentrog. Im Vorblick Himmel und Schluchtwände. Der breite Weg führt uns etwa 25 Minuten. Dann löst ihn ein felsiger Steig ab, der in die Tiefe leitet. Grandioses Szenarium! Steile, felsige Hänge in dichtbewachsenem Kleid. Strauchwerk wirft nur dürftige Schattenflekken. Im Spätsommer liegen Schoten des für heiße, trockene Hänge typischen Johannisbrotbaumes umher: lange, braune, süß schmeckende Früchte, schon im Altertum geschätzt, nicht nur als Futter für Esel und Pferde.

An einem Felsturm helfen künstliche Stu-

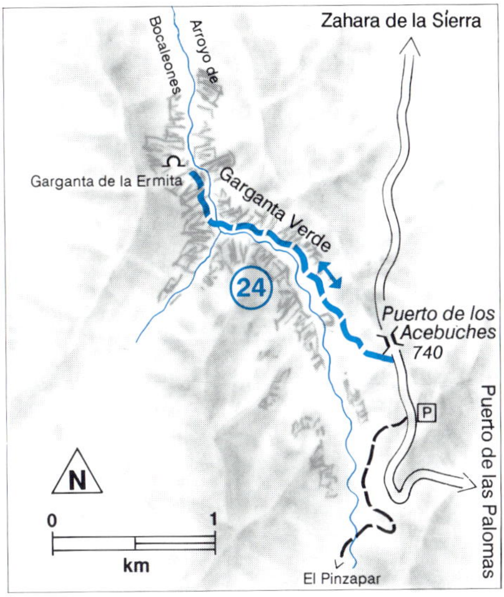

fen. Und schon 10 Minuten später betritt man das Bachbett des **Garganta Verde** (500 m). Rechts, durch glattgescheuerte Blöcke lavierend, in knapp 10 Minuten zum Naturwunder, dem Werk von Jahrmillionen: **»Garganta de la Ermita«** oder **»Iglesia de la Garganta«**. So wird die Höhle, besser gesagt die Halle des Riesenschlundes genannt. Sobald sich die Pupillen dem düsteren Halbdunkel angepaßt haben, schillern farbig glänzende »Tropfsteine«, Kalkausscheidungen. Wohltuende Kühle herrscht, archaische, bedrückende Stille, unterbrochen vom ewigen peitschenknallähnlichen, Echos auslösenden Tropfen zahlloser Stalaktitenzapfen.

Nützliche Informationen

Anfahrt: Schnellstraße 339 (Abzweigung beschildert). Oder Straße 531 von Grazalema (18 km). Von Ronda (nächster Bahnhof) 30 km, von Arcos de la Frontera 50 km. Busverbindungen, u. a. täglich mit Ronda und Málaga.
Ausgangsort: *Zahara de la Sierra* (511 m), 1700 Einwohner, nordwestlich von Ronda an der »Ruta de los Pueblos Blancos«. Seit 1983 denkmalgeschützt.
Parken: Am besten an der südlichen Ortseinfahrt, großer Platz in Balkonlage.
Ausgangspunkt: Parkbucht am *Puerto de los Acebuches*, südlich von Zahara (5 km), rechts an der Straße 531 nach Grazalema; von Grazalema 13 km.
Gehzeiten: Insgesamt etwa 2¼ Std. Parkplatz – Garganta Verde: 1 Std. Garganta Verde – Parkplatz: knapp 1¼ Std. (davon ¾ Std. Aufstieg).
Unterkunft und Verpflegung: *Hotel Marqués de Zahara*, Tel. (956) 137261. *Pension Gonzalo*, Tel. 137217. *Mesón los Estribos*, Tel. 137445. *Pension Los Tadeos* (unterer Ortsteil), Tel. 137886. Lokale Suppenspezialität: *Sopa hervia*.
Sehenswürdigkeiten: • Ab der Plaza in ¼ Std., begleitet von Feigen- und Nopaleskakteen, Agaven und Mandelbäumen zur *Burg* aus dem 10. Jahrhundert. Schönster »mirador« über Zahara, obwohl der »atalaya« (Turm) nicht betreten werden kann. • *Pfarrkirche Santa Maria de la Mesa*, barock, 1755 geweiht, am Turm Mosaiken.
Feste: • *Fiesta de Corpus Cristi*, seit 500 Jahren, national beachtete Fronleichnams-Prozession ab der Pfarrkirche; mit Bäumen und Zweigen geschmückte Plätze und Gassen, Hausaltäre. • *Feria de Agosto* (20.–23. August), Jahrmarkt etc. • *Fiesta de San Simón y San Judas* (28. September). • *Reconquista-Feier* (28. Oktober) mit Überführung der maurischen Standarte.
Weiterer Tourenvorschlag: • *El Pinzapar*, von der UNESCO 1974 als schützenswert klassizifiertes Biosphärenreservat, größter Bestand der Igel- bzw. Pinsapotanne (*Abies pinsapo*, 300 Hektar), ein früher vom Aussterben (Verbiß der Jungpflanzen durch Schafe) bedrohtes eiszeitliches Überbleibsel. Diese Koniferenart wächst weltweit nur an vier Stellen um Ronda, in Höhenlagen ab 900 Meter, an kühlen Nordhängen, die eine jährliche Niederschlagsmenge von 2100 Millimeter bzw. das dadurch bedingte Mikroklima aufweisen. Ihre Nadeln sind dunkelgrün, kurz, hart und spitz, gleichmäßig am Zweig verteilt.
Zufahrt: Wie bei der beschriebenen Wanderung zur Parkbucht für die Garganta Verde. Weiter, 600 m zu großem Parkplatz und dem Beginn des Weges (8 km hin und zurück). Erlaubt nur mit schriftlicher Genehmigung des Naturparkbüros (siehe unter »Tourencharakter«).
Auskunft: Oficina de Información, E-11688

Die Pforte in die gigantische »Unterwelt« der Garganta Verde, das Werk von Jahrmillionen erdgeschichtlicher Vorgänge.

Wie das Maul eines Riesen öffnet sich die »Grüne Schlucht« nach Norden und läßt spärliches Licht einsickern.

Zahara; Tel. (9 56) 13 74 35. Oder im Rathaus (Ayuntamiento), Plaza Zahara 1, Tel. 13 73 04.
Wanderkarte: Plano Topográfico del Macizo de Grazalema 1:50 000 (deutscher Begleittext). Herausgegeben 1990. Erhältlich in Hotels. Der auf der Karte eingezeichnete untere Garganta-Eingang westlich von Zahara existiert nicht!
Spezialschrifttum: Luis Gilpérez Fraile, *Andar por el Macizo de Grazalema.* Editorial Penthalon, Madrid 1990.

25 Naturpark Sierra de Grazalema

Weglose Weltabgeschiedenheit

Tourencharakter: Unschwierige Wanderung. Orientierungsvermögen ratsam; bei schlechter Sicht problematisch. Keine Farbzeichen: Andere hiesige, in der Karte grün gestrichelte Wanderwege sind kaum zu finden oder überhaupt nicht vorhanden.
Höhenunterschied im Aufstieg: Etwa 600 Meter.
Reine Gehzeit: 3¾ bis 4 Stunden.
Beste Jahreszeit: Frühsommer, Herbst.

Die Ortschaft Grazalema könnte angesichts der grauen Sierra del Endrinal, aus der der markante Peñón Grande (1304 m) herausragt, genausogut irgendwo in den Nördlichen Kalkalpen liegen. Unpassend wären lediglich die Häuser im perlweißen Baukastenspiel arabischer Prägung. Das römische »Lacidulo« hieß unter den Mauren »Medina Bani as Salim«. Die Kalifen schätzten das angenehme Klima und flohen hierher vor der Hitze Córdobas. Grazalema blieb eine gepflegte Sommerfrische.

Der Tourismus bildet allerdings nur einen schwachen Ersatz für die bis Anfang unseres Jahrhunderts florierende und große Teile der Einwohner ernährende Textilwirtschaft in maurischer Tradition. »Mantas« dienten Frauen als Schal bzw. Stola, vornehmlich bei Hochzeiten. Außerdem produzierten die Webereien – ähnlich den Berbern in Marokko – geometrisch gemusterte, braun-weiße, gefranste Decken. Die Alten fertigten auch Flechtarbeiten aus Espartogras an, zum Beispiel für Körbe, Fensterrollos und Fußmatten. Heute rattern nur mehr etliche Webstühle, jeweils von zwei Männern bedient, in der »Fábrica de Mantas«; Hinweis an der nördlichen Ortseinfahrt: »Museo y taller artesanal«.

Grazalemas Kapital ist der Parque Natural de la Sierra de Grazalema, wo es genau in der geographischen Mitte liegt. 1984 entstand hier der erste Naturpark Andalusiens. Er umfaßt neuerdings eine Fläche von 51 695 Hektar in den Provinzen Málaga und Cádiz. Hauptsächlich kommen Ornithologen und Zoologen auf ihre Kosten: 40 verschiedene Säugetierarten, 136 Vogel-, zehn Amphibien- und drei Fischarten. Neben Gänsegeier und Schmutzgeier regieren drei Adlerarten – Steinadler, Zwergadler, Schlangenadler – den Himmel der Serranía nordwestlich Rondas, an der sich die atlantischen Regenfronten austoben. Das Massiv gilt als die niederschlagreichste Zone Spaniens. Das bedeutet zwischen November und April große Mengen im Karst schnell versickernden Regen und Schnee in den Hochlagen. Dann Sommertrockenheit, nicht selten 200 Tage lang.

Der Wegverlauf

Beim **Puerto del Boyar** am **Rasthaus** links vorbei, aber nicht der Rechtskurve folgen, sondern geradeaus in den nieder bewachsenen Hang und dort den Weg ansteigen. Nach einer Weile rechtshaltend durch ein Hochtälchen. Bald geht die Route in schottriges, felsiges Gelände über und gewinnt durch einen weiten, kaum ausgeprägten Sattel das öde Karstplateau (ca. 1250 m). Es wird von der Spur rechtshaltend durchquert.

Ungefähr ½ Stunde nach dem Parkplatz, an der Pfadteilung des Wiesenflecks (ca. 1260 m), rechts in die Mulde. Das Holzgatter schließen! Halb links in wenigen Minuten zu einer Gabelung; links kleiner Steinmann. Geradeaus, bergan etwa 10 Minuten. Von der Pforte des Trockenmäuerchens aus sieht man neue, strenge Landschaftsformen in blauduf-

Der Peñón Grande beherrscht die Landschaft um das von Mauren gegründete Grazalema im gleichnamigen Naturpark.

tigem Dunst, Panoramen bar jeglicher Poesie, die nicht dem üblichen Bild Andalusiens entsprechen. Wolken malen harte Schatten auf strohtrockenen Bewuchs. Linker Hand erhebt sich die Sierra del Endrinal, die im Monte Simacón kulminiert (1566 m).

Das Weglein bringt uns in eine Mulde, setzt sich an den Flanken fort, ständig leicht abwärts bis zu einem mit Steinmäuerchen gerahmten Pferch. Rechts herum, und schon wartet die Ruine der **Casa del Dornajo** (1120 m). Eine Oase! Nahebei fließt nämlich ein Quellbrunnen: einzige Wasserstelle weit und breit.

Abstecher zu einem Holzgatter (hin und zurück 10 Minuten): Leicht linkshaltend bergan, durch einen Sattel und auf schönen Höhenpfad. Vom Holzgatter blickt man südlich zum stattlichen Navazo Alto der kahlen Sierra del Caillo. Rascheln im Strauchwerk. Keine Angst! Es sind schwarze Hausschweine, gehütet von einem finster dreinschauenden, jedoch freundlichen Burschen aus Benaocaz. Er trägt eine beinlange lederne Überhose, ähnlich den »zahones« berittener Rinderhirten, als Schutz vor dornigem Gestrüpp.

Unser Wanderziel: die Einsattelung am El Hoyo, direkt westlich, klar wahrnehmbar. Vom Brunnen rechts weglos in eine felsgesäumte, stellenweise ausgewaschene Mulde und vollends hinunter auf den Hochtalboden. Er wird schräg links gequert, hin zur Basis der baumbestandenen Berglehne. In einer Mulde überraschen erneut Viehspuren. Abwechslungsreiche Gegensteigung. Anschließend 5 Minuten eben durch ein Kiefernwäldchen. Danach dem Felsenriegel rechts ausweichen, begleitet von Steinen, welche die Route kennzeichnen. Rechts an einem Felshöcker vorbei, dem ähnliche Formationen folgen. Schließlich, eine 3/4 Stunde nach der Casa del Dornayo, erreicht man die besagte **Scharte** (1200 m) nordöstlich des El Hoyo. Ende der Welt! Unverhofft öffnet sich der Ausblick nördlich über das Boyartal auf die den Horizont versperrende Sierra del Pinar, gekrönt vom Pico de Torreón, dem höchsten Gipfel Südandalusiens.

Nützliche Informationen

Anfahrt: Von El Bosque 20 km, von Zahara 18 km, von Ronda (nächster Bahnhof) 27 km, von Sevilla 135 km. Busse täglich von Ronda, Málaga, Ubrique, Jerez de la Frontera.
Ausgangsort: *Grazalema* (830 m), 2000 Einwohner, Ferienort an der »Ruta de los Pueblos Blancos«.
Parken: Rechts neben bzw. hinter der Kirche, Promenade und Schaukanzel.
Ausgangspunkt: *Puerto del Boyar* (1103 m). Ab Grazalema 4,5 km auf der Straße 344. Parkraum 100 m vor dem Paß, links. Offenes Rast- und Unterstandhaus. Brunnen.
Gehzeiten: Insgesamt 3 3/4 bis 4 Std. Puerto del Boyar – Casa del Dornajo: 1 1/4 Std. Casa del Dornajo – Sattel am El Hoyo: 3/4 Std. Rückweg: 1 3/4 bis 2 Std.
Unterkunft und Verpflegung: *Hotel Grazalema*, etwas außerhalb (nördlich) der Ortschaft in hübscher Lage, Schwimmbad; Tel. 141136. Einfacher und billiger im Ort (Calle Las Piedras 32): *Fonda Garcia*, Tel. 132014. Restaurants: *Mesón El Testigo, El Chico*. Typische Bar: *Torrenno*.
Camping: *Tajo Rodillo*, 1,5 km vom Ortskern, links der Straße; nur für Zelte; Tel. 132063.
Sehenswürdigkeit: • An der zentralen Plaza Juan Donoso die *Pfarrkirche Encarnación*, ursprünglich 17. Jahrhundert, im Unabhängigkeitskrieg Anfang des 19. Jahrhunderts zerstört, später wieder errichtet; Holzfiguren des hl. Antonius und Athanasius (1602); lateinamerikanisch anmutender Glockenturm.
Feste: • *San Isidoro* (15. Mai). • *Fiestas del Carmen y Lunes del Toro* (drei Tage am Wochenende Mitte Juli). • *Fiestas Mayores* (24.–27. August); Jahrmarkt etc.
Auskunft: Ayuntamiento, Plaza de España 1, E-11610 Grazalema; Tel. (956) 132081. Oficina de Información de Grazalema, Tel. (956) 141011. Oficina del Parque Natural, Avenida de la Diputación 10, E-11670 El Bosque; Tel. (956) 716063.
Wanderkarte: Plano Topográfico del Macizo de Grazalema 1:50000 (deutscher Begleittext). Ausgabe 1990. Erhältlich im Hotel Grazalema.
Spezialschrifttum: Luis Gilpérez Fraile, *Andar por el Macizo de Grazalema* (mit Kartenskizzen). Editorial Penthalón, Madrid 1990. Manche der darin beschriebenen Routen dürfen oder können nicht mehr begangen werden!

Urweltähnliche Abgeschiedenheit in der Sierra de Grazalema, der niederschlagsreichsten Zone Spaniens.

26 Pico de Torreón (1654 m)

Bergkönig im Naturpark Grazalema

Tourencharakter: Bis zur Kammhöhe unschwierig. Am Gipfel leichte Kraxelei. Nur mit schriftlicher Genehmigung (*autorización,* erhältlich 9–14 Uhr; siehe Auskunft) des Naturparkbüros El Bosque.
Höhenunterschied im Aufstieg: 750 Meter.
Reine Gehzeit: 3¾ bis 4 Stunden. Ohne Gipfel etwa ½ Stunde kürzer.
Beste Jahreszeit: Frühsommer, Herbst.

Nördlich der Straße 344, zwischen Grazalema und El Bosque in der Sierra del Pinar, liegt das speziell geschützte Parkreservat. Diese Zone präsentiert den höchsten Gipfel des Naturparks sowie Südandalusiens.

»El Pinar« (der Kiefernwald) nennt der Volksmund den Stock und schließt darin auch die bei Tour 24 erwähnte Zone der einzigartigen Pinsapotannen in der Nordostflanke der 7 Kilometer langen, vegetationsreichen Bergkette ein.

Während das gesamte Schrifttum den Torreón einfach als Wanderziel bewertet, sei hier unmißverständlich gesagt, daß am Gipfelaufbau die Hände zu Hilfe genommen werden müssen. Indes soll dies niemand davon abhalten, die Tour zu unternehmen. Schon der Gipfelkamm, an dem das Spanische Felsenblümchen (*Draba hispanica*) blüht, und die bizarre Felsenkulisse des Vorgipfels lohnen alle Mühen. Und der Aussichtswert ist dort keinesfalls geringer!

Der Wegverlauf

Gegenüber dem **Parkplatz** (920 m), links neben der hölzernen Naturparktafel, vertrauen wir uns dem Weg an. Wenig später, nach dem Zaun, links etwa 50 Meter abwärts.

Dann weist der weiße Pfeil rechts den Anstieg: durch dichtes Strauch- und Buschwerk in bequemen Schleifen aufwärts. Nach ½ Stunde taucht im Vorblick der Pico del Aguila auf. Bald schwenkt die Route schwach rechts in die *Cañada de las Beates.* Die »Mulde der Seligen« wird von grauem Juragestein bewacht. Aus den Spalten sprießt Steinbrech. Frederic Grunfeld registrierte drei nur in Südspanien vorkommende, weiß blühende Arten: *Saxifraga haenseleria, Saxifraga globulifera, Saxifraga boisseri.* Südwestwärts erkennt man teilweise den vom Rio Majaceite gespeisten Embalse de los Hurones, einen großen, an Wochenenden vielbesuchten Stausee westlich von Ubrique.

In der kesselähnlichen Mulde macht das Weglein einen Linksknick (schwarzer Pfeil). Jetzt sind es nur mehr 20 Minuten zum Sattel, von dem aus die schaurigen Nordabstürze des Torreón einzusehen sind. Im Norden zeigt sich das Gitarrenbauerstädtchen Algodonales zu Füßen der Sierra de Lijar. Nordöstlich, an den Hängen der Talfalten, hütet die Naturparkverwaltung den Pinsapo-Tannenwald wie ihren Augapfel. Nordwestwärts liegt die Campiña, das flache Ackerland mit dem Embalse de Bornos zwischen Villamartin und Arcos de la Frontera, südwestlich erblickt man die Sierra del Endrinal.

Rechts halten, einer Schlucht ausweichen, den Gipfelaufbau angehen. Südseitig muß

Die breitgelagerte Kette der Sierra del Pinar, gesehen von Nordosten.

Am zerklüfteten Gipfelkamm des Pico de Torreón, den man nach zweistündigem Aufstieg erreicht.

der Durchstieg in den schrundigen, scharfkantigen Kalkformationen mühsam gesucht werden, ehe man bei der Vermessungssäule auf dem **Pico de Torreón** (1654 m) anlangt.

Nützliche Informationen

Anfahrt: Wie bei Tour 25 nach Grazalema. El Bosque, der andere Ausgangsort, ist 20 km von Grazalema entfernt, 32 km von Arcos de la Frontera, 17 km von Ubrique, 18 km von Villamartin, von Ronda 47 km. Direkte Busverbindungen u. a. von Arcos de la Frontera, Ubrique, Sevilla.

Ausgangsorte: *Grazalema* (Tour 25).
El Bosque (289 m), Provinz Cádiz, Sommerfrische und Straßenknoten, westliches Eingangstor des Naturparks, am gleichnamigen, seit 1963 für die Stromgewinnung genutzten Rio El Bosque, dem südlichsten Forellenbach Europas.
Ausgangspunkt: Parkplatz an der Straße 344 zwischen Grazalema (8,5 km) und El Bosque (11,5 km).
Gehzeiten: Insgesamt 3¾ bis 4 Std. Parkplatz – Gipfelaufbau: 2 Std. Gipfelaufbau – Gipfel: ¼ Std. Abstieg etwa 1½ Std.
Unterkunft und Verpflegung: In El Bosque *Hostal Las Truchas*, Tel. 71 60 61 oder 62. *Pension Enrique Calvillo.* In Benamahona *Apartamentos Albarracín* (2–8 Schlafplätze), Tel. 28 14 48. Forellenspezialitäten aus den Zuchtweihern am Rio El Bosque.
Jugendherberge mit Zeltplatz: *Alberque Campamento Juvenil*, etwas außerhalb von El Bosque. Hinweis beim Hotel Truchas, Fahrsträßchen, Mahlzeiten, Tel. 71 62 12.
Camping: *Tavizna.* Rechts der Straße (6 km) Richtung Ubrique; Tel. 46 30 11.
In der Umgebung von El Bosque, z. B. Rich-

tung Ubrique (1,8 km) sowie Richtung Grazalema (8,5 km) unbewachte Zeltplätze (*Zona da acampada*) ohne Infrastruktur.
Weiterer Tourenvorschlag: • El Bosque (Molino de Emmedio) – Benamahoma, entlang des Rio El Bosque. Hinweg 1½ Std., Steigung knapp 200 Höhenmeter. Informationsbroschüre im Naturparkbüro.
Auskunft: Oficina del Parque Natural Sierra de Grazalema, Avenida de la Diputación 10, E-11670 El Bosque; Tel. (956) 716063.
Wanderkarte: Plano Topográfico del Macizo de Grazalema. 1:50000 (deutscher Begleittext). Ausgabe 1990. Die Route ist lediglich am Ausgangspunkt richtig, sonst falsch eingezeichnet.
Spezialschrifttum: Luis Gilpérez Fraile, *Andar por el Macizo de Grazalema.* Editorial Penthalón, Madrid 1990.
Manche der hier beschriebenen Routen dürfen oder können nicht mehr begangen werden!

27 Salto del Cabrero

Cañon der Sierra del Endrinal

Tourencharakter: Unschwierige Wanderung. Bei Nebel Orientierungsprobleme.
Höhenunterschied im Aufstieg: 200 Meter.
Reine Gehzeit: 2 Stunden.
Beste Jahreszeit: Mitte Mai bis Herbst.

»Salto del Cabrero« heißt wörtlich übersetzt »Sprung des Ziegenhirten«. Es handelt sich um eine tiefe, zerklüftete Schlucht inmitten senkrechter Felswände: Wahrzeichen der Gegend und Attraktion des Naturparkes Sierra de Grazalema. Vergessen Sie den auf der Karte eingezeichneten Weg vom Puerto del Boyar! Diese Route ist, wenn überhaupt, nur mit erheblichem Zeitaufwand zu finden.

Salto del Cabrero – die Schlucht ist eine der Attraktionen im Naturpark der Sierra de Grazalema.

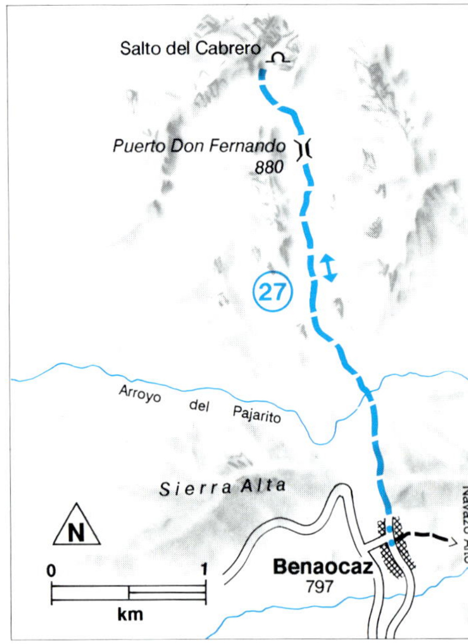

Aufbruch am besten in Benaocaz, einem von ansehnlichen Bergstöcken beherrschten malerischen, blitzsauberen Dörfchen mit postmaurischer Atmosphäre an der »Ruta de los Pueblos Blancos«. Lederwaren marokkanischer Art haben Tradition. Die Moslems, unter denen der Ort befestigt war, sind vor 700 Jahren durch Christen vertrieben worden. An Stelle ihrer Moschee steht im »centro urbano« seit dem 16. Jahrhundert die Renaissance-Pfarrkirche San Pedro. Fragen Sie beim Bäcker nach »suspiro« (Seufzer), einem süßen »dulce« mit Zitronengeschmack, aus Eiern, Zucker und Zimt. Andere Spezialitäten: Paprikawurst (*chorizo*) und Blutwurst (*morcilla*), einst beliebt zu Mehlbrei. Der 1986 einsetzende Wirtschaftsboom hat Benaocaz vergessen. Etliche Bewohner ernährt die Landwirtschaft. Arbeit gibt es beispielsweise in der Möbelfabrik von El Bosque oder in Ubrique, dem »Industriezentrum« des Naturparks und Hochburg andalusischen Lederhandwerks.

»Eso es«, so ist es halt, resümiert der junge Mann hinter der Bar. Zum Karneval im Februar sowie zur »Feria« Mitte August kämen Leute von weither, während die Romería de San Estebán am 2. Juni nur lokale Bedeutung habe. Deutsche sehe er erstmals. Ich schlürfe Eisgekühltes. Das Dorf hält Siesta. Lebhaft wird es wieder gegen Abend.

Der Wegverlauf

Am **Haus Sananton** links vorbei und abwärts. Erstes Ziel ist der Sattel im Norden. Eine Tafel kündigt an, zum Salto del Cabrero seien es 10 Kilometer, was wahrscheinlich dem Hin- und Rückweg entspricht.

Nach 10 Minuten ein grüngestrichenes Eisentor passieren. Auf einer alten Steinbrücke über das Bett des *Arroyo del Pajarito*. Und siehe da: Markierungen – schwarzer Pfeil auf weißem Feld sowie die Abkürzung AMA (Agencia de Medio Ambiente). Diese im Naturpark ungewöhnliche Hilfe ist allerdings nur dort angebracht, wo die Routenfindung sowieso einfach ist!

Hinter einem zweiten Eisentor führt der deutliche Weg in eine breite Karmulde und gewinnt an Höhe. Links erhebt sich die Sierra Alta. Südöstlich grüßt der massige Navazo Alto, weiter südlich dann die Sierra de Ubrique.

Durch die Öffnung (Holzgatter) eines Steinmäuerchens. Der Pfad verläuft zwischen mehr oder weniger großen Felsblöcken. Auf einer kleinen Wiese an der Gabelung halb rechts halten. Am Westrand der Hochfläche nordwärts, den Spuren des Weideviehs folgen, wobei man größere Felsen links umgeht. Im Vorblick die Kette der Sierra del Pinar jenseits des Valle del Boyar. Ungefähr 50 Minuten nach Benaocaz wird der **Puerto Don Fernando** (880 m), ein lichter Wiesensattel, erreicht. Mäßig abwärts in einen grasigen Weidekessel. Halb links zum Durchlaß des Trockenmäuerchens. Jetzt gewinnt man den Ausblick nach Westen. Durch die Mulde, aus der stets frischer Wind weht, 5 Minuten bergab. Dann folgt rechts der Paukenschlag des Wandertages: **Salto del Cabrero** – Urwelt schlechthin in steinigem Kleid, Laune von Mutter Natur.

Nützliche Informationen

Anfahrt: Benaocaz liegt an der Straße 331 zwischen Ubrique (8 km) und Grazalema (19,5 km); Busverbindungen. Von El Bosque 16 km, von Ronda 40 km, von Algeciras 111 km.

Benaocaz, Ausgangsort für den Salto del Cabrero, ist, wie die meisten Siedlungen in Andalusien, eine Gründung muslimischer Nordafrikaner.

Ausgangsort: *Benaocaz* (797 m), 1600 Einwohner, nordwestlich zu Füßen der Sierra del Caillo.
Parken: Am nördlichen Ortseingang an der Kirche St. Blas vorbei zur Rechtskurve (Plaza de Pepe Ramirez). Hier links; Parkraum neben dem *Haus Sananton*.
Gehzeiten: Insgesamt 2 Std. Benaocaz – Salto del Cabrero: 1 Std. Rückweg: 1 Std.
Unterkunft und Verpflegung: *Hostal San Anton*; Tel. (9 56) 11 07 64. Restaurant.
Sehenswürdigkeit der Umgebung: • *Villaluenga del Rosario* (5,5 km Richtung Grazalema), höchstgelegenes Dorf der Provinz Cádiz (877 m). Im oberen Ortsteil Ruine einer Moschee (Friedhof); Kirche aus dem frühen 18. Jahrhundert. • An der westlichen Ortseinfahrt, etwas unterhalb der Umgehungsstraße, ein arabisches Brunnenhaus. Es ist eines von mehreren, teilweise noch erhaltenen, mit deren Hilfe die Felder und Wiesen bewässert wurden.
• An der westlichen Ortseinfahrt, rechts neben dem Gefallenen-Ehrenmal, führt ein Pfad über die Wiese zum dunklen Schlund der Sima de Villaluenga, einer abenteuerlich ausgewaschenen Trockenklamm.
Weiterer Tourenvorschlag: • Benaocaz – Navazo Alto (1397 m): etwa 2 Std. Anstieg. Beschreibung (spanisch) mit Skizze siehe Spezialliteratur.
Auskunft: Oficina del Parque Natural Sierra de Grazalema, Avenida de la Diputación 10, E-11670 El Bosque, Tel. (9 56) 71 60 63.
Wanderkarte: Plano Topográfico del Macizo de Grazalema 1:50 000 (deutscher Begleittext). Ausgabe 1990.
Spezialliteratur: Luis Gilpérez Fraile, *Andar por el Macizo de Grazalema*. Editorial Penthalón, Madrid 1990.

28 Naturpark Los Alcornocales

Die Korkeichenwälder der Sauceda

Tourencharakter: Unschwierige Rundwanderung. Kurze Strecken weglos.
Höhenunterschied im Aufstieg: 400 Meter.
Reine Gehzeit: 2¾ Stunden.
Beste Jahreszeit: Frühjahr bis Spätherbst; Juli bis September sind erfahrungsgemäß niederschlagsfrei.

La Sauceda heißt die Landschaft nördlich von Algeciras in den Nordosthängen der Sierra del Aljibe, benannt nach dem höchsten Gipfel, dem Pico de Aljibe (1032 m). Es war jahrhundertelang eine gottverlassene Gegend, Zuflucht vertriebener rebellierender Muslime. Erst unter König Philipp II. (1556–1598) erfuhr der Winkel eine Aufwertung. Rund 1000 Menschen seien damals in der Sauceda heimisch gewesen. Beileibe keine Reichen: Obwohl »Saucedal« übersetzt »Weidegebüsch« bedeutet, nimmt man an, Sauceda sei verwandt mit dem Begriff »desauciados« – besitzlos. Entwurzelte, Wegelagerer und Schmuggler durchstreiften die Wälder. Mitte des 19. Jahrhunderts hausten hier Pedro Machucas böse Räuber. Von ihren Schandtaten sowie denen anderer »bandoleros« erzählt das spanische Büchlein, das der wortkarge Wirt des Restaurants am Puerto de Galis verkauft.

Noch Anfang unseres Jahrhunderts hatten die meisten Bewohner der Sauceda keine Ausweispapiere. Sie lebten vom Ertrag ihrer Gärtchen, von Waldfrüchten, Pilzen, Spargel, der Imkerei, trieben Rinder und Schweine während der »meses de montanera« (Eichelmast November bis Februar) in die immergrüne Wildnis, schnitzten aus Erikawurzeln begehrte Pfeifen, fertigten Blumentöpfe aus Kork und Schüsseln aus Esche, die 10 Prozent des Sauceda-Waldes ausmacht. Astholz der Berg- und Korkeichen rauchte in Meilern. Im Jahre 1923 begann gewissermaßen die Urbanisierung. Eine Schule entstand, Mühlen, der Friedhof, die Kirche. Ein Bürgermeister wurde gewählt. Neben der Holzkohle war Kork der primäre Erwerbszweig, ehe in den sechziger Jahren sinkende Preise viele Bewohner in die Industrien der Umgebung trieben, vornehmlich nach Algeciras. Mittlerweile stieg der Korkpreis, das Produkt wurde zur Gewinnquelle. Man hat seine Vorteile – Luftdurchlässigkeit, Wasserdichte, Elastizität, Isolierfähigkeit – gegenüber Kunststoff erkannt.

Um Raubbau zu vermeiden, deklarierte Andalusien am 27. Juni 1987 insgesamt 170025 Hektar der Provinz Cádiz zwischen El Bosque im Norden und Tarifa im Süden – Längsausdehnung 80 Kilometer – zum »Parque Natural Los Alcornocales«: »Alcornoque« ist die Korkeiche. Der Naturpark ist im Besitz von Ronda und umfaßt einen der größten Korkeichenbestände der Erde, gleichzeitig eine der »ökologisch wertvollsten Regionen Spaniens«, betont Roberto Cabo. Korkeichen benötigen zum Wachstum Silikatböden, mediterranes Klima mit ozeanischen Einflüssen, also hohe Luftfeuchtigkeit, die durch jährliche Niederschläge zwischen 1200 und 1400 Millimeter garantiert ist. Weltweit gibt es ungefähr 2,5 Millionen Hektar Korkeichenwald, davon befinden sich 10 Prozent in Andalusien. Gesamtspanien rangiert im Korkreichtum nach Portugal an zweiter Stelle, vor Marokko.

Der Wegverlauf

Vom **Parkplatz** zur nahen Brücke des *Rio Rosadellana*. Rechts durch das Tor. Halb links, vorbei an der Dusche, die weiße Pfeil-Markierung zeigt taleinwärts. Ein berittener Parkwächter begegnet uns. Und schon sind wir im Meer der Korkeichen – 45 Prozent des Waldes, 32 Prozent sind Bergeichen –, wie an den nackten Stämmen und Ästen zu ersehen ist. Ungefähr alle neun Jahre erreicht die Rinde ihre wirtschaftlich sinnvoll nutzbare Stärke von sieben bis zehn Zentimeter Dicke. Zwischen Mitte Juni und Mitte September, während der intensivsten Entwicklungsphase des Baumes, wird »geerntet«, das heißt die Rinde behutsam – um die wasser- und nährstofftransportierenden Baumadern nicht zu verletzen – unter Aufsicht eines Vorarbeiters durch qualifizierte Akkordarbeiter geschält, gestapelt, in großen Platten für den Transport

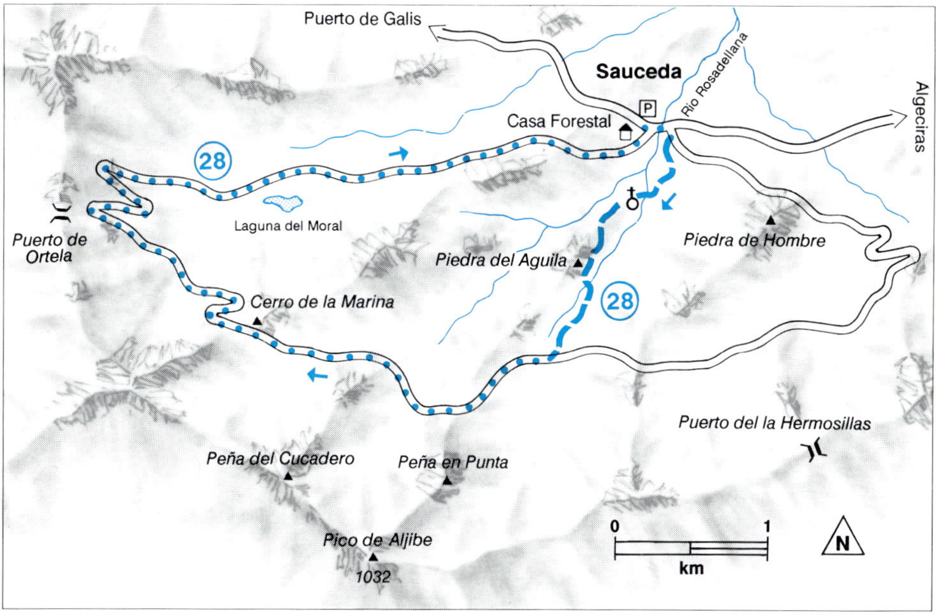

geschnitten und gewogen. Im Naturpark sind es während einer Ernte jeweils rund 39000 Doppelzentner, die versteigert werden.

Geradeaus. Im Wald stehen verstreut kleine Häuschen, rund zwei Dutzend, ursprünglich errichtet aus Steinen, Lehm und Holz. 1978 erwarben staatliche Organisationen einen Teil der verfallenen Siedlung und bauten die Behausungen wieder auf – für Feriengäste und Wochenendurlauber.

Bei einer Konzentration bzw. Aneinanderreihung der Häuschen geht es rechts über den Bach zur Ruine der »Ermita«, der **Kirche**, wo früher der Kanonikus von Jerez de la Frontera sonntags das Meßopfer feierte.

Den Platz geradeaus überqueren, dann scharf links, nun auf breitem Weg durch eine Korkeichen-Allee. Nach etwa 5 Minuten halb rechts. Links unten murmelt der Rio Rosadellana im »canuto« (Rohr), wie der Volksmund tiefe Talfurchen nennt. Eine Erdkröte kriecht schwerfällig unter fauliges Laub. Halb rechts reckt sich die Piedra del Aguila aus den Baumkronen. Es soll Zwerg- und Schlangenadler geben. Die Anwesenheit von Wildschweinen wird durch zorniges Grunzen und flüchtendes Rascheln im Dickicht bestätigt. Das Reh hat seine »südlichste Population in Europa« (Cato).

Am Ende des breiten Weges setzt sich die Route als deutlich bemerkbarer Pfad fort, über ein Bächlein, der Felspartie links ausweichend. Rechs dräuen Kalkbastionen. Der Pfad verschmälert sich. Rechtshaltend steil auf schmaler Spur hoch. Erneut ein Bächlein links überschreiten.

Bald verliert sich der Steig. Wir halten uns schwach links und stoßen im Verlauf auf eine **Forststraße**.

Rechts weiter. Plötzlich ist der trockene »Levante« (Ostwind) zu spüren. Aus dem bewaldeten Kammrücken ragen graue Felszacken. Die höchsten gehören dem Pico de Aljibe. Die Route dorthin ist nur schwierig zu finden! Doch das Panorama-Sträßchen läßt den Gipfel vergessen. Weiträumige Ausschau begleitet uns, vorerst noch an- und dann absteigend. Rechts folgt die felsige Spitze des *Cerro de la Marina*, von wo der Ausgangspunkt sichtbar ist. Baumheide – im Winter und Frühjahr weiß blühend –, lilafarbene »Erica cilliaris« und Lorbeerbäume wuchern im steinigen Terrain. Weidevieh grast zwischen der stacheligen »macchia«. Unten, auf den Wiesen, bleibt die Rechtsabzweigung unbeachtet. Etwa 20 Minuten später sind wir wieder beim Parkplatz gegenüber der Casa Forestal.

Nützliche Informationen

Anfahrt: Von Algeciras direkt über Jimena de la Frontera 66 km. Ab Ubrique zunächst in den Puerto de Galis (29 km), ebenso von Jerez de la Frontera (64 km) und von Alcalá de los Gazules (22 km). Von dem Paß 4,5 km Richtung Algeciras zum Ausgangspunkt. Nächster Bahnhof Jimena de la Frontera (25 km), schlechte Busverbindung.
Ausgangsort: Streusiedlung *La Sauceda* (1900 ha), gehört zur Gemeinde Cortes de la Frontera.
Ausgangspunkt: *Parkplatz* (ca. 400 m) an der Straße 3331 gegenüber der *Casa Forestal*, 4,5 km vom Puerto de Galis.
Gehzeiten: Insgesamt 2¾ Std. Parkplatz – Kirche: 20 Min. Kirche – Forststraße: 40 Min. Rückweg auf der Forststraße: 1¾ Std.
Unterkunft: In der Nähe keine Möglichkeit. Bei der Anreise von Algeciras nach 25 km das empfehlenswerte staatliche *Hotel La Almoraima* (Gemeinde Castellar de la Frontera) auf einem der größten Landgüter Spaniens, nur 11 Zimmer, deshalb Voranmeldung ratsam; Tel. (956) 693050, 693002. In *Jimena de la Frontera* zwei billige Pensionen (Los Arcos, Rancho Los Lobas).
Verpflegung: *Restaurante Puerto de Galis.*
Camping: Auskunft in der Casa Forestal.
Auskunft: Casa Forestal (s. Ausgangspunkt), geöffnet 9–22 Uhr. Oder Tel. (952) 150202 in Cortes de la Frontera.
Oficina del Parque Natural los Alcornocales, Calle José Tizon 5, E-11180 Alcalá de los Gazules; Tel. (956) 420277. Grupo Ecologista Alcalaino, Apartado 11, E-11180 Alcalá de los Gazules.
Wanderkarte: Nicht erforderlich, da veraltet. Spanische Informationsbroschüre mit schematisierten Wegeskizzen erhältlich in der Casa Forestal.

Verlassene Häuschen von Waldbauern am Wanderweg im Naturpark Los Alcornocales.

Ungefähr alle neun Jahre wird die Korkeiche »geerntet«, das heißt, die Rinde wird geschält und anschließend verarbeitet.

29 Der Felsen von Gibraltar

Die Säulen des Herakles

Tourencharakter: Unschwierige Rundwanderung. Für den Grenzübertritt Reisepaß oder Personalausweis erforderlich (Gibraltar gehört zu Großbritannien).
Höhenunterschied im Aufstieg: Etwa 600 Meter.
Reine Gehzeit: 3¾ bis 4 Stunden; mit Besichtigungen mindestens 5 Stunden. Bei Benützung der Seilbahn (Cable Car, 9.30–17.15 Uhr) 1¼ Stunde und 400 Meter Anstieg weniger.
Beste Jahreszeit: Frühling und Herbst. Blüte von Januar bis Mai.

Seit Jahrtausenden bildet der 426 Meter hohe Fels von Gibraltar einen unübersehbaren Navigationspunkt an der Pforte zwischen Mittelmeer und Atlantik – 22 Kilometer gegenüber Nordafrika. Ehe an seiner Basis durch angeschwemmten Sand schmale Landstreifen entstanden, schnellte der Jurakalk völlig isoliert gen Himmel. In der griechischen Mythologie liegt »El Penón«, wie die Spanier sagen, eine der beiden »Säulen des Herakles«, am Rande des Erdkreises. Die zweite Säule ragt jenseits der Meerenge empor: Jebel Musa (848 m), Moses-Berg, so genannt nach Musa ibn-Nasayr, Gouverneur von Tunis. Er hatte mit Einwilligung des Kalifats in Damaskus im April 711 eine etwa siebentausendköpfige Streitmacht in die Bucht von Algeciras entsandt. Unter ihrem Feldherrn Tarik ibn-Ziyad, Statthalter in Tanger, begann die muslimische Invasion Spaniens. Das langgestreckte Kalkriff erhielt den Namen »Jebel al-Tarik« – Berg des Tarik –, woraus sich der Name Gibraltar entwickelte.

Der Friede von Utrecht am 13. Juli 1713 beendete den Spanischen Erbfolgekrieg, regelte Thronfolgen und parzellierte Teile Europas neu. Großbritannien erhielt damals Gibraltar. Stadt und Festung hatte am 2. August 1704 ein britisch-holländischer Flottenverband unter Landgraf Georg von Hessen-Darmstadt mit 1800 Marineinfanteristen im Handstreich genommen. Flüchtlinge gründeten San Roque, wo die Straße nach »Gib« abzweigt.

Über knapp 7 Quadratkilometern – 6 Kilometer lang, bis 1,25 Kilometer breit – schwebt die Krone ihrer britischen Majestät: »Espina en el Corazón de España« – Stachel im Herzen Spaniens –, das sich allerdings selbst noch zwei kleine Kolonien in Marokko leistet. Vierzehn Versuche, den Stein des Anstoßes politisch mit dem Festland zu verei-

Auf dem Felsen von Gibraltar, an der Bergstation der Seilbahn.

nen, scheiterten. Zwischen 1779 und 1783, während der »*Great Siege*« (große Belagerung), mußte die Bastion Gibraltar 250000 spanische Geschosse verdauen. Die letzte Blockade befahl Generalisimo Franco 1969, als er die Grenze bei La Linea de la Concepción schloß, um die Landzunge wirtschaftlich auszuhungern, praktisch mit dem Mandat der UNO, die Spaniens Recht auf Rückgabe akzeptierte. Obwohl der Zankapfel nun verkehrs- und versorgungsmäßig vom marokkanischen Tanger über See oder auf dem Luftweg angepeilt werden mußte, bewirkte die Aktion lediglich, daß rund 5000 Spanier ihre Arbeitsplätze in Gibraltar an rasch herbeigeholte Marokkaner verloren und das Grenzland litt.

»Lieber vom Felsen springen, als spanisch werden«, tönte der Gouverneur patriotisch. In der Tat: Beim Referendum 1967 votierten nur ganze vier Prozent der wahlberechtigten »llanitos« – so nennen die Andalusier ihre Nachbarn – für Spanien. 1982 ging der Schlagbaum wieder hoch für Fußgänger. Ende der Querelen! Schließlich waren die Spanier nun NATO-Kameraden (seit 1955 UNO-, ab 1986 EG-Partner). Am 5. Februar 1985 öffnete sich die Grenze für den allgemeinen Verkehr.

Das Empire hält mit Gibraltar einen wichtigen Marine- und Luftwaffenstützpunkt, was sich vor allem im Zweiten Weltkrieg für die Alliierten auszahlte, da Franco vernünftigerweise die Neutralität Hitlers tödlicher Umarmung vorzog. Bis zum Ende des Ostblocks 1990 war der NATO-Stützpunkt als letzter Riegel vor dem Atlantik für einen eventuellen Durchbruch kommunistischer Flottenverbände gedacht. Daran scheint sich England trotz erheblicher Truppenreduzierung noch immer zu klammern, möchte Wachtposten sein, obwohl auch Gibraltar mittlerweile nur mehr ein subventionierter Nachhall imperialistischer Gier ist. Dennoch: »British forever«, wie besoffene Costa-del-Sol-Urlauber grölen!

Nachkommen eingewanderter Genuesen, Malteser, Inder, Portugiesen, Sizilianer, Juden bilden 66 Prozent der 33 000 »Gibraltarians« (von denen 20 000 Gebürtige sind); außerdem leben hier 6000 Briten und 4000 Marokkaner. Dominierend in der viktorianisch geprägten, leicht vergammelten Stadt ist das Britische: Bobbies, rote Telefonzellen, Pubs, »fish & chips«, Pounds and Pens, nicht zuletzt die dienstags um 11 Uhr zelebrierte Wachablösung à la Buckinghampalast vor dem Gouverneurspalast. Jedoch: Rechtsverkehr seit 1928. Parliert wird, abgesehen von »echten Engländern«, ein englisch-spanischer Mischmasch, das »llanito«. Seit 1983 ist Gibraltar ein gefragter Finanzplatz – schätzungsweise 3000 Briefkastenfirmen – für Geld und Vermögen. Ob Wertpapiere, hochverzinsliches Festgeld oder Immobilien-Engagements, ob steuerbefreite Gesellschaften oder Trusts gegründet werden sollen – Europas wachstumsstärkstes Offshore-Zentrum »bietet dafür besonders günstige Voraussetzungen«, wirbt die in der Main Street vertretene deutsche Commerzbank. Weitere Geldquellen sprudeln durch die Zollfreiheit, gepaart mit starkem Tourismus, vorrangig Tagesausflügler, sowie durch Philatelisten, denn Gibraltar hat seit 1886 eigene Briefmarken.

Und was erwartet den Wanderer? Eine sehr reizvolle Tour in Form der Überschreitung des Gebirgsstockes.

Der Wegverlauf

Vom **Casemates Square**, wo die Kanone »George Koehler« an die Königliche Artillerie zwischen 1704 und 1990 erinnert, tauchen wir in die mit Geschäften aller Art gespickte **Main Street** ein. Gegenüber von Hausnummer 110 geht es links in die *Bell Lane*. Anschließend rechts der *Enginer Lane* und der *Governor's Street* folgen, bis links die *Hospital Steps* hochführen zum *St. Bernhard's Hospital*. Rechts vorbei. Dann links – rechts die Catholic Cathedral – durch die *Willis's Road* steil bergan.

Moorish Castle wurde um 1160 auf Befehl des Sultans von Marokko errichtet. Er veranlaßte auch den Bau einer Mauer hinunter zum Meer, das bis zum Market Place reichte, und gilt als Gründer des urbanen Gibraltar, obwohl vorher schon das Dorf Mersa Ashajarah im Südteil existierte. Der Burgturm (kleines Museum, geöffnet 9–18 Uhr) stammt aus der Zeit nach 1333, der maurischen Rückeroberung.

Die erste großartige Aussichtskanzel bildet die *Prinzessin-Carolina-Batterie* aus dem Jahre 1905. Deutlich ist die 1,6 Kilometer lange Start- und Landebahn des Flugplatzes auszumachen.

Jetzt nicht die Rechtskurve nehmen, sondern geradeaus auf dem Teersträßchen in 5 Minuten zu den **Upper Galleries** bzw. zur **Windsor Gallery**; geöffnet 10–19 Uhr. Links darunter hausen Affen. Die Geschützstellung wurde ab 25. Mai 1782 aus dem Fels gesprengt und gehauen. Nach drei Monaten war der Tunnel 83 Meter lang; Vollendung am 11. Mai 1783. Gigantisch! Figuren in Uniform oder Arbeitskluft beleben die kühle, feuchte »Unterwelt«; englische Informationen tragen zum Verständnis der Gegebenheiten, ihres Zweckes und der engagierten Personen bei.

Wieder zur Straße des Anstiegs. Links, an der Dreiteilung halb links. Etwa 5 Minuten später links, weiter ansteigen auf einem Panorama-Sträßchen. An den Hängen wachsen Pinien, Oliven, Eukalyptus, gepflanzt von den Briten, um Verwitterung und Steinschlag vorzubeugen. Vorher standen hier Zwergpalmen, Ginster, Kakteen. Die Seilbahn unterschreiten. Erst dann scharf links zur **Seilbahn-Bergstation**. Ihre Terrasse erlaubt umfassende Blicke auf das Massiv. Nördlich die alpin anmutende Szenerie kühner, von militärischen Funk- und Radarstationen besetzter Felsspitzen, über die der »Levante« (Ostwind) häufig Wolkenhüte stülpt. In der Ostflanke die größten »Water catchments« Gibraltars (34 Hektar), welche, belegt teilweise mit galvanisierten Eisenblechen, Niederschläge für unterirdische Zisternen sammeln.

Sie fassen ungefähr 73 Millionen Liter und gewährleisten, zusammen mit der kostspieligen Umwandlung von Meerwasser, die Wasserversorgung, sofern nicht Tankschiffe aus Marokko aushelfen müssen. Ein zweites Leitungsnetz liefert Salzwasser für die Toilettenspülungen. Auf der Terrasse sitzt gelegentlich ein Affenpärchen, meist ältere, raffinierte Tiere, scheinbar gelangweilt, doch blitzschnell Taschen, Brillen, Fotoapparate oder ein Stück Kuchen auf dem Tisch ahnungsloser Kaffeetrinker ergreifend!

Zurück zum Hangsträßchen. Links auf der *St. Michael's Road* etwa 5 Minuten. Dann führt links der *Douglas Path* über Stufen zu betonierten *Stellungen* unmittelbar am Grat. Westlich sind in der Tiefe die drei Trockendocks zu erkennen, meist leer, denn die Werftindustrie schreibt rote Zahlen. Links davon, an der Rosia Bay in kastellähnlichem Rahmen, feuerte die schwerste, 1882 stationierte Kanone Gibraltars 900-Kilogramm-Geschosse über 13 Kilometer, so weit wie italienische Kriegsschiffe, die ebenfalls damit armiert waren. 2 Stunden dauerte es, bis das von 35 Mann bediente Geschütz gefechtsklar war und alle vier Minuten schießen konnte.

Der Pfad setzt sich aussichtsreich im Hang fort und mündet in die geteerte *O'Hara's Road*. Sie endet vor dem Eisentor der gleichnamigen Batterie. In spitzem Winkel links dem Pfad folgen zum Grat. Links der **Gipfel** (426 m). Rechts zwei 23,4-Zentimeter-Kanonen, die mit fünf Zentner schweren Granaten die Meeresenge sicherten. Jenseits des Grates offenbart Gibraltar sein »Geheimnis« für Wanderer: **Mediterranean Steps** – Mittelmeer-Treppen. Ungeheure Tiefe! Blauer Himmel wie auf einem italienischen Barockbild. Blaues Meer wie die Beschwörung einer riesigen Oase. Der streckenweise steile, luftige Steig durch die üppige Vegetation kann nicht verfehlt werden. Heisere Möwenschreie. Rechter Hand gewaltige Felswände. Etliche Stellungen sind durch Sitzbänke zu Rastplätzen umfunktioniert worden.

Nach ungefähr halbstündigem Abstieg heißt es wieder bergan. Aber nur 5 Minuten. Dann eben durch die Südflanke des Bergstocks. Ungehindert schweift das Auge über die bis zu 345 Meter tiefe Straße von Gibraltar, entstanden vor etwa fünf Millionen Jahren durch eine Absenkung der Betischen und der Rif-Kordillere. Der »estrecho«, die Meeresenge, ist sozusagen die Lebensversicherung des Mittelmeeres, denn ohne den Zustrom aus dem Atlantik würde der Wasserspiegel infolge der Verdunstung jährlich einen Meter sinken, und ohne Umwälzung durch Frischwasser wäre die »Drecklache« längst ökologisch tot! Zeitweise – Frühjahr und August bis Oktober – ist der Vogelzug je nach den meteorologischen Bedingungen zu beobachten, besonders bei Westwind, denn im Ostwind driften die Tiere westlich ab.

Wir erreichen **Jews Gate**, Naturschutzposten und Aussichtsplatz. Rechts übernimmt uns wieder ein Wanderweg (*St. Michael's Path*). Gegenanstieg, nach 10 Minuten ein Quersträßchen kreuzen und in 10 Minuten zu den **St. Michael's Caves**, eine der spektakulärsten Tropfsteinhöhlen Europas; geöffnet 9.30–18 Uhr. Die tiefste, für Besucher zugängliche Stelle liegt 64 Meter unter dem Niveau des Eingangs. In der großen Halle, während des Zweiten Weltkriegs als Notkrankenhaus eingerichtet, finden Konzerte, Schauspiele sowie das traditionelle »May Festival« der Garnison statt, bei dem auch die Miß Gibraltar gekürt wird. Lebensgroße Figuren drehen das Rad der Geschichte um Jahrtausende zurück, in jene Epoche, welcher die Skelette angehören, die nahe der Südspitze gefunden wurden.

Nach Norden, begleitet vom Auspuffgestank der Taxis und Privatautos. Nach 5 Minuten geradeaus, etwas später halb links. Die am Fels verankerten starken Eisenringe dienten dem Transport der Geschütze in ihre Positionen. Hier und dort sitzt ein Affe auf der Begrenzungsmauer. Nach dem *Queen's Gate* wird man, kurz vor der Seilbahn-Mittelstation, mit **Apes Den** konfrontiert, ja konfrontiert! Tierfreunden blutet das Herz angesichts dieser Affen in ihrem »Lebensraum«. Wie Prostituierte hocken sie stoisch am Straßenrand, auf Ästen und Autodächern, turnen gelangweilt am sterilen Rohrgerüst. Es sind schwanzlose Makakenaffen. »Macacus Syl-

Auf den »Mediterranean Steps« im Abstieg vom Gipfelgrat durch die Ostflanke des »Rock«.

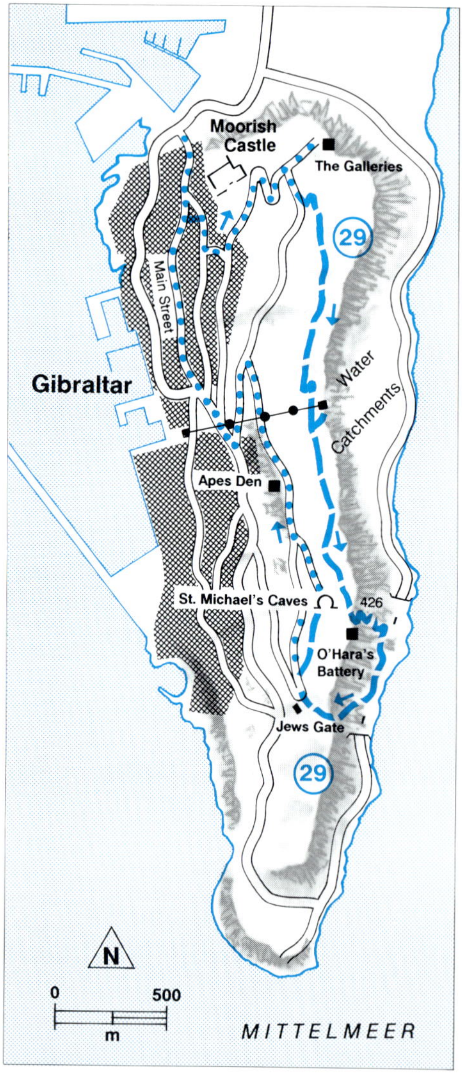

vanus« kletterte hier schon, als die Engländer 1704 landeten. Wahrscheinlich kamen die Berberaffen im Schlepptau der Mauren oder durch jenen sagenhaften unterirdischen Gang, der angeblich Afrika mit der St-Michaels-Höhle verbindet...

Für die Soldaten bedeuten die Tiere eine Art Maskottchen. Solange sie anwesend sind, sei auch Großbritannien präsent. Als 1940 im Zweiten Weltkrieg eine rätselhafte Seuche die Population auszulöschen drohte, befahl Premierminister Winston Churchill, ihre Zahl dürfe zwei Dutzend nicht unterschreiten. Ein Sergeant – »keeper of the apes« – wurde für die Überwachung und Versorgung abgestellt. Heute sind etwa 120 Affen registriert, die einzigen Europas in »freier Wildbahn«, wie es heißt, betreut im Regierungsauftrag von einer Privatfirma. Fütterung 8 Uhr und 16 Uhr. Ein neues Problem beschäftigt sogar Wissenschaftler. Durch die rund 400000 Touristen alljährlich – wer will die Affen nicht sehen? – und den damit verbundenen Streß leidet die Libido der Tiere.

Abwärts auf der *Old Queen's Road*. Gleich nach der Linkskurve steht rechts eine 1902 betonierte Stellung. Schließlich durch ein Eisentor vor dem *Casino* in die Stadt. Rechts halten, vorbei am historischen *Trafalgar-Friedhof* zu den **Southport Gates**. Das ältere Tor stammt von 1552, als Karl V. die Befestigungen zum Schutze vor Piraten erneuerte, das jüngere wurde 1883 errichtet. Dahinter nimmt uns wieder die **Main Street** auf. Rechts, Hausnummer 195, ist »Smith's« ein Geheimtip für »fish and chips«. Auf der linken Straßenseite scheint der Wachsoldat für den **Gouverneurspalast** zur Salzsäule erstarrt zu sein. Daneben die **Kings Chapel**; deutsches Informationsblatt.

Nützliche Informationen

Anfahrt: Auf der Küstenstraße (Nr. 340) bis San Roque; von dort 7 km. Von Algeciras 20 km (Busverbindungen), von Tarifa 41 km, von Málaga 127 km.
Ausgangsort: *Gibraltar* (2 m), rund 30000 Einwohner. Seit 1969 Commonwealth-Dominion mit eingeschränkter Selbstverwaltung (Erziehung, Soziales, öffentliche Versorgung, Wohnungsbau, Postdienst) und »House of Assembly« (Parlament, 15 Sitze). Das »Council of Gibraltar« (Kabinett) besteht aus dem von der britischen Regierung ernannten, einer der drei Waffengattungen angehörenden hohen Offizier als Gouverneur, dem Festungskommandanten, drei britischen Beamten und fünf Ministern.
Parken: In Gibraltar herrscht extremer Parkplatzmangel; Abschleppen oder Radsperren für »Sünder«. Am besten auf bewachten Plätzen in La Linea parken. Vor der Grenze meist Rückstau des Berufsverkehrs gegen 9 Uhr (Einfahrt) und 15.30 Uhr (Ausfahrt).
Gehzeiten: Insgesamt 3¾ bis 4 Std. Case-

mates Square – Galerien: 3/4 Std. Galerien – Seilbahnstation: 35 Min. Seilbahnstation – Gipfel: 25 Min. Gipfel – Jews Gate: 3/4 Std. Jews Gate – St. Michael's Caves: 20 Min. St. Michael's Caves – Apes Den: 1/4 Std. Apes Den – Ausgangspunkt: 3/4 Std.
Einkehr unterwegs: Seilbahn-Bergstation, St.-Michaels-Höhle, Affen-Platz (Apes Den).
Geschäftszeiten: 9–13 Uhr, 15–17 Uhr, Samstag bis 13 Uhr.
Währung: Gibraltar Pounds (GBP) und Pesetas; bei Bezahlung mit spanischen Noten wird üblicherweise britische Währung als Wechselgeld gegeben. Wechselstuben; Banken geöffnet Mo.–Fr. 9.30–16.30 Uhr.
Unterkunft: In Gibraltar verhältnismäßig teuer. Günstig in La Linea an der Durchgangsstraße (Avenida de España): *Aparthotel Rocamar,* 2,6 km vor der Grenze (Busse), großer Parkplatz, auch Restaurant und Bar; Tel. (956) 106650, 106923. *Hotel Almadraba,* 1,5 km vor der Grenze, Garage, kein eigener Parkplatz; Tel. (956) 100658.
Verpflegung: In der Main Street sowie in den Seitenstraßen zahlreiche Restaurants, Pubs, Bistros, Fast-food-Lokale. An schönen Tagen wegen des »Beer Garden« empfehlenswert: *The Royal Calpe* (Main Street 176). Typische Lokale in »Irish Town«, gleich nach dem Casemates Square, rechts der Main Street.
Camping: Nächster Platz an der Autovia (Umgehungsstraße) in Algeciras: *Costasol,* auch 16 Bungalows, Schwimmbad, Bushaltestelle; Tel. (956) 660219. Vorsicht: Algeciras hat die höchste Kriminalitätsrate Andalusiens!
Sehenswürdigkeiten: • *Gibraltar-Museum* (Bomb House Lane 18/20). Im Keller das am besten rekonstruierte maurische Bad der Iberischen Halbinsel. Außerdem auch ein instruktives Monumental-Modell des »Rock«. Geöffnet Mo.–Fr. 10–18 Uhr, Sa. 10–14 Uhr. • *Delphin-Safari* vom Sportboothafen Marina Bay; Tel. 74322.
Auskunft: Information Offices: Air Terminal Building (Flughafen, Nordseite), Tel. 73026. Market Place (beim Ausgangspunkt). Büro im Gibraltar-Museum, siehe Sehenswürdigkeiten; Tel. (956) 774289.
Wanderkarte: Es genügt »The Gibraltar Streetmap Guide«, erhältlich in den Information Offices.

30 Spaniens südlichster Punkt: Tarifa

In Sichtweite Afrikas

Tourencharakter: Unschwierige Wanderung.
Höhenunterschied im Aufstieg: Etwa 200 Meter.
Reine Gehzeit: Knapp 3 Stunden.
Beste Jahreszeit: Ab Ende März, Frühsommer, Herbst.

Nicht etwa Gibraltar ist, wie gemeinhin angenommen, der südlichste Festlandszipfel Spaniens, sondern Tarifa, exakt die vorgelagerte, durch einen Damm mit dem Städtchen verbundene Isla de Tarifa, auch Isla de las Palomas genannt: 13,5 Kilometer entfernt vom »Schwarzen Erdteil«. Das winzige, militärisch genutzte, einen Leuchtturm tragende Eiland trennt Mittelmeer und Atlantik: schmalste Stelle der Straße von Gibraltar. Schönster Schauplatz Tarifas: Mirador Estrecho de Gibraltar, über der Altstadt.

Tarif ibn-Malluk hieß jener Berberoffizier, der an der Nasenspitze Spaniens während des Ramadan im Juli 710 auf Befehl des nordafrikanischen Gouverneurs mit rund 400 Söldnern zu Fuß und 100 Reitern in vier

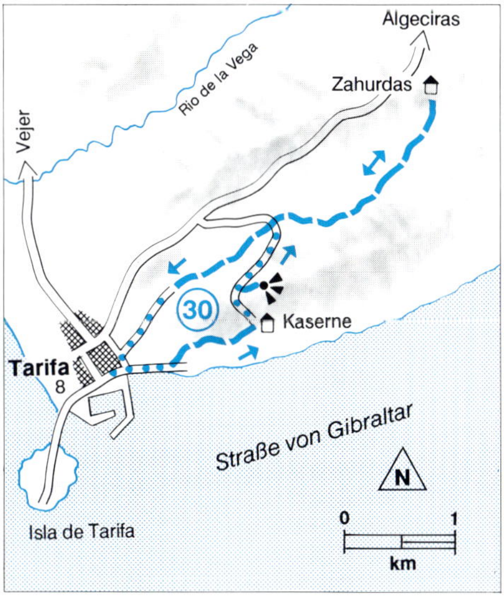

Schiffen landete, Raubzüge unternahm, Frauen verschleppte und sich dann beutebeladen wieder absetzte. Dadurch ermutigt, segelte acht Monate später ein Heer nach Gibraltar. Es drang bis zum Duero und Ebro vor und gliederte die okkupierten Gebiete dem Kalifat Damaskus ein.

Etwa 1800 Jahre früher, ehe die Söhne Mohammeds eintrafen, saßen am Kap schon Phönizier. Die römische Siedlung »Julia Traducta« diente den Vandalen anno 429 n. Chr. unter König Geiserich als Sprungbrett für Afrika. Von den Westgoten, seit 589 Christen, stammt das Stück einer Grabplatte aus dem Jahre 674 rechts vor dem Eingang in die Sakramentskapelle der gedrungenen, spätgotischen, auf Fundamenten der Freitagsmoschee im frühen 16. Jahrhundert geweihten Pfarrkirche San Mateo (gefunden 7 Kilometer nordwestlich am Bergrücken der Punta de la Peña). Ihr Glockenturm ersetzte das Minarett; deutsches Informationsblatt.

An den Bauernhöfen im Hinterland von Tarifa scheint sich seit der maurischen Epoche kaum etwas geändert zu haben.

Tarifa am südlichsten Punkt Spaniens: Europa im Rücken, Afrika vor Augen.

Erkennbare Anzeichen hinterließen die Mauren. Primär die 960 unter dem Wesir (Minister) Ibn-Badr des Kalifats Córdoba als Schutz gegen die Fatimiden, ismailitische ägyptische Glaubensbrüder, vollendete Alcazaba. Sie wurde 1292 am Matthäustag (21. September, deshalb heißt die Kirche San Mateo) durch den kastilischen König Sanchez IV. erobert. Ihr oktogonaler Torre de Guzmán el Bueno erinnert an Alonso Pérez de Guzmán (1256–1309) aus dem altkastilischen Geschlecht des hl. Dominikus (1170–1221). Guzmán verteidigte 1294 die Festung gegen die Mauren aus Granada. Obwohl die Feinde seinen neunjährigen Sohn als Geisel hielten und drohten, den Knaben zu töten, kapitulierte er nicht, worauf das Kind vor den Augen des Vaters erstochen wurde, erzählt eine in mancherlei Versionen überlieferte Geschichte. Sanchez IV., der uns am Beginn der Wanderung in Gestalt eines 1992 enthüllten Denkmals begrüßt, verlieh dem spanischen Abraham den erblichen Titel »el Bueno«, was in diesem Falle »standhaft« ausdrücken soll. Übrigens entriß Guzmán 1309 den Mauren kurzzeitig Gibraltar.

Der Wegverlauf

Vom südlichen Ende des **Paseo Alameda** geht es rechts am *Sanchez-Denkmal* vorbei, zu Füßen eines mächtigen Rundturmes der Alcazaba, auf der Straße zur **Strandpromenade**. Wir bleiben in Ufernähe, bis uns ein alter, steingepflasterter Weg übernimmt. Ansteigen, am Gittertor rechts vorbei und zu einem oberhalb der Punta Camorro prächtig gelegenen **Gebäude**. In der Straße von Gibraltar herrscht stets reger Schiffsverkehr. Marokkos Küste ist zu sehen. Östlich heben sich im flaumigen Licht markant die Konturen des Jebel Musa (Moses-Berg) ab, so benannt nach dem Gouverneur Musa ibn-Nasayr, der die Eroberung Spaniens befohlen hatte. Aus dem Mittelmeer bläst der »Levante«, oft zwei, drei Tage, ja sogar eine ganze Woche lang, gelegentlich zu schweren Stürmen anschwellend. Zahmer weht der »Poniente« (Westwind): durchschnittlich fünf bis sechs Beaufort. Von den Winden profitieren nordwärts die Windräder – Stromlieferanten – auf den Berghöhen. Am Gebäude links vorbei auf Wegspuren in eine Mulde (Gatter) und zu einem Querweg. Rechts abwärts, nach 10 Minuten am Eingang der *Kaserne* links halten, auf dem Teersträßchen 5 Minuten bergan zum *Straßensattel* (80 m).

(*Abstecher*: Rechts, links vorbei am Cortijo con Viento, rechts eine Ruine passieren und zwischen Buschwerk und Agaven zu der mit einem Sender bestückten *Aussichtskuppe*.)

Die Straße neigt sich in das jenseitige Tal. Nach 10 Minuten, unmittelbar hinter der Bachbrücke (40 m), schwenken wir rechts in einen Fahrweg ein. Ansteigen. Rechter Hand landwirtschaftliche Anwesen, teilweise mit Solarspiegeln als einzige Stromquelle. Vom einfachen Leben zeugt ein Kalkofen. Ab hier sind die Bewohner des idyllischen Hochtales wegen der Wegverhältnisse auf Esel oder Pferd angewiesen. Kein Strom, kein Telefon und – kein Fernseher! Trotzdem machen die Leute einen zufriedenen Eindruck, sind zurückhaltend-höflich. Wanderer mit Rucksäkken habe er zeitlebens noch nie gesehen, sagt ein Mann verwundert und repariert weiter am Stacheldraht seines Grundstückes. Stacheldraht überall, die Pfade versperrend, Zäune für das Vieh.

Das beiderseits von sanften Höhen gesäumte Tal war schon vor einem halben Jahrhundert von Mauren besiedelt. Sie trieben ebenfalls Viehwirtschaft; der Boden lieferte Nahrung für den Eigenbedarf. Auch der Endpunkt unseres Ausfluges spricht sozusagen arabisch: **Zahurdas** heißt die kleine Häusergruppe links am Hang, angesichts der Straße Tarifa – Algeciras; rechts unten eine Bachbrücke (100 m).

Zurück zur Autostraße. Diesseits des Baches weiter, rechts neben der *Finca Particular*, wo eine energische Dame seit 40 Jahren erfolgreich Pferde züchtet. Das Weglein ist stellenweise feucht, dicht bewachsen mit dornigem Gestrüpp. Es mündet in einen Fahrweg, der uns rechts nach Tarifa bringt.

Nützliche Informationen

Anfahrt: Nationalstraße 340, von Algeciras 22 km, von Gibraltar 32 km, von Cádiz 99 km. Busverbindungen.
Ausgangsort: *Tarifa* (8 m), 15 220 Einwohner (Altstadt 8000 Bewohner).
Parken: Am *Paseo Alameda* oder auf dem großen Parkplatz an der *Strandpromenade*.
Gehzeiten: Insgesamt knapp 3 Std. Tarifa – Aussichtskuppe: 3/4 Std. Aussichtskuppe – Zahurdas: 3/4 Std. Rückweg: knapp 1 1/2 Std.
Unterkunft: Günstig gelegen und gediegen: *Hotel Alameda* (Paseo Alameda); auch gutes Restaurant mit Garten, Parkplätze am Paseo; Tel. 64 41 81. In der Altstadt etliche Hotels, z. B. *Hostal La Calzada* (Justino Pertinez 7, neben San Mateo); Tel. 64 33 66. Nordwestlich an der Straße 340 Richtung Cádiz mehrere Hotels. Vom Autor bevorzugt: *Dos Mares* (6 km) am Atlantik, Bungalows, deutschsprachiger Chef, Surfcenter; Tel. (9 56) 68 40 35. In dem 1 km entfernten, ebenfalls links der Straße gelegenen Hurricane Hotel wurde der Autor – eine Ausnahme in Andalusien – unseriös behandelt! Weitere Hotels an der Straße.
Verpflegung: Gute Tapas und Zentrums-Treff in Tarifa: *Café Central* (bei San Mateo, auch Tische im Freien). *Restaurante El Patio* (Calle Señora de la Luz 3), deutsche Führung.
Camping: Mehrere Plätze nordwestlich an der Straße 340, nächstgelegen (4,5 km) *Rio Jara*, deutschsprachige Führung, Strand; Tel. (9 56) 68 42 79, 64 35 70. Platz neben Hotel *Hurricane*, am Strand preiswertes Restaurant in herrlicher Lage. Dieser sowie die anderen Campingplätze sind stark frequentiert von Surfern. Weiter entfernt (18 km) *El Jardin de las Dunas* (bei der Duna de Valdevaqueros, der höchsten an der Costa de la Luz), Strand, 1993 eröffnet, deutschsprechende Führung: Zufahrt: Straße 340 beim Restaurante El Olivo (17 km von Tarifa) links verlassen.
Schiffsverbindungen (nach Tanger): Touráfrica; Tel. 68 47 51.
Auskunft: Oficina de Turismo, Plaza Santa Maria 3, E-11380 Tarifa; Tel. (9 56) 68 41 86.
Wanderkarte: Mapa Topográfico Nacional de España 1:50 000, Blatt 1077 (Tarifa), Ausgabe 1955.

31 El Acebuche

Das Besucherzentrum des Nationalparks Doñana

Tourencharakter: Spaziergang. Öffnungszeiten 8–19 Uhr; Pfingstwoche geschlossen. Fernglas empfehlenswert!
Reine Gehzeit: Mindestens 1½ Stunden.
Landrover-Fahrt: 4 Stunden. Abfahrten (außer Mo.) 8.30 und 15 Uhr; pro Person 2400 Pesetas (1993). Anmeldung im Besucherzentrum spätestens am Vortag. Getränke und Verpflegung mitnehmen!
Beste Jahreszeit: Frühjahr, Frühsommer bis Anfang Juni, im Herbst ab Ende September. An Wochenenden und Feiertagen starker Andrang.

Ende März. Auf dem Turm von El Acebuche klappert verliebt ein Paar Schwarzstörche mit den Schnäbeln. El Acebuche ist das Administrationszentrum des Parque Nacional de Doñana (sprich: Donjana). Hier beginnen die Landrover-Safaris über eine Strecke von 70 Kilometern durch den südlichsten Nationalpark. Obwohl dies nicht dem Prinzip des Wanderns entspricht, sollte man »para visitar« einmal erleben, zumal man die Fahrt mit dem beschriebenen Bummel ideal kombinieren kann.

Der Name »Doñana« rührt von Doña Ana Gómez de Mendoza her, Gemahlin des Herzogs von Medina Sidonia. Er schenkte ihr Ende des 16. Jahrhunderts den Palacio de Doñana, wo Spaniens sozialistischer Staatschef Felipe González, gebürtiger Sevillaner, gelegentlich mit seiner Familie Ferien macht und auch Staatsgäste empfängt. Aus der Vergangenheit sind große Jagden verbürgt, Jagd auf Wildschweine und Hirsche – vom Pferd mittels Speer, denn Feuerwaffen waren verpönt. Seit 1981 gibt es neuerdings wieder Jagden. Schwarzkittel dürfen zu bestimmten Zeiten nach alter Art von privaten Grundeigentümern erlegt werden.

Schilfverkleidete Hütten erlauben die Beobachtung der vielfältigen Tierwelt in der Doñana, ohne sie zu stören.

Das Gebiet, ursprünglich vom Meer überschwemmt bzw. durch Sedimentmassen des Guadalquivir gebildet, wechselte die Besitzer, irgendwann um die Jahrhundertwende sogar beim Kartenspiel. Der Naturschutzgedanke wurde erst 1963 durch den kurz vorher in London gegründeten World Wildlife Fund in die Tat umgesetzt. Diese größte private Naturschutzstiftung der Welt kaufte 6794 Hektar als Kernparzelle, veranlaßte Spaniens Regierung 1969 zur Gründung des Parque Nacional. Er dehnt sich – tatkräftig vom WWF unterstützt – nun auf 77 260 Hektar aus. UNESCO-Biosphärenreservat, 1985 prämiert mit dem Europa-Diplom. Es gilt, eines der schönsten und weiträumigsten Tierparadiese Europas – alleine Brutplatz von 125 Vogelarten – vor galoppierenden kommerziellen Interessen zu retten: 1986 verendeten 30 000 Zugvögel an den von Landwirten ausgestreuten Pestiziden und Herbiziden. 1990 demonstrierten zornige Ökologen massiv gegen weitere Bauprojekte, nachdem die Siedlung Matalascañas nicht verhindert hatte werden können. 1993 klagte der UNESCO-Generaldirektor: »Die bisher gemachten Anstrengungen zur Erhaltung des Nationalparks sind nicht ausreichend.« Besonders kritisch sei der geplante Ausbau der angrenzenden Landstraße H-612 sowie die Wilderei und illegale Fischerei.

Indes fiel die projektierte Autobahn Huelva – Cádiz unter den Tisch. Ebenso Probebohrungen nach Erdölfeldern. Hoffentlich für immer! Denn beiläufig 70 000 Graugänse überwintern hier, 300 000 Enten zahlreicher Arten, 20 000 Uferschnepfen, Flamingos, Singvögel, Schwalben usw., ganz zu schweigen von Fischen, Lurchen, Schlangen sowie 28 Säugetierarten, darunter der seltene Pardelluchs. Manchen Winter – Dezember und Januar – haben Ornithologen aus dem Flugzeug mehr als 600 000 gefiederte Gäste beobachtet. Die Doñana darf nicht sterben!

Angetan von seiner Einzigartigkeit habe ich dem Nationalpark außer diesem Kapitel noch zwei Touren (32, 33) gewidmet, und zwar in den wesentlichen Lebensraumtypen: mediterraner Buschwald, periodisch überschwemmte »marismas«, atlantiknaher Wanderdünengürtel.

Der Wegverlauf

Im Hof des Landgutes El Acebuche beginnt der Spaziergang, dessen Symbol ein »calamón« (Purpurhuhn) ist. Das kostenlos erhältliche Faltblatt erklärt unmißverständlich den »sendero peatonal«, die »areas de descansos« (Rastplätze) sowie die »observatorios« 1 bis 7: Beobachtungswarten in getarnten Holzhütten am Südufer der 1,2 Kilometer langen Lagune de los Pájaros mit zahlreichen Wasservögeln wie Königsente, Löffelente, Schnatterente, Kolbenente, Tafelente sowie Greifvögeln – Milane, Lagunen-Zwergadler – in der Luft. »Puntos de interés« sind mit numerierten Pfosten gekennzeichnet.

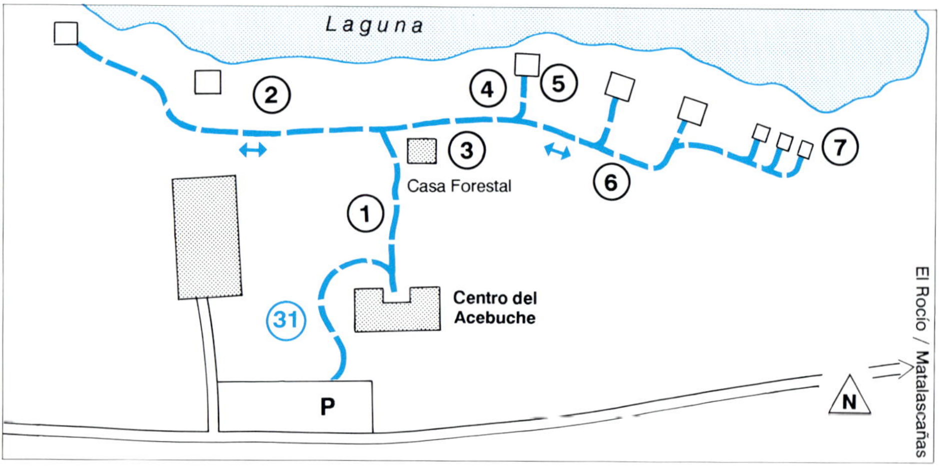

Sie werden nach dem spanischen Informationsblatt erläutert.

1. Beiderseits des Pfades verschiedene Vegetation. Rechts Salbeiblättrige Zistrosen, weiß blühend, deshalb »Monte Blanco« genannt. Links herrschen Binsen und Kräuterarten vor; ein Beweis, daß darunter eine Wasserschicht lagert, die Feuchtigkeit liefert und das Wachstum fördert.

2. Mittelmeerpflanzen in unterschiedlichen Formen und Farben, zum Beispiel Ginster, Rosmarin, lederblättrige Zistrosenarten. Das Dickicht befestigt den Sand, in dem die Route verläuft. Sie führt links zu den Beobachtungsplätzen 1 und 2. Rechts folgt »punto«

3. Wilder Ölbaum (*Acebuche*) als Vorgänger des Olivenbaums. Die Urform ist eine Rarität des Gebietes.

4. Das Pinienwäldchen spendet nicht nur Schatten, sondern beherbergt auch Elstern.

5. Beobachtungswarte 3. Pappeln säumen das Ufer bzw. die Sumpfvegetation aus Kolbenschilf, wo sich das scheue Purpurhuhn versteckt, von dem mehrere hundert Paare im Nationalpark leben.

6. Diese Zone besteht aus typischem mediterranem Busch- und Strauchwerk. Erwähnenswert sind aromatische Pflanzen wie Lavendel, Immergrün, Thymian.

7. Beobachtungswarte 7, bestehend aus drei kleinen Hütten. Sie sind auf einen umzäumten Teil der Lagune gerichtet. Er bietet jenen, teilweise vom Aussterben bedrohten Tieren eine Überlebenschance, die aus dem »Centro de Recuperación de Aves« kommen. Auf kleinen Inseln sonnen und putzen sich Brandgänse und Rostgänse. Moorenten und Kolbenenten gründeln im trüben Wasser. Weiße Seidenreiher und Purpurreiher stolzieren würdevollen Schrittes. Sommers nistet die braune Zwergdommel, ein versteckt lebender Schilfbewohner.

Nützliche Informationen

Anfahrt: 11,2 km südlich von El Rocío die Landstraße rechts verlassen, 2 km zum Centro Administrativo. Bei Anfahrt von Matalascañas (5 km) auf die Linksabbieger-Vorschrift achten!

Ausgangspunkt: *El Acebuche* (46 m), am Westrand des Nationalparks. Ehemaliges Landgut mit dem Centro Administrativo; sehenswertes Museum. Großer Parkplatz.

Unterkunft: In der Umgebung; siehe Tour 33.

Verpflegung: Gaststätte im Centro Administrativo.

Auskunft: Parque Nacional de Doñana, Centro Administrativo El Acebuche, E-21760 Matalascañas; Tel. (956) 448711.

Wanderkarte: Instituto Geográfico Nacional 1:50000, Blatt Parque Nacional de Doñana. Erhältlich im Centro Administrativo. Nicht notwendig, da die Route auf dem erwähnten Faltblatt ersichtlich ist.

32 El Rocina und El Acebrón

Exkursionen im Nationalpark Doñana

Tourencharakter: Spaziergänge. El Rocina geöffnet 8–20 Uhr. El Acebrón 9–18.30 Uhr. Pfingstwoche geschlossen.
Reine Gehzeit: El Rocina mindestens 1½ Stunden. El Acebrón mindestens eine ¾ Stunde.
Beste Jahreszeit: Frühjahr, Frühsommer bis Anfang Juni; Herbst ab Mitte September. Fernglas nützlich. An Wochenenden und Feiertagen starker Andrang.

Am nordwestlichen Saum des Parque Nacional de Doñana scheint an Pfingsten der Teufel los zu sein. Perdón: »Nuestra Señora del Rocío«, auch liebevoll »La Paloma Blanca« (Weiße Taube) genannt und vom Volk als »Gattin des Heiligen Geistes« verehrt, wird gefeiert, fromm und hysterisch, betend, die »sevillana«, einen heiteren Flamenco tanzend, weinend und lachend.

Ungefähr 150000 Menschen, so lauten Schätzungen, kommen aus diesem Anlaß nach El Rocío. In Autos, auf Motorrädern, Mopeds, Treckern, in blumengezierten, von Ochsen oder Pferden gezogenen traditionellen Planwagen; Caballeros hoch zu Roß, hinter sich im Sattel die Señorita oder Señora. Pfingstmontag frühmorgens trägt die Bruder-

Reizvolle Stimmung durch das Farbenspiel eines Sonnenaufgangs im meernahen Nationalpark Coto de Doñana.

schaft Almonte »Nuestra Señora« unter einem Baldachin aus der Kirche hinein in die wartende, brodelnde, jubelnde, grölende Masse – »Viva la Paloma Blanca!« – und auf den staubigen, schattenlosen Sandstraßen durch den Ort, vorbei an den festlich geschmückten Häuschen der »hermandades«, der Bruderschaften, von denen 78 akkreditiert sind. »Yo soy rociero« – ich bin Rociero – verkündet jeder stolz im Brustton unantastbarer Überzeugung.

Die Marienstatue steht das Jahr über im Hochaltar der Kirche. Während des Mittelalters habe sie ein Jäger hier gefunden, so die Legende. Die »romería« wurde 1758 begründet und ist mittlerweile die größte volkstümliche Wallfahrt der Christenheit. Hunderte von Polizisten versuchen die Ordnung einigermaßen aufrechtzuhalten, den Ansturm jener zu zügeln, die sich hektisch und verbissen drängeln, um den magischen Thron der Jungfrau zu berühren. Schließlich bedeutet »rocío« Morgentau, und der gilt seit altersher als Fruchtbarkeitssymbol, was gar nicht selten an Ort und Stelle ausprobiert werde, schimpfen Moralapostel. Von den Tonnen an Müll, der zurückbleibt und den der Wind in alle Himmelsrichtungen verweht, spricht niemand. »Nuestra Señora« ist erschienen!

Draußen, im seichten, warmen Lagunenwasser stehen Flamingos, ungerührt vom Rummel, ehe sie ihre Brutplätze landeinwärts anfliegen. El Rocío und die Handvoll seiner Bewohner sinken wieder in den hitzegequälten Alltag der »marisma«, des Sumpfgebietes, durch das westlich der Ortschaft zwei Lehrpfade führen, die Aufmerksamkeit verdienen.

El Rocina

Die Wasser des Arroyo de la Rocina bilden den nordwestlichen, schlauchähnlichen Teil des Nationalparks. Dort verläuft, ausgehend vom »Centro de la Rocina«, ein 2,5 Kilometer langer »itinerario«, bestückt mit drei Beobachtungswarten sowie numerierten Holzpflöcken. Die erwähnenswertesten davon werden anschließend erklärt und der Text des spanischen Informationsblattes ungefähr übersetzt.

Der Wegverlauf

Wir folgen an der Nordseite des Parkplatzes dem sandigen Weglein.

1. Niederschlagsmesser. Er registriert im Jahresdurchschnitt 600 Millimeter.
2. Am Ufer, wo einst Korkeichen standen, wächst dichter Farn, grün im Frühling, trokken, in Ockertönen, während des Winters. Erdbeerstrauch, Myrte; näher am Bach Ginster, Heidekraut.
3. Beiderseits des Pfades jeweils eine typische mediterrane Baumart. Links die Urform des Ölbaums. Rechts eine Korkeiche, um die Farn wuchert.
4. Ein Holzsteg überbrückt die »Algaida del Carrizal«, einen vegetationsreichen, dicht mit Schilf gesäumten Wassergraben. Nach dem Steg leicht rechts halten durch das Fruchtpinienwäldchen (6), dessen Kronen wohltuend Schatten spenden. Wilde Ölbäume, Lavendel, Zwergpalmen, Zistrosen. Gelegentlich ist der weiche Boden von Wildschweinen aufgewühlt.
7. Beobachtungsplatz »El Paraguas« mit Blick über den Arroyo de la Rocina. Die Fauna hängt von Jahreszeit und Pegelstand ab;

Aus allen Teilen Andalusiens strömen Jahr für Jahr zu Pfingsten anläßlich der größten volkstümlichen Wallfahrt der Christenheit rund 100 000 Menschen nach El Rocío.

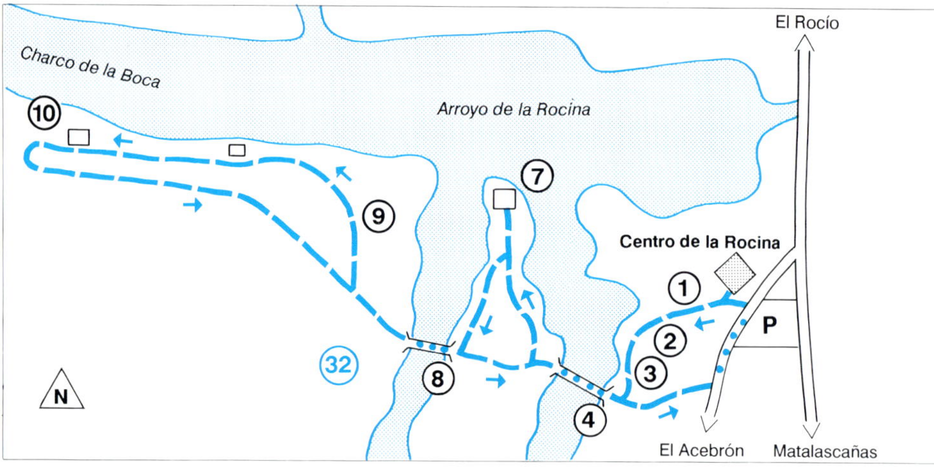

El Rocina heißt dieser Teil der Doñana, erschlossen durch einen Naturlehrpfad mit Schwerpunkt Sumpfflora und Wasservögel.

im August ist der Bach fast ausgetrocknet bei 40 Grad Hitze. Verbliebene Wasservögel sterben an bakterieller Vergiftung. Rechts sieht man die Cañariega-Brücke, wo der Bach breiter wird und östlich in den Caño Madre de las Marismas del Rocío übergeht. Er stellt neben dem Regen die wichtigste Wasserversorgung des Sumpfgebietes dar. Der Marschboden ist lehmig und reich an organischen Stoffen. Die Flora besteht aus Moorpflanzen, hauptsächlich Schilfrohr, Zyperngras und Rohrkolben. Bei entsprechenden Verhältnissen sind an Wasservögeln Königsente, Graugans, Kolbenente, Tafelente, Fischreiher, Seiden- und Edelreiher, Teich- und Bläßhühner vertreten. Außerdem Schwalben, der gesellige, farbenfrohe Bienenfresser, Milane, Lagunen-Zwergadler.

8. Der zweite Holzsteg leitet über die »Algaida El Meloncillo«. Danach halb rechts (grüne Markierungspflöcke).

9. Trockenste und höchstgelegene Zone des Lehrpfades. Zistrosenarten, Rosmarin, Lavendel, Thymian, Stachelginster. Im Herbst sowie nach verregneten Frühlingstagen sprießen Riesenschirmpilze, Knollenblätterpilze, Kaiserlinge, Butterpilze, Fliegenpilze. Sammelverbot!

Nördlich des Arroyo habe Störche ihre Nester auf Hochspannungsleitungsmasten, auf denen auch der Spanische Kaiseradler gerne horstet. Wir haben Glück: Ein Pärchen feiert Hochzeit... Fast zwanzig Brutpaare – ein Drittel aller auf der Iberischen Halbinsel lebenden Exemplare – wurden im Park gezählt. Jedes benötigt ungefähr 3000 Hektar Jagdterritorium.

10. Beobachtungshütte am »Charco de la Boca«, einer das ganze Jahr über wasserführenden Erweiterung des Baches.

Abschließend kurz landeinwärts, dann linkshaltend mit grünen Markierungspflökken zum bekannten Weg.

Nützliche Informationen

Anfahrt: Aus Richtung Sevilla zunächst auf der Autovia 51 km Richtung Huelva. Bei der Ausfahrt »Bollullos« südwärts über Almonte 27 km nach El Rocío. Kurz danach (1 km) die Straße rechts verlassen, 300 m zum Parkplatz. Bei Anfahrt südlich von Matalascañas (15 km) auf die Vorschrift für Linksabbieger achten! Täglich Busse von Sevilla nach El Rocío und Matalascañas.

Ausgangspunkt: *Centro de la Rocina* (16 m) des Nationalparks Doñana. Siehe Anfahrt.

Gehzeit: ¾ Std., ohne Aufenthalt.

Unterkunft und Verpflegung: In El Rocío *Hotel Puente del Rey* (Apartamentos) an der Durchgangsstraße, ob Zimmer auch vermietet werden, stand bei Drucklegung (Sommer 1994) noch nicht fest. An der Straße mehrere Restaurants, Bars. Andere Möglichkeiten siehe Tour 33.

Auskunft: Siehe Tour 31. Tel. (955) 442340.

Wanderkarte: Nicht erforderlich. Die Route ist aus dem Faltblatt zu ersehen, das man im Centro de la Rocina erhält.

El Acebrón

Der schloßähnliche Palacio del Acebrón war einst herrschaftlicher Mittelpunkt des riesigen Landgutes Rocina und ist seit 1979 im Besitz des Staates, der den Palast renovierte und dort 1981 ein beachtenswertes »Centro Etnografico« unter dem Motto »Der Mensch und die Marisma« eröffnete. Das kostenlos erhältliche Faltblatt schlägt einen 1,5 Kilometer langen Rundgang vor. Stellen, an denen es sich lohnt, zu verweilen, sind durch eingerahmte Nummern gekennzeichnet. Die interessantesten Plätze erläutert nachstehender Text.

Der Wegverlauf

Vom **Parkplatz** zum **Palacio del Acebrón**. Vor dem Palast, links, erinnert eine Büste an Dr. Félix Rodriguez de la Fuente, den »Grzimek Spaniens«. Er stürzte mit seinem Flugzeug bei Filmaufnahmen 1980 in Alaska ab. Der hingebungsvolle, leidenschaftliche Verfechter des Naturschutzgedankens bewirkte durch zahlreiche Publikationen, verstärkt mit der Fernsehserie »Fauna Iberica«, einen ökologischen Sinneswandel in der spanischen Bevölkerung.

Weiterweg rechts neben der kleinen Kapelle.

2. Bosque de Ribera: Uferwald aus Laubbäumen wie Weiden und Eschen sowie Gebüsch und Gräser, wie sie das Mikroklima hervorbringt. Auf einem Holzsteg den nähr-

stoffreichen Arroyo de La Rocina durchqueren. Am anderen Ufer rechts halten, mäßig bergan.
6. Wir erkennen, daß hier die Bäume infolge der Feuchtigkeits- und Bodenunterschiede höher sind als vorher. Pinien und Zistrosen treten auf. Die Baumstümpfe erinnern an eine für die Papierproduktion abgeholzte Eukalyptusplantage.
7. Die mittlere Hanglage ist mit Korkeichen bestanden. Sie können mehrere hundert Jahre alt werden. Korkeichen sind Nistbäume, u. a. des Löfflers (weißes Federkleid, langer schwarzer Schnabel), von dem im Nationalpark etwa 350 Paare brüten.
9. Karge, ausgetrocknete Böden verraten einen Waldkahlschlag, auf dem vorwiegend Zistrosengewächse existieren.

Abwärts zur zweiten »pasarella«. Jenseits des Holzsteges empfängt uns ein prächtiger, mit vereinzelten stattlichen Pinien durchsetzter Korkeichenwald. Im dichten Farn wächst die Myrte.
12. Erklärung des Begriffes »Algaidas«, also der typischen, von intensivem Bewuchs gesäumten Wassergräben: Paradiese für Amphibien.
13. Mit Schwarzpappeln und Pinien sowie einem umfassenden Rückblick klingt der Spaziergang aus.

Nützliche Informationen

Anfahrt: Wie bei El Rocina. Von dort auf der Seitenstraße noch 5,2 km zum Parkplatz El Acebrón. Von El Rocina auch Pferdekutschen nach El Acebrón.
Ausgangspunkt: *Parkplatz Palacio del Acebrón*; siehe Anfahrt.
Gehzeit: 25 Min. ohne Aufenthalte.
Unterkunft und Verpflegung: Siehe El Rocío.
Auskunft: Wie bei Tour 31.
Wanderkarte: Nicht erforderlich. Faltblatt (mit Wegverlauf etc.) im Palacio del Acebrón erhältlich.

Der stolze Caballero mit seiner Señorita hoch zu Pferd während der Wallfahrt in El Rocío.

33 An der Atlantikküste

Von Matalascañas zum Torre Carbonero

Tourencharakter: Unschwierige Wanderung. Sollte nur bei Ebbe (span. *reflujo*) unternommen werden, sonst sehr mühsam (tiefer Sand). An Wochenenden und Feiertagen starker Jeep-Verkehr.
Reine Gehzeit: Etwa 3 Stunden. Die Tour kann am Strand entlang beliebig verlängert werden!
Beste Jahreszeit: Frühjahr, Frühsommer, Herbst.

Wie angewurzelt bleiben wir am Torre Carbonero stehen, denn im Sand ist eine Fährte zu sehen: verhältnismäßig große Abdrücke von Pfotenballen. Sie können nur von einem Luchs stammen, denn Ginster- und Wildkatze, Fuchs und Manguste, eine sich hauptsächlich von Reptilien ernährende, im alten Ägypten heilige Schleichkatze, hinterlassen schwächere Spuren. Der Luchs, genau gesagt der Pardelluchs (*Lynx lynx pardinus*), ein etwas kleinerer, intensiver und schöner gefleckter Verwandter des Nordluchses (*Lynx lynx*), wiegt zwischen 15 und 20 Kilogramm. Sein hiesiges Revier sind Sandgebiete, offene Pinienwälder und Sumpfrandzonen, wo er abends als Ansitzjäger auf Beute, vornehmlich Wildkaninchen, lauert. Wissenschaftler, welche die Verhaltensweisen der scheuen, vom Aussterben bedrohten Großkatzen erforschen, teils mit Radiotelemetrie, sprechen von etwa 50 Tieren im Nationalpark. Zur Fauna gehört neben anderen die giftige Stülpnasenotter (*Vipera lastei*) im Dünengürtel. Sie ist auch in Nordafrika heimisch, wird 50 bis 60 Zentimeter lang und ist erkenntlich an der Nasenspitze.

So weit das Auge landwärts schaut, nur Wellen aus Sand und karge Grasbüschel, vereinzelt Phönizischer Wacholder. Jahr für Jahr gewinnt die »Dünenlawine«, geschoben von konstanten Südwestwinden, drei bis acht Meter an Boden, verschlingt Pinien und Steinkiefern sowie deren Unterwuchs, ohne jedoch ökologisches Gleichgewicht zu zerstören. Für Schäden hat die in Parzellen und Sektoren gegliederte Retortenstadt Matalascañas gesorgt: Bei der Gründung des Nationalparks wurde für sie ein fünf Kilometer langer Strandstreifen ausgespart. Nur während der Sommerferien pulsiert dort Leben, durch 40 000 Menschen in »residencias« und Hotels. An Wochenenden kommen 60 000 Ausflügler der Provinzen Sevilla und Huelva hinzu. Die übrige Zeit verlieren sich rund 100 Einwohner, meist Hausmeister, in der »Totensiedlung«.

Hätten die nationale Naturschutzbehörde sowie die EG nicht mobil gemacht, wäre Matalascañas mit zusätzlich 32 000 Betten noch 4 Kilometer landeinwärts gewuchert. Diesbezügliche Pläne liegen griffbereit in den Schreibtischschubladen einer Schweizer Finanzgruppe, der »amigos« aus andalusischen Politikerkreisen nahestehen sollen. Dabei raubt schon die jetzige Dimension dem Park zuviel Süßwasser, ließ etliche Lagunen austrocknen. Ganz zu schweigen vom Abwasser- und Müllproblem!

Der Wegverlauf

Von den Parkplätzen des **Gran Hotel del Coto** auf dem Sträßchen abwärts und linkshal-

Am maurischen Torre Carbonero endet der »Wüstentrip« von Matalascañas entlang der Costa de la Luz.

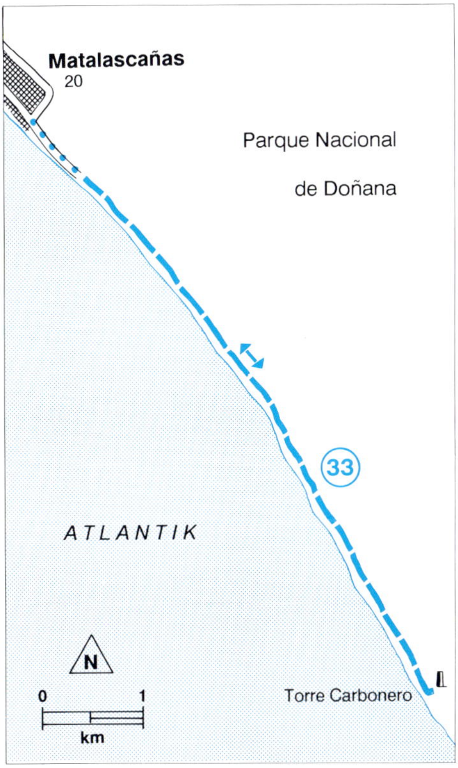

tend in den Sand der Küste. Je näher wir am Meer laufen, desto fester ist der Untergrund während der Ebbe. Einzelne Boote liegen am Strand. Tintenfische seien der bevorzugte Fangfisch. Richtung Südost! Vergessen wir die betongegossene Realität im Rücken! Die makellose Weite des Atlantik wirkt wie ein Akzent der Hoffnung. Möwen und Trauerseeschwalben hocken am Wasser oder segeln unnachahmlich elegant durch die vom ewigen Brausen brechender Wellen erfüllten Lüfte. Seeschwalben und Korallenmöwen ernähren sich ausschließlich von Fischfang, tauchend und zustoßend. Übrigens gilt die Korallenmöwe – weißes Gefieder, grauer Mantel, roter Schnabel – als seltenste ihrer Art weltweit; Gesamtbestand nicht mehr als 1000 Paare.

Linker Hand der niedere Dünengürtel, ein extremer, sich ständig verändernder Lebensraum. Zwischen zwei Welten – Meer und Sand – erlebt der Wanderer trotz scheinbarer Eintönigkeit spannungsgeladene Kontraste.

Nach etwa 1 Stunde sehen wir den maurischen Küstenwachtposten **Torre Carbonero**. Sein (vergitterter) Eingang ist rückseitig, zehn Meter über dem erosionsgezeichneten Quadersockel. Am oberen Rand sind zwei Kragsteine erhalten sowie der Absatz des Rundgangs. Im Turm brüten Wanderfalken und Seeregenpfeifer.

Nützliche Informationen

Anfahrt: Wie bei El Rocina (Tour 32) über El Rocío. Von Sevilla 94 km, von Huelva (nächster großer Bahnhof) 47 km; von beiden Städten täglich Busverbindungen.
Ausgangsort: *Matalascañas* (20 m), Badeort, gehört zur Stadt Almonte.
Ausgangspunkt: *Gran Hotel del Coto.* Zufahrt in Torre de la Higuera beschildert.
Gehzeiten: Insgesamt etwa 3 Std. Ausgangspunkt – Torre Carbonero: 1 ½ Std. Rückweg: 1 ½ Std.
Unterkunft und Verpflegung: Hotels, Appartements. Für die Wanderung günstig gelegen, weil Ausgangspunkt: *Gran Hotel del Coto,* nahe des Atlantik am Rand des Nationalparks, 466 Zimmer, Klimaanlage, drei Schwimmbäder, ganzjährig; Tel. (955) 440017. Hauptsaison (15. Juli bis 15. September) wesentlich teurer. Am Westrand (Torre de la Higueras) von Matalascañas mehrere Restaurants, Bodegas, Pizzerias.
Hostal Tamarindos.
Vom Gran Hotel del Coto 23 km entfernt, an der Straße Richtung Huelva, der empfehlenswerte *Parador de Mazagón* (Beschreibung siehe Tour 34).
Camping: *Rocío Playa* (3,5 km westlich von Matalascañas, 700 m abseits der Straße 442), schöne Strandlage, auch Bungalows, Supermarkt; Tel. (955) 430238. Dem Anschein nach weniger gediegen: *Doñana Playa* (19 km westlich von Matalascañas), im Wald, 5 Minuten zum Strand, auch Bungalows, Restaurants; Tel. (955) 536281.
Auskunft: Oficina Municipal de Información Turistica, Sector 4, E-21760 Matalascañas; Tel. (955) 430086.
Wanderkarte: Instituto Geográfico Nacional 1:50000. Parque Nacional de Doñana. Erhältlich im Nationalpark-Zentrum (siehe Tour 31).

Ein verträumter Fleck an der Costa de la Luz: Torre del Oro, wahrscheinlich ein ehemaliger Wachturm der Mauren.

34 An der Costa de la Luz

Zweimal Strandwandern

Tourencharakter: Unschwierig. Sollte bei Ebbe (span. *reflujo*) unternommen werden, sonst sehr mühsam (tiefer Sand). Bei Ebbe fester Untergrund nahe am Wasser.
Reine Gehzeit: Parador – Mazagón hin und zurück 3 Stunden. Parador – Torre del Oro 2½ Stunden.
Beste Jahreszeit: Frühling, Frühsommer, Herbst.

Costa de la Luz – Küste des Lichts. Weiträumigste Naturstrände Südeuropas! In schwacher Sichelform dehnen sie sich auf rund 250 Kilometern zwischen Tarifa und Portugal. Mehr als 3000 Stunden im Jahr scheint die Sonne, durchschnittliche Sommertemperatur 25 °C, Wasser zwischen 19 und 20 °C. Noch aussagekräftiger und werbewirksamer für Individualisten: Der größte Teil dieses Ozeansaumes ist unbebaut, frei zugänglich. Im Gegensatz zu Costa del Sol, Costa Brava oder portugiesischer Algarve hat hier – mit Ausnahme von Matalascañas – die pauschal verschickte Masse noch nicht Fuß gefaßt, einfach weil es an Highlife und Animation mangelt. Mein Lieblingsstreifen ist die mit pitto-

Die Costa de la Luz – Küste des Lichts – wird bei Mazagón von zerfurchten Sandsteinklippen gebildet.

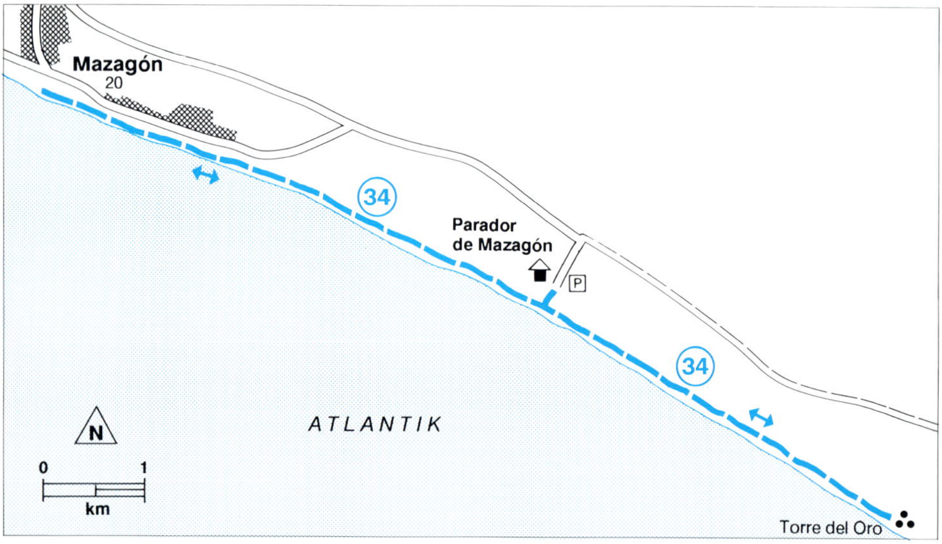

resken, abstrakt geformten Bastionen aus gepreßtem Sand bewehrte Küste südöstlich von Huelva, dessen Petrochemie zwar bei Westwind übelriechenden Gestank verbreitet, doch kommt der Wind meist vom Atlantik her und vertreibt den bleigrauen Staubdunst ins Land. Folge: blitzblank gewaschener Himmel und tiefblaue, lichte Unendlichkeit des Meeres.

Ich bin morgens an der Küste gelaufen, habe in Mazagón gefrühstückt. Abends beim Torre del Oro, auf dem Rückweg, blickt man dann in die sinkende Sonnenglut und taucht in die Dunkelheit ein. Tagsüber irgendwo im Schatten, unter einer Schirmpinie auf weichem, warmtrockenem Waldboden. Freiheit zum Träumen – Zeit zum Vergessen – Raum zum Denken.

Der Wegverlauf nach Mazagón

Links vom **Parador de Mazagón** durch einen breiten, von Sandsteinklippen begrenzten Hohlweg hinunter zum Strand. Nun rechts halten, nordwestwärts in 1 Stunde zu den ersten Häusern von **Mazagón** und weiter bis vor die Mole bzw. den Hafen.

Der Wegverlauf zum Torre del Oro

An den Strand. Dort links, zur Ruine des **Torre del Oro**. Am Hang eine kleine, während der Ferienzeit geöffnete Bar mit schöner Terrasse.

Nützliche Informationen

Anfahrt: Küstenstraße zwischen Huelva (25 km, nächster Bahnhof) und Matalascañas (23 km). Von Sevilla 116 km. Busverbindungen; Bedarfshaltestelle beim Parador.
Ausgangspunkt: *Parador de Mazagón* (20 m). Auf dem Rastplatz (Wasser) Caravaning erlaubt.
Parken: Am Rastplatz südseitig der Küstenstraße.
Gehzeiten: Insgesamt 5½ Std. Parador – Mazagón einfach: 1½ Std. Parador – Torre del Oro einfach: 1¼ Std.
Unterkunft und Verpflegung: Am Ausgangspunkt: *Parador de Mazagón*, Vier-Sterne-Hotel in herrlicher Küstenlage, Schwimmbad, große Liegewiese, ganzjährig; Tel. (955) 536228. Fahrrad-Verleih. – In *Mazagón* (6 km) Restaurants; billigere Speisen als im Parador!
Camping: Plätze an der Straße nach Matalascañas (siehe Tour 33) sowie Richtung Huelva.
Auskunft: Oficina de Turismo, E-21130 Mazagón; Tel. (955) 376044.
Wanderkarte: Mapa Topográfico Nacional de España 1:50000, Blatt 1017 (El Abalario). Ausgabe 1973.

35 Andalusiens Hauptstadt: Sevilla

Das Tor zur Neuen Welt

Stadtrundgang: Reales Alcázares – Kathedrale – Guadalquivir.
Reine Gehzeit: Mit Besichtigungen ein Tag.
Beste Jahreszeit: Frühling, Herbst; im Hochsommer bis 45 °C. In der Karwoche (Semana Santa) Zimmer wenigstens vier Wochen vorher reservieren; bis 100 Prozent teurer als sonst.

Detailbetrachtungen erfordern spezielles Schrifttum mit Grundrissen, zum Beispiel Reclams Kunstführer.

»Es gibt keine Stadt mit gelösterer Zunge; denn an anderen Orten sprechen gewöhnlich nur die Menschen, dort spricht alles, das schattige Sträßchen und das sonnige Plätzchen, der Fetzen Himmel und der Turm, der hineinragt, der Backstein der Mauer und die Blume auf dem Balkon. Von überall her kommen Stimmen, Gesten, Augenzwinkern.«

Der spanische Literat und Soziologe José Ortega y Gasset (1883–1956) sah darin die Philosophie Sevillas. »Sephala« – Niederung – hieß die phönizische Siedlung, »Colonia Iulia Romula« das unter Caesar befestigte Municipium der Römer, die den Karthagern ab 206 v. Chr. am Guadalquivir folgten und dem Gemeinwesen die erste herausragende Epoche bescherten. Das nahe Italica, wo 8000 Menschen lebten, schenkte dem Imperium zwei maßgebliche Kaiser: Hadrian und Trajan, möglicherweise auch Theodosius. Im Jahre 712 nahmen Truppen des Gouverneurs von Tunis kampflos den westgotischen Bischofssitz und gaben ihm den Namen »Ishbiliya« (ausgedehnte Stadt), aus dem später »Sevilla« wurde. Allahs Kinder lenkten die Geschicke Sevillas über ein halbes Jahrtausend, zunächst als Rivalin des Kalifensitzes Córdoba, nach seinem Untergang während der ersten Hälfte des 11. Jahrhunderts als selbständiges Königreich diverser, aus Afrika eingefallener Dynastien.

Den Anstoß für die dritte wirtschaftliche und kulturelle Blütezeit gab 1248 die christliche Rückeroberung durch König Ferdinand III. von Kastilien. Das eigentliche Goldene Zeitalter – »Era de Oro« – läutete 1492 die Entdeckung Amerikas durch Kolumbus ein. Kastilien-Aragón, das die Expedition ideell und finanziell gefördert hatte, riß das Handelsmonopol mit den »westindischen« Besitzungen an sich. Sevilla löste Barcelona als erstrangigen maritimen Warenumschlagplatz ab. Edelmetalle und Perlen füllten die Bäuche der Segler aus den Kolonien. Zwischen 1503 und 1560 löschten die Hafenarbeiter 16000 Tonnen Silber. Am 22. März 1595, listet eine Statistik auf, zogen Ochsen 332 Karren geraubter Schätze zur »Contratación« in den Reales Alcázares, wenige Wochen später 103 Karren, am 23. Mai von Lissabon 583 Fuhren. »Es war ein sehenswertes Schauspiel«, notierte ein Augenzeuge, »sechs Tage lang strömten die Ladungen des Admiralschiffes ununterbrochen durch die Puerta de Triana...« Dem kleinen Mann am Fluß blieb nur Staunen und Schuften fürs tägliche Brot, während das Königshaus, inländische Kaufleute, Ausländer durch Einheirat oder, wie die Augsburger Fugger und Welser mit Strohmännern, neben Agenten, Reedern und Bankiers astronomische Gewinne machten, letztendlich auch die Kirche.

Sevilla – Bühne des Welttheaters! Marineschule und Universität seit 1502. Die drittgrößte abendländische Stadt zählte am Siedepunkt der Expansion 150000 Einwohner, das Doppelte von Madrid. Den Lebensryhthmus regelte Ende Mai/Anfang Juni und im September das Auslaufen, im Folgejahr das Ankern der Amerika-Flotte, üblicherweise mehrere Dutzend Schiffe, Handelsfahrer im Geleit von armierten Galeonen. Überdies schwammen auf den dreißig Seemeilen des Guadalquivir zwischen Atlantik und Sevilla alljährlich Hunderte von Frachtseglern aus Skandinavien, den Hansestädten, Holland, Schottland, Frankreich und Italien. Die Mole glich einem Wald aus Schiffsmasten. Da die Stadt nicht ausreichend Magazine besaß, stapelte man die Waren am linken Ufer auf dem Arenal. »Eldorado« lockte massenhaft »picaros« – Gauner, Spieler, leichte Mädchen und Zuhälter, Mörder. Das Gefängnis platzte aus allen Nähten. Korruption in Amtsstuben und Behörden. Ein Domherr wetterte: »Hier be-

straft man nur den, der nichts im Rücken hat...« »Sevilla versinkt«, so ein Dokument von 1598, »in Bergen von Müll und Schmutz, die sich auf allen Plätzen und Straßen häufen...«. Gute, alte Zeit!

Rund 220 Jahre lang bildete Sevilla das Tor zur Neuen Welt. Den Niedergang verursachte die Pestepidemie 1649. Ihr fiel ein Drittel der Bevölkerung zum Opfer. Ausgerechnet in jener Zeit erstrahlte eine Kunstepoche ohnegleichen: »Siglo de Oro«, das goldene Jahrhundert der Malerei und Skulptur in naturalistischer Darstellung von religiösen und profanen Themen. Betrachten wir nur die Werke von Velázquez (1599–1660), Murillo (1618–1682), Valdés Leal (1622–1690).

Unterdessen gingen koloniale Privilegien verloren. Der Flottenstützpunkt mußte 1680, die »Casa de Contratación« (staatliche Handels- und Finanzkammer überseeischer Gebiete) 1717 nach Cádiz verlegt werden, weil große Seeschiffe den Guadalquivir nicht mehr befahren konnten. Zu allem Überfluß auch noch das schwere Erdbeben an Allerheiligen 1755.

Ab dem späten 18. Jahrhundert entwickelte sich zögernd neues Wachstum. Mit der Fabrica de Tabacos (11, heute Universität), einer Kulisse zu »Carmen«, entstand nicht nur das zweitgrößte Bauwerk (250×180 Meter) Spaniens nach dem Escorial, sondern eine der größten Fabrikanlagen des Kontinents. Den Rohstoff brachten Schiffe von Kuba auf dem nun regulierten Fluß in den einzigen Binnenhafen des Landes. Trotz des endgültigen Verlustes aller Kolonien 1898 züngelte das Flämmchen Hoffnung im Armenhaus Europas, rang nach Sauerstoff im Spanischen Bürgerkrieg 1936 bis 1939, den die Stadt als solche unbeschädigt überstand. Unter der reaktionären, die urbane Entwicklung hemmenden Franco-Diktatur darbte sie jedoch. Erst die neunziger Jahre brachten die vierte Blüte hervor, schließlich einen Rausch des

Der 93 Meter hohe Glockenturm (»Giralda«) der Kathedrale Santa Maria in Sevilla besteht im Unterbau aus dem Minarett der früheren Moschee. Auf dem Grundriß des islamischen Gotteshauses entstand von 1402 bis 1506 die fünftgrößte Kathedrale der Christenheit.

Aufbruchs, dank starker EG-Finanzspritzen.

Dem »Sündenfall« Weltausstellung (EXPO 1992) auf 215000 Quadratmetern auf der Isla de la Cartuja haben manipulierte Volksmeinung und sogenanntes Fortschrittsdenken der »clase politica« populistisch die Absolution erteilt – ohne an jene zu denken, die der Glitzer noch stärker in den sozialen Strudel zog, alleine infolge explodierender Mieten und Lebenshaltungskosten. Dabei hätten strukturschwache Gebiete die enormen Investitionen für die EXPO (8 Milliarden Mark), auf welche die Rivalin Chicago aus Kostengründen verzichtet hatte, dringender benötigt. Verdrängt, vergessen! Schießlich sind vorübergehend 200000 Arbeitsplätze entstanden, für 13 Milliarden schnelle Ein- und Ausfallstraßen zum futuristischen Spektakel, der Hochgeschwindigkeitszug nach Madrid, ein Zentralbahnhof, Brücken. Das Ausstellungsgelände soll ein »Silicon Valley« Andalusiens werden: Forschungs- und Entwicklungsstätte der Mikroelektronik und Biotechnik. Erneut Tor zur Welt? In die High-Tech-Welt des dritten Jahrtausends? Zumindest hofft dies Bürgermeister Alejandro Rojas Marcos und träumt die Vision vom 16. Jahrhundert.

»Quién no ha visto Sevilla, no ha visto nada!« Wer Sevilla nicht gesehen hat, hat nichts gesehen«, heißt ein Sprichwort, dessen sich auch Granada gerne bedient. Wem gebührt nun der Titel, Schönste zu sein? Nach meinem Empfinden offenbart sich Sevilla lockerer als Granada oder Córdoba: eleganter, musischer, lebensfroher. Es diente als Stofflieferant für Opern und Novellen: »Carmen«, Symbol weiblicher Sinnlichkeit, »Don Juan« im Spiegel männlicher Begierde. Ausgedehnte Parkanlagen als Grüne Lungen. Grünste Stadt Andalusiens. Viertgrößte Spaniens nach Madrid, Barcelona, Valencia. Und wenn der deutsche Kulturhistoriker Werner Maier-Graefe meint, »Sevilla ist die Stadt der Gitter«, so sehe ich das Gitter als starre Transparenz, die zwar Durchblicke gewährt, jedoch die Welt dahinter dem Fremden entrückt. »Tascas«, »tabernas« und »bodegas« bringen lediglich momentane Vertrautheit. »Semana Santa« sowie »Corrida de Toros« oder auf dem Teller »Yemas de San Leandro« (gezuckerte Eidotter) verschärfen

Eines der Wahrzeichen Sevillas ist der Torre del Oro unmittelbar am Guadalquivir. Einst war er ein Eckpfeiler der um 1220 erweiterten Stadtmauer.

die Konturen des »Gitters«, durch das die Menschen nördlich der Pyrenäen fassungslos starren, wiederkommen und dabei vielleicht ein bißchen mehr erfahren.

Stadtrundgang

Sevilla erspart dem Besucher die Entscheidung des ersten Schrittes, denn die Hauptsehenswürdigkeiten füllen gebündelt das Zentrum: Kathedrale und Reales Alcázares, die königlichen Palastbauten. Jede für sich allein nimmt bei gründlicher Hingabe mehrere Stunden in Anspruch. Zu einem Spaziergang animiert die *Plaza de España* (12), entstanden als Ausdruck verklungener Weltmacht für die Ibero-Amerika-Ausstellung im Jahre 1929. Sie endete mit einer solchen Pleite, daß die Stadt noch in den sechziger Jahren Schulden abtragen mußte. Schlendert man anschließend durch den von einem Franzosen gestalteten *Parque de Maria Luisa* (13) an den Guadalquivir, dessen Ufer der originelle Torre del Oro bewacht, wirft einen Blick in die traditionsbeladene Arena, macht den Abstecher zum Pilatus-Haus, streift abends durch das Labyrinth des Barrio de Santa Cruz, einen Teil des ehemaligen Judenviertels, wo in der Calle Santa Teresa Nummer 8 das Sterbehaus des Malers Bartolomé Esteban Murillo steht, oder wechselt ans andere Ufer zum unverfälschten Barrio Triana, in dem Alteingesessene die »alma« Sevillas suchen, die Seele der Stadt, reicht ein Tag gerade aus.

Bei den Musentempeln gebührt dem Museo de Bellas Artes die Krone, denn das Museum der Schönen Künste besitzt neben dem Prado in Madrid landesweit die exquisiteste Kunstsammlung.

Außerhalb der Stadt schlummern die Ruinen der für Spanien einzigartig gut erhaltenen römischen Veteranenstadt Italica.

Reales Alcázares (1)
Es wird angenommen, daß dort bereits die Römer einen Palast hatten. Den wehrhaften maurischen Alcázar gab der Emir von Córdoba, Abd ar-Rahmân II., nach der Plünderung durch die Normannen 844 als Sitz des Statthalters in Auftrag. Zerstörungen, Neubauten, Eingriffe und »Verschönerungen« aus Anlaß der EXPO schmälern die Großartigkeit des Kleinodes nicht. Die orientalisch-arabischen Elemente der königlichen Palastbauten sind wohl vorwiegend Werke islamischer Handwerker, erfolgten jedoch, im Gegensatz zur Alhambra von Granada, unter christlicher Herrschaft in der Tradition maurisch-islamischer Kunst, weshalb vom Mudejarstil gesprochen wird. Besuchszeiten Di.–Sa. 10.30–17 Uhr, Sonn- und Feiertage 10–13

Uhr. Zugang von der *Plaza del Triunfo* durch die *Puerta del León.*

Ferdinand III., Monarch der vereinten Königreiche Kastilien und León, erkor nach der Eroberung Sevillas 1248 den Alcázar zur Residenz, ebenso sein Sohn Alfonso X. (1252–1282), genannt »der Weise«, dem Sevilla das erste Schiffszeughaus Spaniens verdankt. Alfonso XI. ließ während der ersten Hälfte des 14. Jahrhunderts die *Sala de la Justicia* errichten (links vom Eingang, nicht zugänglich). Sein Sohn Pedro I. sorgte ab 1364 für den neuen Palast. Pedro hatte 1350 als Sechzehnjähriger den Thron geerbt und behauptete ihn, zeitweise in bürgerkriegsähnlichen Wirren, bis 1369 gegen fünf Halbbrüder aus der väterlichen Liaison mit Leonor de Guzmán, die er ermorden ließ. Unter dem Beinamen »El Cruel« (der Grausame) gelangte der Despot zu schrecklicher Berühmtheit. Seine erste Ehe mit Blanche von Bourbon währte gerade drei Tage, dann verbannte er die Gedemütigte, ließ sie später durch einen Bogenschützen umbringen und nahm eine Mätresse: Maria de Padilla. Schon die Hälfte all seiner Verbrechen rechtfertigt »El Cruel«. Er starb, wie könnte es anders sein, durch Gewalt, erdolcht von seinem Halbbruder

Heinrich, dem Begründer der danach das Zepter schwingenden Dynastie Trastamara.

Durch Arkadenbögen in den *Patio del León.* Rechts die *Cuartos del Almirante,* ehemals Sitz der von Königin Isabella 1502 eingerichteten »Casa de Contratación«. Die Stirnseite des Löwenhofs, der keinem Vergleich standhält mit dem der Alhambra, bildet die wunderbare Fassade des eigentlichen *Palacio del Rey Pedro.* Sein Obergeschoß ist seit 1975 wieder dem Königshaus vorbehalten. Der heutige Eingang entstand erst während der Restaurierung 1856/57. Rechts durch die gangartige Vorhalle, den »pasillo«, in den *Patio de las Muñecas* (Puppenhof), um den sich der private Palastbereich gruppiert. Links ein Gemach der Maria de Padilla. Ihm folgt der quadratische (9,80×9,80 Meter) *Salón de Embajadores* (Gesandtensaal): prachtvollster Raum, großartigster Spaniens im Mudejarstil. Mosaikfliesen, kufische Lettern, quellender ornamentaler, bemalter und vergoldeter filigraner Stuckdekor, Hufeisenbögen. Die Lärchenholzkuppel stammt von 1427; Balkone und Königsstatuen aus dem 16. Jahrhundert.

Rechts öffnet sich der *Salón del Techo de Felipe II* mit einer Kassettendecke aus der Zeit König Philipps II. (1556–1598), der dort zu speisen pflegte.

Links der rechteckige, arkadengesäumte *Patio de las Doncellas* (Jungfrauenhof): Zentrum des Palastes.

Hinter dem außerhalb des Palastes gelegenen, vom 18. Jahrhundert geprägten *Patio del Crucero* besuchen wir den sogenannten »Palacio de Carlos V«, offiziell **Palacio Gótico**. Den barock umgestalteten *Salon de Tapices* schmücken zwölf kostbare Gobelins – Kaiser Karls V. Belagerung und Eroberung von Tunis 1535 verherrlichend – aus dem Jahre 1740, hergestellt von der Königlichen Manufaktur Madrid. Vermutlich in der *Sala Grande,* jedenfalls in diesem Komplex, schlossen 1526 Kaiser Karl V. (in der spanischen Thronfolge Carlos I) und die dreiundzwanzigjährige Isabella von Portugal die Ehe, zwecks iberischer Union (die aber nicht zustande kam). Isabella, von ihrem Gemahl sehr geachtet und verehrt, starb 1539 bei der Geburt des siebten Kindes in Toledo.

Abschließend die **Alcázar-Gärten**, von denen ein venezianischer Diplomat vor 500 Jahren schwärmte, es sei »der ruhevollste Fleck Spaniens« – als es noch keinen Massentourismus gab! Blühendes Buschwerk, Myrten, Palmen, Zedern, Zypressen, Orangenbäume und Wasserbecken erinnern an arabische Lustgärten. Dem maurischen Dichter und König Sevillas, Al Mutamid ibn-Abbad, setzte die Kommune 1991 einen Gedenkstein. Abseits der Hauptwege bieten steinerne Bänke schattige Ruhezonen. Unter dem Königspalast das restaurierte *Bad* aus dem 13. Jahrhundert: »Baños de Doña Maria de Padilla«. Der von Säulenarkaden gestützte *»Papellón de Carlos V«* entstand 1543.

Die Gesamtanlage entläßt uns durch den *Apeadero,* die unter König Philipp V. (1701–1724) erbaute Remise. Es umfängt uns wieder die *Plaza del Triunfo*: Triumph der Gottesmutter Maria in Form eines Säulendenkmals, 1757 errichtet in memoriam an das Erdbeben am 1. November 1755.

Catedral Santa Maria (2)

»Laßt uns eine Kathedrale bauen, so herrlich und so groß, daß alle, die sie erblicken, uns für Wahnsinnige halten«, legt die Überlieferung dem Domkapitel in den Mund. Es sei aber so nicht formuliert worden anno 1401. Den Herren schwebte schlicht eine Kirche vor, »der keine andere gleichkommt«. Ihr Wunsch ging im Laufe von 104 Jahren in Erfüllung (Bauzeit 1402–1506). Mit 116 Meter Länge, 76 Meter Breite und 65 Meter Höhe ist die Kathedrale Santa Maria die fünftgrößte Kirche der Christenheit, das gewaltigste gotische Bauwerk der ganzen Welt, allerdings von verhältnismäßig plumper Statur. Und hier die Superlative: Neun Portale, 74 Fenster, 68 Gewölbe auf 40 Bündelpfeilern, 54 Kapellen, fünf Schiffe.

Monumentales Gotteslob offenbarte bereits die 1182 geschaffene Freitagsmoschee, auf welcher die katholische Kirche entstand. Der Moschee-Vorhof heißt heute Patio de los Naranjos (Orangenhof). Das Minarett ist ein Hauptbestandteil der 93,90 Meter hohen »Giralda«: Kennzeichen der Stadt und merkwürdigster Campanile weltweit. Das dem Minarett aufgepfropfte Glockengeschoß für 24 Glocken erwuchs ab 1560 in acht Jahren. Den Turm krönt die 4 Meter hohe, 25 Zent-

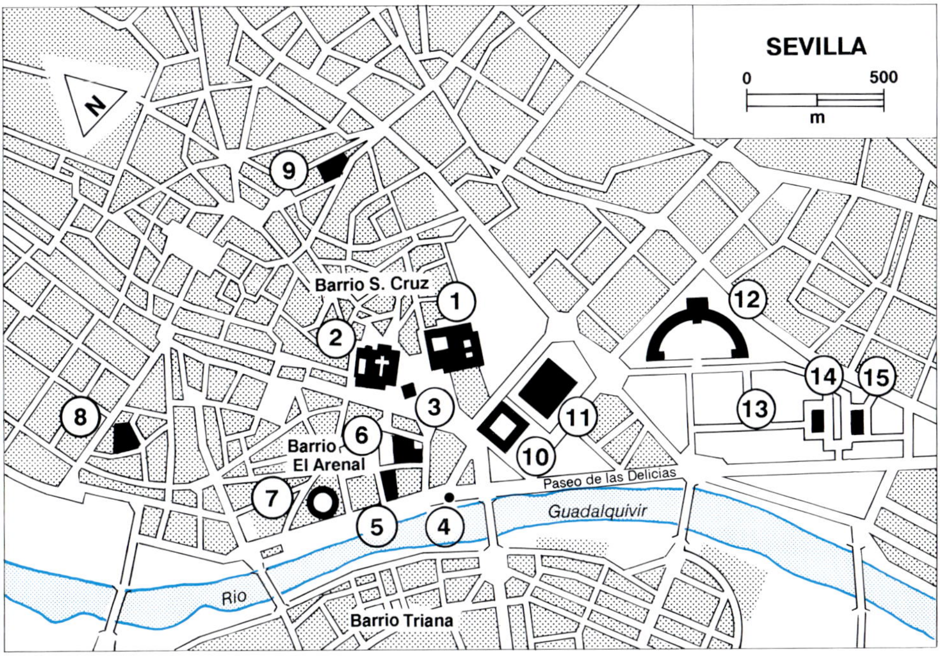

Stadtplan von Sevilla:
① Reales Alcázares, ② Kathedrale, ③ Archivo de las Indas, ④ Torre del Oro, ⑤ Teatro de la Maestranza, ⑥ Hospital de la Santa Caridad, ⑦ Arena, ⑧ Museo de Bellas Artes, ⑨ Casa de Pilatos, ⑩ Hotel Alfonso XIII, ⑪ Fábrica de Tabacos (Universität), ⑫ Plaza de España, ⑬ Parque de Maria Luisa, ⑭ Heimatmuseum, ⑮ Archäologisches Museum.

ner schwere Bronzestatue der »Fides« (Glaube). Ihre Standarte dient als Wetterfahne (span. *giralda*), die sich auch bei schwächster Brise dreht. Ungewöhnlich der Zugang auf die Plattform in 70 Meter Höhe: 35 stufenlose Rampen, die dem arabischen Architekten halfen, das Mauerwerk ohne Gerüst und Kräne hochzuziehen. Ferdinand III. benutzte die Konstruktion nach der Einnahme Sevillas als »Reiterstiege«, ähnlich der im alten Palas des Prager Hradschin.

Besucherpforte der Kirche an der Südseite, links neben der grandiosen *Puerta de Lonja*; täglich 10.30–13 Uhr, 16.30–18.30 Uhr. Das Billett gilt auch für die »Giralda«.

Zunächst »begegnet« uns im Innern der 1506 in Valladolid im Alter von 55 Jahren verstorbene Kolumbus, das heißt sein achtunggebietendes, 1902 gefertigtes Grabmonument, der Marmorsarkophag geschultert von vier überlebensgroßen Herolden als Symbole der seinerzeit herrschenden Königreiche Kastilien, León, Navarra, Aragón. Nach einer Odyssee vom Kartäuserkloster auf der Isla de la Cartuja über Haiti und Havanna landeten die Gebeine des Entdeckers 1898 wieder in Sevilla; ihre Echtheit darf bezweifelt werden! Der jüngere Kolumbus-Sohn Hernando (gest. 1539), Stifter der Biblioteca Colombina (3000 Bände) am Patio de los Naranjos, ruht im zweiten Mittelschiff, vor der Puerta Mayor.

Das Mittelschiff schließt die Augenweiden der Kirche ein. Den spätgotischen Chor, sein geschnitztes, intarsienverziertes Gestühl: 117 Sitze samt 216 Figuren, vollendet 1478. Kunstvollstes in Andalusien! Bewundern Sie außerdem an der rechten vorderen Seitenkapelle auf dem Altar die Skulptur »Immaculada« (1606). Sie wird wegen ihrer niedergeschlagenen Augen im Volksmund »cieguecita«, »kleine Blinde« genannt. Von rechts betrachtet scheint die »Unbefleckte« zu lächeln! Ein Meisterwerk von Juan Martinez

Montañés (1568–1649), Lehrer des Alonso Cano in der Kathedrale zu Granada.

Capilla Mayor, die Kapelle des Hochaltares. Er gilt als einer der größten (23×20 Meter) der Christenheit, ausgeführt im Laufe von achtzig Jahren (ab 1482) von verschiedenen Holzbildhauern. Seine Dimensionen sprengen das Vorstellungsvermögen: 45 Kassettenfelder mit mehr als tausend Figuren. Dargestellt sind nach dem Entwurf des Flamen P. Dancart 45 Szenen aus dem Leben Jesu und Marias, nach oben hin größer werdend, der Optik wegen. Den Abschluß bilden die zwölf Apostel. Der englische Reisende Morton meinte: »Der retablo des Hochaltares zeigt die gesamte Einwohnerschaft einer mittelgroßen gotischen Stadt.« Besonders plastisch wirkt die Beleuchtung am frühen Nachmittag! Komponente des goldenen Tabernakels (1596) ist die sitzende »Virgen de la Sede« mit dem Kind auf dem Schoß, geschnitzt um 1260 aus Zypressenholz.

Capilla Real, die Königliche Kapelle, 1551 bis 1575 am Kopfende des Mittelschiffs integriert, im Stil der Renaissance. In dem aus Silber und Bronze 1729 getriebenen Schrein vor dem Altar liegt König Ferdinand III., »der Heilige«, laut Aberglaube völlig unverwest. Das Grabmal seiner ersten Gemahlin, Beatrix von Schwaben, befindet sich an der rechten Seitenwand, gegenüber ihr Sohn Alfonso X. Im Hochaltar wird die romanische »Virgen de los Reyes«, Schutzpatronin Sevillas, verehrt. Ihr Festtag ist der 15. August. Peter der Grausame und Maria de Padilla sind in der Krypta, in die links vom Altar Stufen führen, neben drei Königskindern bestattet.

An den Rio Guadalquivir

Von der Kathedrale sind es, durch das Altstadtviertel El Arenal, einstmals Königliche Schiffswerft, gut 5 Minuten an das Ufer des Guadalquivir, des Schicksalflusses von Sevilla. Oberhalb des Puente de San Telmo reckt sich in ausgewogenen Proportionen unübersehbar der stämmige **Torre del Oro** (4), neben der »Giralda« das zweite städtische Wahrzeichen. Es handelt sich um einen ursprünglich mit vergoldeten »azulejos« (glasierte Kacheln) ummantelten Eckpfeiler der 1220 unter dem Gouverneur Abu al-Ulah erweiterten Stadtmauer. Eine Kette versperrte hier den Fluß. Der Turmkörper ist maurisch, die »Laterne« wurde 1760 aufgesetzt. Besichtigung des Seefahrtmuseums Di.–Fr. 10–14 Uhr, Sa./So. 10–13 Uhr.

Lautsprecher offerieren marktschreierisch *Hafenrundfahrten.* Am verkehrsreichen Paseo de Cristóbal Colón wurde 1992 das **Teatro de la Maestranza** (5), Konzertsaal und Opernhaus, im Rahmen eines Liederabends mit Luciano Pavarotti seiner Bestimmung übergeben. Dahinter befindet sich in der Kapelle des 1664 gegründeten **Hospital de la Santa Caridad** (6), heute Altenheim, eine feine Gemälde- (u. a. Murillo, Valdés Leal, Zurbarán) und Skulpturensammlung (u. a. Montañés); Di.–Sa. 10–13 Uhr, 16–19 Uhr, So. 10.30–12.30 Uhr. Und noch ein Stückchen flußaufwärts steht die barocke, 1760 eröffnete **Arena** (7): Plaza de Toros, Stätte des tödlichen Schauspiels zwischen Mensch und Kreatur. Fassungsvermögen: 14000. Jeder der Großen hat dort schon gekämpft, auch die Heimischen, angefangen von Joaquin Rodriguez – »Costillares« – und José Delgado – »Pepe Hillo« – Ende des 18. Jahrhunderts über Francisco Rivera, genannt »Paquito«, den 1984 ein Horn durchbohrte, bis zum Star unserer Tage: Juan Antonio Ruiz Román, genannt »Espartaco«, aus Espartinas westlich von Sevilla. Arena und Museum können besichtigt werden; März bis Oktober Mo.–Sa. 10–14 Uhr, letzter Eintritt 13.30 Uhr.

Neben der Arena, im **Patio Sevillano**, einem der gelobtesten »tablaos«, finden täglich zwischen 21.30 Uhr und 2 Uhr Flamenco-Vorführungen statt. Und auf der anderen Straßenseite träumt unter Bäumen die populärste und betörendste Tänzerin und Verführerin Andalusiens: Carmen, aus Stein gemeißelt und trotzdem Phantasien schürend – wie ganz Sevilla.

Nützliche Informationen

Anfahrt: Auf Nationalstraßen, Schnellstraßen und Autobahn von Cádiz 117 km, von Córdoba 143 km, von Málaga 217 km, von Valencia 682 km. Hochgeschwindigkeitszug in knapp 3 Std. von Madrid zum Zentralbahnhof (Estación de Santa Justa). Drei Busbahnhöfe. Flughafen (12 km).
Ausgangsort: *Sevilla* (12 m), 653000 Ein-

wohner. Verwaltungs- und Wirtschaftszentrum sowie Regierungssitz der Region Andalusien. Universität, Bischofssitz. Geburtsstadt des sozialistischen Ministerpräsidenten Felipe González.

Parken: Im Zentrum sehr schwierig, wochentags schier unmöglich. Tiefgarage am Puente Isabel II. Stets freie Plätze auf dem EXPO-Gelände (zu Fuß 35 Minuten ins Zentrum).

Unterkunft: Verhältnismäßig teuer für Andalusien, teilweise keine Parkmöglichkeit vor den Hotels. Erste Adresse: *Hotel Alfonso XIII* (10), Zentrum, riesengroß und entsprechend unpersönlich, traditionsbeladen in altmodischem Prunk, entstanden zur Ibero-Amerika-Ausstellung 1929, hoteleigener, gebührenpflichtiger (!) Parkplatz; DZ 800 Mark; Tel. 4 22 28 50. Preiswerter (DZ 200 Mark): *Hotel Murillo* (Calle Lopede Rueda 2, Barrio de Santa Cruz); Tel. 4 21 60 95. Annähernd gleicher Preis und ebenfalls im Barrio de Santa Cruz (Calle Santa Teresa 15): *Hostal Toledo*; Tel. 4 21 53 35. Einfach (ohne Dusche), aber sauber und zentral: *Hostal Arenal* (Calle Pastor y Landero), 90 Mark; Tel. 4 22 61 77. Außerhalb (ca. 20 km westlich an der Autovia nach Huelva) das herrliche, arabisch gestaltete Vier-Sterne-Hotel *Andalusi Park*, das

Im arabisch geprägten Alcázar von Sevilla ließ Peter der Grausame ab 1364 einen neuen Palast von maurischen Handwerkern errichten: Der Patio de las Doncellas (Jungfrauenhof) wird von Doppelsäulen eingefaßt, die Fächerbögen und rautenförmig dekorierte Oberwände tragen.

der Autor in jeder Hinsicht besser fand als das »Alfonso«. DZ 210 Mark, kostenloser hoteleigener Bustransfer nach Sevilla; Tel. 5705499.

Verpflegung: Im Barrio de Santa Cruz östlich der Kathedrale mehrere Restaurants und Pizzerias, allesamt verhältnismäßig teuer. *El Rincón de Curro* (Virgen de Lujan 45) zählt zu den 100 besten Restaurants Spaniens. Preis (Menü etwa 90 Mark) und Leistung (andalusische Küche nach Marktangebot) stimmen im *La Albahaca* (Plaza Santa Cruz 12), einem ehemaligen Herrenhaus; Sonntag geschlossen. Gartenlokal *Corral del Agua* (Callejon Agua 6), kleine Portionen, aber hübsches Ambiente. In diesem von Touristen stark frequentierten Viertel sind »Laurel« und »Casa Roman« (Calle Jamerdana), letztere auf »jamón« spezialisiert, namhafte Tapas-Bars. Auch tagsüber viel besucht: *Bodega Santa Cruz* (Calle Rodrigo Caro). Andere: *La Gitanella* (Calle Mesón del Moro). *Café-Bar Las Teresas* (Calle Santa Teresa).
Südwestlich der Kathedrale, in dem von Touristen weniger beachteten Viertel El Arenal: seit 150 Jahren *Bodega Morales* (Calle Garcia Vinuesa), ähnlich *Bodega Diaz Salazar* mit sieben verschiedenen Faßweinen. Hausnummer 20: *Freiduria Arenal* (fritierte Fische). Unweit davon *Rincón Gallego del Pulpo* (Spezialität Tintenfische, galizischer Wein) und *Bodeguita Ramón* (u. a. tapas). Hübsch, originell ausgestattet: *Mesón del Serranito* (Calle Varflora). *Enrique Becerra* (Calle Gamozo), Restaurant und Tapas-Bar. Jenseits des Gualdaquivir bzw. des Puente Isabel II, im Barrio Triana, »tapieren« Kneipenbummler an der Calle San Jacinto.

Jugendherberge: *Alberque Juvenil* (Isaac Peral 2, südlicher Stadtrand, Bus Richtung Dos Hermanas). Mahlzeiten; Tel. 4613150.

Camping: *Vilsom* (südlich von Dos Hermanas, 100 m westlich der Nationalstraße nach Cádiz, bei Kilometer 555, Abzweigung »Isla Menor«), regelmäßig Bus nach Sevilla, Besitzer spricht deutsch; Tel. 4514379. *Sevilla* (nordöstlich in Flughafennähe, 100 m neben der Autovia von Córdoba bei Kilometer 534), auch 16 Bungalows, regelmäßig Busse nach Sevilla. Keine Reservierung möglich!

Andere Sehenswürdigkeiten: • *Casa de Pilatos* (Plaza de Pilatos, nordöstlich des Zentrums, 9), 1519 vollendet durch Fadrique de Ribera, erster Marqués von Tarifa, nach seiner Rückkehr aus Jerusalem. Prototyp des andalusischen Mudejar-Palastes, schönes Beispiel sevillanischer Renaissance. Besichtigung des Erdgeschosses 9–19 Uhr, des Obergeschosses nur, sofern die Besitzer, die Herzöge von Alba, abwesend sind, in Begleitung einer Führerperson Mo.–Fr. 10–13 Uhr, 15–18 Uhr (Eintritt). • *Museo de Bellas Artes* (Plaza del Museo), Di.–So. 10–14 Uhr, Fr. auch 16–19 Uhr (8). • *Museo Arqueológico Provinzial* (Parque Maria Luisa), eines der bestbestückten Spaniens; Di.–So. 10–14 Uhr, Di. und Fr. auch 17–20 Uhr (15).
• *Museo de Artes y Costumbres Populares* (Heimatmuseum, Plaza de América); Di.–So. 10–14 Uhr, 16–19 Uhr, So. bis 14 Uhr (14). • *Archivo de las Indas* (Avenida de la Constitución) in der ehemaligen Casa Lonja (3), entworfen gegen Ende des 16. Jahrhunderts von Juan de Herrera, dem Baumeister des Escorial bei Madrid. Inhaltsreichstes Kolonialarchiv der Welt mit 7000 Landkarten, 90 Millionen Seiten Handschriften. Nicht-Akademiker dürfen nur einen Teil der Innenräume besichtigen. Für die Leseräume muß der Nachweis über den Universitätsabschluß einer geisteswissenschaftlichen Fakultät erbracht werden. Geöffnet Mo.–Sa. 10–13 Uhr. • EXPO-Gelände zugänglich Freitag, Samstag sowie an Sonn- und Feiertagen.

Sehenswürdigkeit außerhalb: • Weitläufige Ruinen der im Jahre 206 v. Chr. gegründeten römischen Stadt *Italica*; u. a. größtes Amphitheater Spaniens. Etwa 10 km nördlich an der Nationalstraße 630 Richtung Mérida. Halbstündige Busverbindungen. Geöffnet Di.–Sa. 9–18.30 Uhr, So. 9–15 Uhr. Mit der Eintrittskarte erhält man ein deutsches Informationsblatt.

Feste: Größtes und volkstümlichstes: *»Feria de abril«*, sechs Tage im Viertel Los Remedios, Beginn an einem Dienstag zwischen 15. und 21. April. Ungefähr 450 »casetas« aus Brettern und Zeltplanen, meist privat, doch werden Stippvisiten Fremder stillschweigend geduldet. Täglich Stierkampf in der Arena.

Auskunft: Oficina Municipal de Turismo, Paseo de las Delicias 9, E-41012 Sevilla; Tel. (95) 4234465.

Radtouren

Radwandern hat in Andalusien keine Tradition und wird bei den Spaniern in absehbarer Zeit auch nicht populär werden. Lediglich der Radrennsport findet Anhänger und Aktive bzw. Freizeitakteure, neuerdings gibt es auch vereinzelt Mountainbiker. Da im deutschsprachigen Schrifttum das Radwandern in Andalusien ganz offensichtlich völlig ignoriert wird, sind in diesem Buch fünf für die jeweiligen Landschaften besonders typische Rundfahrten beschrieben, ausgehend von Bahnhöfen.

Das Fahrrad kann, sofern nicht mit dem eigenen Auto befördert, per Bahn nach Spanien (und zurück) geschickt werden; Aufgabe am besten acht Tage vor dem persönlichen Eintreffen am Zielbahnhof. In Andalusien haben nur wenige Züge einen Packwagen, der es erlaubt, gleichzeitig mit dem Fahrrad zu reisen. Das Fahrrad wird üblicherweise in einem anderen Zug befördert und ist erfahrungsgemäß ein bis zwei Tage später am Bestimmungsort.

Weitere Auskünfte: RENFE, Représentation Génerale pour l'Europe, 3, Avenue Marceau, F-75016 Paris; Tel. (00331) 47236360.

Fahrräder können aber auch im Flugzeug transportiert werden, bei Lufthansa und IBERIA etwa DM 50,–, kostenlos bei LTU.

Einige wichtige Redewendungen im Zusammenhang mit dem Fahrrad finden Sie im Anhang des Buches.

Das Hinterland der Halbinsel Cabo de Trafalgar präsentiert eine für Andalusien wenig typische bäuerliche und unverfälschte Landschaft bar jeglichen Tourismus.

R1 In die Provinz Almería schnuppern

Zwischen Meer und Wüste

Streckencharakter: Ab Almería auf 24 Kilometer anhaltende Steigung. Im weiteren Verlauf fast eben und Gefälle mit einer Unterbrechung bei Mojácar. An der Küste zunächst flach, dann bergig zu den Salinen am Cabo de Gata. Abschließend eben.
In Almería früher Aufbruch wegen starkem Lkw-Verkehr (und Hitze) ratsam, oder Abfahrt an einem Sonntag.
Streckenlänge: 225 Kilometer.
Fahrzeit: Gemütlich, mit Badegelegenheiten: drei Tage.
Beste Jahreszeit: Frühjahr bis Anfang Mai, Herbst ab Ende September.

Die Provinz Almería erstreckt sich im Südosten der Iberischen Halbinsel und ist somit üblicherweise das erste Ziel einer Andalusienreise für Autotouristen. Auf einer Fläche von 8774 Quadratkilometern sind schroffe Gegensätze vereint: Meer, Gebirge, Wüstenzonen. Sie sorgen für permanente Abwechslung in einem Teil Andalusiens, der zwar nicht in aller Munde, jedoch überaus reizvoll ist, und nur zu Fuß oder per Fahrrad intensiv erlebt werden kann.

Streckenbeschreibung

1. Tag: Almería – Mojácar Playa

Am Bahnhof **Almería** in den Kreisverkehr einfädeln, Richtung Granada. Die vielbefahrene *Nationalstraße 340* muß als Pflichtübung akzeptiert werden, um der Hektik Almerías zu entfliehen.

Ständig bergauf. Die Landschaft nimmt

Das »Weiße Gold« Andalusiens häuft sich in den Salinen hinter dem Dünensaum des Cabo de Gata.

Unverbaute Buchten am Cabo de Gata laden den Radfahrer ein zu einem erfrischenden Bad im Mittelmeer.

wüstenähnlichen Charakter an. Es dominieren immer mehr die Farben Braun, Grau, Gelb. Seltene, aber heftige Regengüsse haben die Rambla de Tabernas gegraben, eine Schlucht, die dem Asphaltband den Durchbruch zum Hochplateau ermöglicht.

Endlich, 24 Kilometer nach Almería, halten wir uns an der Gabelung rechts, Richtung Murcia, bleiben zwar auf der »340«, haben aber spürbar weniger Verkehr. Vegetationsarme Sandberge und tiefe, wilde Trockenschluchten bilden das Naturschutzgebiet Desierto de Tabernas, auf das bei Tour 3 eingegangen wird.

Rechts, etwas abseits, taucht das Westernstädtchen **Mini-Hollywood** auf; Eintritt verhältnismäßig teuer. Das dorthin abzweigende Sträßchen ermöglicht eine anstrengende »alpine« Variante über den Kamm (Natursträßchen) der Sierra Alhamilla, vorbei am Colativi (1387 m) nach Turrillas und zur Straße 340; Steigung insgesamt etwa 1000 Höhenmeter.

Linker Hand die schwingenden Rücken

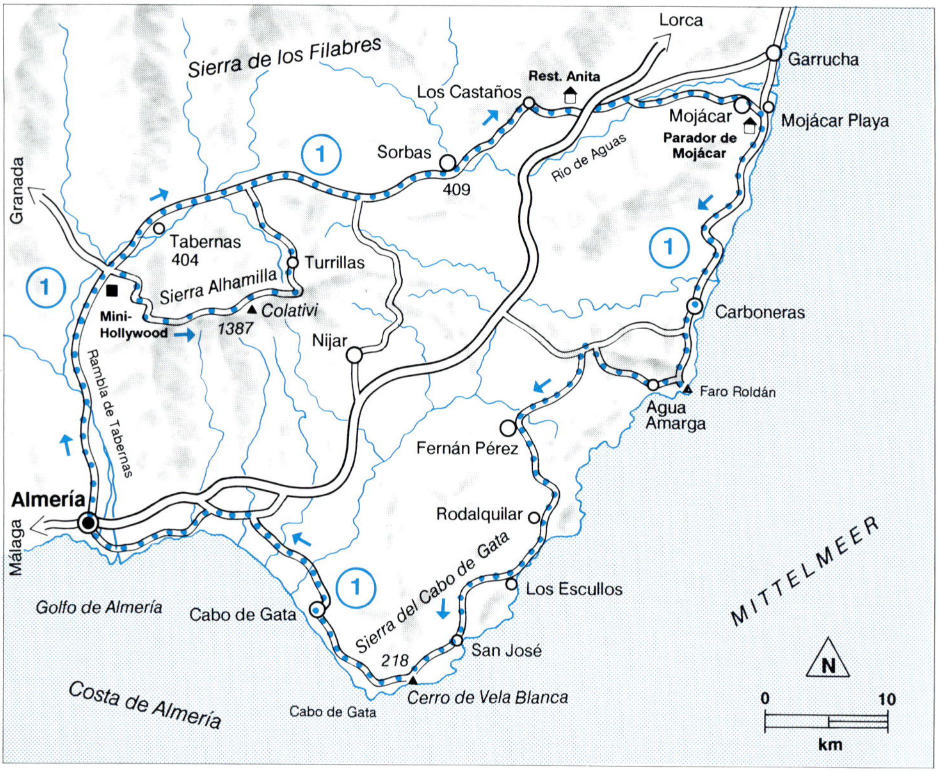

der bis 2168 Meter hohen Sierra de los Filabres. **Tabernas** (404 m), das man rechtshaltend durchfährt oder geradeaus umgeht, wird von einer Araberburg gekrönt. Dort fand 1489 die Übergabe des maurischen Almería an die Katholischen Könige statt.

Sorbas (409 m), maurischen Ursprungs wie die meisten Dörfer der Gegend, pflegt uralte orientalische Töpfertradition. Die Straße senkt sich zu Füßen der »casas colgantes« (hängende Häuser) des Städtchens durch eine Schlucht. Richtung »Vera«, verbunden mit einer längeren Steigung. Der Streuweiler *Los Castaños* bleibt zurück. An der folgenden Abfahrt steht links das *Restaurante Anita*. Danach unter der Autovia hindurch, die *Bar Santana* passieren. Rechts der Schnellstraße weiter. Etwas später rechts durch die Ortschaft *Alfaix*. Kurz danach das Hinweisschild »Mojácar«. Rechts erscheint eine felsige Schlucht, dahinter erhebt sich die Sierra Cabrera. *Turre* (53 m) ist durch Ferienwohnungen gewachsen.

Mojácar (172 m), ein typisches weißes Dorf, tritt ins Blickfeld. Das maurische »Muxacar«, bereits unter den Phöniziern besiedelt, prägte während der römischen Epoche eigene Münzen und kam Ende des 15. Jahrhunderts unter christliche Herrschaft. Steile, schmale Gassen ziehen zwischen blumengeschmückten Wohnkuben empor zu den Ruinen, die das Erdbeben 1518 von der Alcazaba hinterließ. Engländer und Deutsche bilden einen Teil der rund 2000 Einwohner. Abfahrend erreichen wir **Mojácar Playa** bzw. die Meeresküste.

Nützliche Informationen

Ausgangsort: *Almería* (16 m), am Mittelmeer; siehe Tour 1.
Streckenlänge: Insgesamt 90 km. Almería – Mini-Hollywood: 25 km. Mini-Hollywood – Sorbas: 31 km. Sorbas – Mojácar Playa: 34 km.
Zielort: *Mojácar Playa* (20 m), Badeort am Mittelmeer.
Unterkunft und Verpflegung: Hotels, Pen-

sionen. Nobel: *Parador de Mojácar* (gleich nach dem Erreichen der Küstenstraße, rechts), Vier-Sterne-Hotel; Tel. (951) 478250. Nahebei empfehlenswert: *Bar-Restaurante-Pizzeria El Bucanero,* Gartenlokal, billiger als im Parador.

2. Tag: Mojácar Playa – San José

In **Mojácar Playa** auf der Küstenstraße 5 Kilometer parallel zum Meer. Dann landeinwärts. Nach 15 Kilometern bergiger Strecke wird **Carboneras** (18 m) erreicht. Dort nicht rechts Richtung Almería, sondern geradeaus. Links folgt der *Castillo de San Andrés* aus dem 16. Jahrhundert. Jüngeren Datums sind die häßlichen Zementfabriken. Doch dahinter empfängt uns bereits der **Naturpark Cabo de Gata**. Bergan. Links führt ein Stichsträßchen zum Leuchtturm auf der aussichtsreichen *Roldankuppe*. Wir kommen in den kleinen Badeort **Agua Amarga** mit einer schönen Bucht. Erneut landeinwärts, 7 Kilometer bis zur Hauptstraße. Links, nach 2 Kilometern links in die Schotterstraße einbiegen. Bei der Bauernhofruine an der Gabelung rechts halten, vorbei an Kalkhalden nach **Fernán Pérez**. Links.

Kurz nach **Hortichueles** geht es rechts nach **Rodalquilar**, wo einst 1000 Menschen lebten und von 1930 bis in die achtziger Jahre unter der Leitung englischer Ingenieure in den einzigen Goldminen Spaniens arbeiteten. Ihre Entdeckung wird den Phöniziern zugeschrieben. In den verlassenen Anlagen drehte Steven Spielberg den Film »Indiana Jones«. Die Dorfkirche San Ramón dient als Gerümpelraum. Das wird sich ändern, denn die Regierung plant hier ein Freilichtmuseum mit Dokumentationszentrum.

Im weiteren Verlauf bleibt der **Mirador de la Amatista** zurück. Bei **Los Escullos** wacht ein ursprünglich maurisches Fort an der Bucht. Wir wenden uns landwärts, passieren das *Camping Los Escullos* und erreichen die Straße, welche links über *Pozo de los Frailes* nach **San José** führt.

Nützliche Informationen

Ausgangsort: *Mojácar Playa*; siehe Zielort, 1. Tag.
Streckenlänge: Insgesamt 93 km. Mojácar Playa – Carboneras: 20 km. Carboneras – San José: 73 km
Zielort: *San José* (18 m), am Mittelmeer; siehe Radtour 2.

3. Tag: San José – Almería

Von **San José** wie bei Tour 2 beschrieben 8,5 Kilometer, größtenteils auf einer Naturstraße, zum **Cerro de Vela Blanca** (218 m). Anschließend bringt uns ein Teersträßchen hinunter zu den nächsten Traumbuchten an der Küste. Bei der Bar führt links das Stichsträßchen zum **Mirador de las Sirenas** beim Leuchtturm; wunderbare Tiefblicke auf die »arrecife«, phantastische Riffe. Eine luftig aus den Felsen geschlagene Straße leitet zu den **Salinas de Cabo de Gata**. Salzberge türmen sich rechts der Straße. In den winzigen Häuschen leben Salinenarbeiter. Ihre Kirche ist geschlossen. Hier und dort eine Bar, ein Restaurant für die Besucher des kilometerlangen Sandstrandes, der uns nun begleitet bis zum burgähnlichen Torre de Cabo de Gata. Unweit davon arbeitet seit 1994 die erste Meerwasser-Entsalzungsanlage des iberischen Festlandes und liefert täglich 1000 Kubikmeter Trinkwasser, das besser sei als jedes Mineralwasser. Preis: 110 Pesetas pro Kubikmeter. Die Anlage war notwendig geworden, weil das moderne **Cabo de Gata** längst die Grenzen des Fischerdörfchens gesprengt hat, geradezu explodierte durch nur sommers bewohnte »residencias« Wohlhabender aus Almería und der Provinz.

Die Straße führt nahe an die Lagunen heran. Im Juli, August und September stolzieren Flamingos im seichten Wasser; es wurden schon 2400 Tiere gezählt.

Das nächste »Totenstädtchen« heißt *Pujaire,* hervorgegangen aus einem »cortijo« (Bauernhof). Ähnliches gilt für Retanar, das links liegen bleibt.

Schilder erklären präzise die Route nach Almería. Wir fahren auf der Hauptstraße bis zur Linksabzweigung »Alquian«. Dann gelten die Tafeln »Almería por la costa«: entlang der Küste – rechts der Flughafen – durch unschöne Vororte in die »ciudad« **Almería**.

Nützliche Informationen

Streckenlänge: 42 km.

R2 Europas größte Herausforderung

Von Granada über die Sierra Nevada

Streckencharakter: Von Granada zum Pico Veleta 50 Kilometer bzw. 2700 Meter Höhenunterschied. Danach Gefälle mit geringen Gegensteigungen am Mulhacén und hinunter in die Alpujarras nach Orgiva. Abschließend bergauf und bergab nach Granada. Merklich dünnere Luft ab etwa 3000 Meter!
Zum Pico Veleta Asphaltstraße, bis kurz vor Capileira holprige Naturstraße, dann wieder Asphalt.
Streckenlänge: 154 Kilometer, mit Pico Veleta 158 Kilometer.
Fahrzeit: Zwei Tage. Leistungsschwächere können in einem der Hotels entlang der Sierra-Nevada-Straße zwischendurch übernachten, letztmals im Parador (Drei-Sterne-Hotel, 38 km von Granada, Tel. 480200). Oder kurz danach eventuell im Albergue Universitario (Residencia Universitaria), einer Art Jugendherberge; vorher telefonisch anfragen: Tel. 480122.
Beste Jahreszeit: Herbst. Auf der Straße in den Hochlagen bis Mitte Juli streckenweise Schnee.

Sierra Nevada: In der Tat *die* Herausforderung mit dem Fahrrad, aus dem mediterranen Granada in Regionen über 3300 Meter. Verbunden mit der Traverse des scheinbar himmelnahen Gebirges, des höchsten Spaniens. Jenseits das Eintauchen in die Gartenlandschaft der von den Mauren kultivierten Alpujarras mit ihren Vorzeigedörfern Capileira, Bubión und Pampaneira. Was stören da noch die »Buckel« der Rückfahrt über den Puerto del Suspiro del Moro – bei insgesamt fast 3500 Höhenmetern an Steigungen?

Knackpunkt ist die »Carretera más alta de Europa«, die höchste Paßstraße Europas. Ihr Erbauer, der Madrilene Juan José Santa Cruz y Garcés de Mancilla, trassierte sie mit einer durchschnittlichen Steigung von 7,5 Prozent. Dadurch bewältigt die Straße je Kilometer 70 Höhenmeter. Er war es auch, der sein Meisterwerk am 15. September 1935, noch vor der offiziellen Eröffnung, mit einem Ford befuhr.

Streckenbeschreibung

1. Tag: Granada – Capileira

Vom **Paseo de la Bomba** in **Granada** (682 m) leiten uns braune, gelbe und orangefarbene Hinweistafeln mit »Sierra Nevada«. Zunächst noch flach dahin, 9 Kilometer durch Vororte mit Obst- und Gemüsegärten (Cenes de la Vega). Spürbar wird die Steigung hinter *Pinos Genil* (770 m). Erster Logenplatz: *Balcón de Canales*, hoch über der Schlucht des gestau-

Abfahrt von der Sierra Nevada durch die weißen Bilderbuchdörfer der Alpujarras.

ten Rio Genil. An der streckenweise von Platanen gesäumten Straße bieten Honigverkäufer »miel« und »polen« an. Bei Kilometer 22 erinnert das Drei-Sterne-Hotel Santa Cruz an den Ingenieur der Straße. Dort stand eine der Holzhütten, in denen die Arbeiter wohnten und lebten.

Die nur in den Sommerferien und Wintermonaten behausten Wohnsilos der *Skistation Solynieve* (2100 m) bleiben rechts liegen. Wo sich links der *Parador de Sierra Nevada* an den Hang lehnt, sind wir in 2500 Meter Höhe, 38 Kilometer von Granada entfernt. Hier ist die letzte Einkehrmöglichkeit vor Capileira, wohin sich das Sträßchen nach weiteren 10 Kilometern rechts wendet. Von dieser Abzweigung (3160 m) führt links eine Stichstraße 2 Kilometer bis nahe an den Gipfel des **Pico Veleta** (3398 m) heran, der unschwierig in 5 Minuten zu Fuß »erklommen« wird. Er ist der zweithöchste Berg Spaniens.

Die erwähnte Rechtsabzweigung bringt uns nach 600 Metern in den *Collado de Veleta* (3161 m). Ende der Asphaltstraße! Der anschließende Verlauf bis an die Basis des Mulhacén ist bei Wanderung 12 ausführlich beschrieben. Und das restliche Stück der Tagesetappe bringt orientierungsmäßig keinerlei Probleme. Sobald man wieder auf Asphalt trifft, sind es nur mehr fünf Kilometer nach **Capileira** (1436 m) in den Alpujarras. Für Durstige bemerkt: es gibt bayerisches Weißbier im Café Europa!

Nützliche Informationen

Ausgangsort: *Granada* (682 m); siehe Tour 10.

Streckenlänge: Insgesamt 74 km; einschließ-

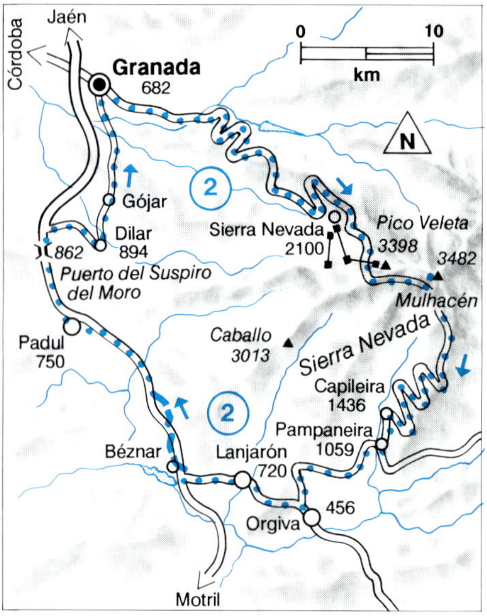

lich Pico Veleta: 78 km. Granada – Collado de Veleta: 49 km. Collado de Veleta – Capileira: 25 km.

Zielort: *Capileira* (1436 m), siehe Wanderung 14.

2. Tag: Capileira – Granada

Zum Auftakt von **Capileira** (1436 m) eine 4 Kilometer lange Abfahrt an den orographisch linken Flanken der Poqueiraschlucht, dann durch das malerische **Bubión** (1296 m). Anschließend rechts nach **Pampaneira** (1059 m), einem weiteren bildhübschen, mit nationalen »Schönheitspreisen« bedachten Alpujarradörfchen (siehe Wanderung 15). Nach 5 Kilometern steht links die *Ermita del Padre Eterno* (995 m); rechts beginnt Wanderung 15 zum Centro Budista Tibetano. Links, südlich des Guadalfeotales, lockt der markante Pelaos (1845 m, Fernsehmasten) mit einem geteerten Fahrweg vom Puerto Camacho (1219 m, Straße von Orgiva) bis zum Gipfel. Unsere Route senkt sich auf den breiten, fruchtbaren Talboden des Rio Guadalfeo.

Wer Lust hat, kann in **Orgiva** (456 m), der westlichen »Hauptstadt« der Alpujarras, die barocke Pfarrkirche, deren Fassade zwei Türme flankieren, besichtigen. Die Route als solche meidet das Zentrum. Sie schwenkt vorher rechts in Richtung Lanjarón. Fast 300 Höhenmeter – 8 Kilometer lang – warten an Steigung. Dann sind wir in **Lanjarón** (720 m), einem der meistbesuchten Kurorte Spaniens. Heilwasserquellen sprudeln; Mineralwasser wird abgefüllt. An der langen Durchgangsstraße reihen sich die Hotels. Bei der Ausfahrt sieht man links unten auf steilem Fels die Ruinen einer Maurenfestung. Sie fiel am 8. März 1500 unter dem Ansturm christlicher Truppen. Die Moschee, in der geflüchtete Muslime – Frauen, Kinder, Alte – ausharrten und von den Christen Gnade erflehten, wurde gesprengt. Kein Mensch überlebte!

Westlich von Lanjarón, 35 Kilometer nach Capileira, stößt man auf die stark befahrene (Lkw) *Nationalstraße 323*. Rechts. Es folgt der *Puente Tablate* (590 m) mit der »Angustiaskapelle«. Sie ist »Unserer Lieben Frau der Ängste« geweiht.

Auf der Straße 1,5 Kilometer. Dann rechts nach **Béznar** (523 m). In der Burg (Ruine) von **Lecrín** (700 m) sollen die Maurenkönige Granadas ihre Ruhestätte gefunden haben, angeblich auch Moraima, die Gemahlin des letzten Herrschers »Boabdil«, während sein Vater auf dem Mulhacén beigesetzt worden sei. Lecrín, wo uns noch 31 Kilometer von Granada trennen, hat 1500 Einwohner.

Wieder auf der Schnellstraße, folgen wir ihr 3,5 Kilometer, worauf es links durch **Padul** (750 m), einst Sitz des gleichnamigen Grafengeschlechtes, geht (Palast aus dem 18. Jahrhundert), das auch via Schnellstraße umfahren werden kann. In jedem Falle kommt man über den **Puerto del Suspiro del Moro** (862 m), jenen Paß, den die Mauren 1492 nach der Kapitulation Granadas überquerten. Bei der Rückschau sollen sie in lautes Wehklagen ob des Verlustes ihres Reiches ausgebrochen sein.

Jetzt nur mehr zwei Kilometer auf der Schnellstraße. Dann rechts ab. Hinter *Otura* (790 m) schöner Blick zur Sierra Nevada. Am Ortsrand von *Dilar* (894 m) scharf links. Abschließend durch *Gójar* in das Weichbild Granadas.

Nützliche Informationen

Streckenlänge: Insgesamt 80 km. Capileira – Orgiva: 19,5 km. Orgiva – Lanjarón: 8,5 km. Lanjarón – Granada: 52 km.

R3 Berge um Ronda

In den Naturpark Grazalema

Streckencharakter: Fast durchgehend bergig.
Streckenlänge: 135 Kilometer.
Fahrzeit: Knapp zwei Tage. Kürzer (57 Kilometer), aber weniger eindrucksvoll: vom Puerto de los Alamillos (vor Grazalema, 78 Kilometer nach Ronda) direkt zurück (27 Kilometer) nach Ronda.
Beste Jahreszeit: Frühjahr, Frühsommer, Herbst.

Die Berge in der Umgebung von Ronda lassen das gängige, der Region verpaßte Klischee vom Garten Andalusien vergessen. Die Gegenden weisen ausgesprochen nordalpinen Charakter auf, den graues Kalkgestein und ansehnliche Gipfelgestalten betonen. Kein schmeichelnder Hauch südlichen Atems! Vorwiegend strenge Bilder, wie im Gebirge üblich. Andererseits sind die »pueblos blancos«, von denen uns etliche der reizvollsten ihre Aufwartung machen, typisch andalusisch, allesamt hervorgegangen aus maurisch-islamischen Siedlungen. Außerdem bietet die Route zwei Attraktionen unterschiedlicher, ganz spezifischer Art: Cueva de la Pileta, bereits vor mehr als 25000 Jahren bewohnt und demnach älter als die namhaftere Höhle im nordspanischen Altamira, sowie das kühnste Paßsträßchen Andalusiens, das wir bergab befahren, zu Ihrer Beruhigung!

Streckenbeschreibung

1. Tag: Ronda – Grazalema

Ronda in Richtung Sevilla verlassen. Gefälle, bis links die Tafeln nach Benaoján und Cortes de la Frontera weisen. Durch das Tal des Rio Guadiaro. Pause in einer Venta (Gasthof) entlang der Straße wäre wohl verfrüht! Flußbrücke und Bahnlinie überqueren. Rechter Hand dräut eine ausgehöhlte Felsbastion. Es folgt **Benaoján** (565 m). Die bescheidene Pfarrkirche Rosario aus dem 16. Jahrhundert, im 18. Jahrhundert umgebaut, steht auf den Fundamenten einer Moschee.

Das Zentrum bleibt links liegen. Geradeaus. Am Ortsende scharf links und hoch zur **Cueva de la Pileta** (670 m), wohin rechts ein Stichsträßchen (200 Meter) abzweigt. Von seinem Ende in wenigen Minuten über Steinstufen zum Eingang der 1,5 Kilometer langen Tropfsteinhöhle mit einer Lagune; warme Kleidung ratsam! 1905 zufällig entdeckt durch den Großvater des jetzigen Führers,

Im »pueblo blanco« Grazalema. Von dort steigt die Radtour an zum Puerto de las Palomas, über den unser Etappenziel Zahara de la Sierra erreicht wird.

dauerten die Erforschungen bis 1935. Ergebnis: eine der aussagekräftigsten prähistorischen Stätten Andalusiens. Die rot-gelben Umrisse von Tierfiguren, die möglicherweise magischen Jagd- oder Fruchtbarkeitsbeschwörungen dienten, zeichnete ein »homo sapiens« vor wenigstens 15000 Jahren. Ungefähr 5000 Jahre jünger sind die stilisierten Strichzeichnungen von menschlichen Figuren (u.a. ein Bogenschütze), Steinböcken, Wisenten, perspektivisch verkürzten Rindern, einer tragenden Stute, eines Stierschädels sowie – ungewöhnlich für die Vorzeit – großer Salzwasserfische. Feuerstellen und Keramikscherben gehören dem Neolithikum an, das vor etwa 4000 Jahren endete. Führungen (1 Stunde; spanisch, französisch oder englisch) 9–13 Uhr, 16–18 Uhr.

Zurück, dann rechts durch den wilden Karst der Sierras del Palo und Blanquilla. Hoch über den Talschaften streben wir **Cortes de la Frontera** (633 m) entgegen. Wie der Name verrät, war es eine christliche, den Mauren im 15. Jahrhundert entrissene Grenzstadt wider das muslimische Königreich Granada.

Etwa 3 Kilometer nach der Kirche werden rechts der Straße die in den Korkeichenwäldern der Gegend von den Bäumen abgeschälten Rindenplatten gelagert und verarbeitet.

Das schmale, gewundene Asphaltband berührt zerrissene Kalkstöcke, die vor Jahrmillionen Teil eines großen Meeres waren. Wir kommen in die Provinz Cádiz. Bei der Gabelung *Mojón de la Vibora* (595 m) geht es rechts, hinunter nach **Ubrique** (337 m), einem betriebsamen Städtchen, das halbrund von Bergen gesäumt wird. Althergebrachte Handwerkszweige sind Sattlerei bzw. Lederverarbeitung. Während erstere quasi nebenher läuft, sind Saffianlederarbeiten ein enormer Wirtschaftsfaktor. Das Gütesiegel »Legitimo Ubrique« garantiert, daß ein Stück mindestens zu 80 Prozent manuell hergestellt wurde.

Am Ortsanfang links Richtung El Bosque, geleitet von der »Ruta de los Pueblos Blancos«. Ziemlich steil bergan, nach 3 Kilometern (Tankstelle) rechts, weiter »kletternd« mittels langer Serpentinen, ehe **Benaocaz** (797 m) gewonnen wird. Empfehlung: Fahren Sie durch den Ort (über den Sie bei Wanderung 27 noch mehr erfahren). Anschließend durchmißt die Straße ein Hochtal am südöstlichen Rand der Sierra del Caillo im Parque Natural Sierra de Grazalema. **Villaluenga del Rosario** (877 m) ist das höchstgelegene Dorf des Naturparkes (siehe S. 131).

Am **Puerto de los Alamillos** (822 m) ist abzuwägen, ob man direkt nach Ronda zurück will (27 Kilometer), oder die Fahrt wie beschrieben fortsetzt, vorerst nach **Grazalema** (830 m), das wenig später ins Sichtfeld rückt.

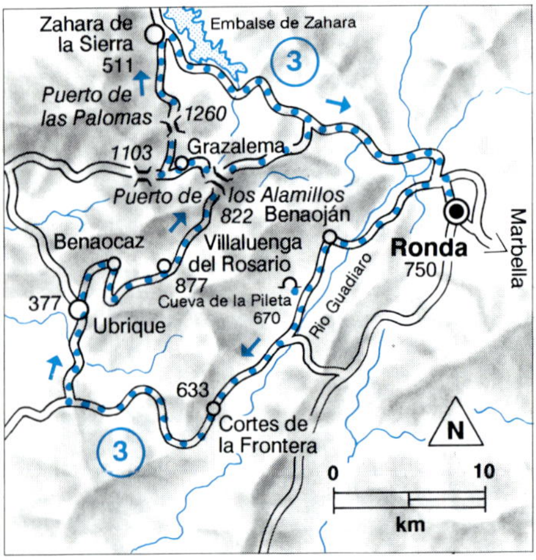

Nützliche Informationen

Ausgangsort: *Ronda* (750 m), siehe Tour 23.
Streckenlänge: Insgesamt 83 km. Ronda – Benaoján: 14 km. Benaoján – Cueva de la Pileta: 5 km. Cueva – Cortes de la Frontera: 13 km. Cortes de la Frontera – Ubrique: 23 km. Ubrique – Benaocaz: 9 km. Benaocaz – Grazalema: 19 km.
Zielort: Grazalema (830 m), siehe Tour 25.

2. Tag: Grazalema – Ronda

Frühstück – dann kräftig in die Pedale treten! Der *Campingplatz* bleibt zurück. Das nächste Ziel heißt »Zahara«, unmißverständlich beschildert. Links an der aussichtsreichen Höhenstraße fließt ein eiskalter Quellbrunnen. Exakt 5,5 Kilometer nach Grazalema sind wir im **Puerto de las Palomas** (1260 m), dem Scheitel der Radtour. Neue Landschaftsbilder überraschen! Das versprochene kühne

Oberhalb von Zahara de la Sierra (»Blume der Sierra«) reckt sich der Turm einer maurischen, im 10. Jahrhundert erbauten Festung.

Paßsträßchen kurvt abenteuerlich in die Tiefe. Nach 5 Kilometern erlaubt links ein geräumiges Podest die Schau in die Garganta Verde; siehe Wanderung 24. Bald erscheint nördlich der gestaute Rio Guadalete. Und wie mit einem Schlag tritt der Burgturm von Zahara ins Blickfeld. Wir nehmen das erste, halb links abzweigende Sträßchen, empor an die Basis des Burgfelsens und in das pittoreske Gassengewirr von **Zahara de la Sierra** (511 m); siehe Tour 24.

Anschließend zunächst Richtung »Algodonales«. Zu Füßen des Städtchens dann rechts, oberhalb des Stausees auf der alten, kaum befahrenen, welligen Straße C 339. Unterwegs lädt die *Venta El Tropezón* zur Einkehr. Etwa 25 Kilometer nach Zahara fädeln wir uns in die Schnellstraße ein. Vielleicht noch eine Rast in der hübschen *Venta El Hondón*, ehe das letzte Stück nach Ronda in Angriff genommen wird.

Nützliche Informationen

Streckenlänge: Insgesamt 52 km. Grazalema – Zahara: 16 km. Zahara – Ronda: 36 km.

R4 Zwischen Mittelmeer und Atlantik

An der Küste des Lichts

Streckencharakter: Bergig zwischen Algeciras und Tarifa, hinter Barbate de Franco sowie im Landesinneren. Auf der Nationalstraße 340 starker Verkehr, deshalb früher Aufbruch (ca. 7 Uhr) ratsam, oder am Sonntag fahren.
Streckenlänge: 165 Kilometer.
Fahrzeit: 2 Tage.
Beste Jahreszeit: Frühjahr, Herbst.

Costa de la Luz – Küste des Lichts! Tönt das nicht verführerisch wie holder Sirenengesang? In der Tat, nordwestlich von Tarifa erstreckt sich eine Traumküste, die mit Ausnahme von Barbate de Franco alle Wünsche an unverfälschte Meeresgestade erfüllt – Paradies für Badefreunde und Surfer. Dieser Küstenabschnitt bis zum Cabo de Trafalgar bildet den Kern der Radtour. Sie klingt aus im weitläufigen, bäuerlichen Hinterland und beleuchtet damit die strukturellen Gegensätze im atlantisch beeinflußten Südwesten Andalusiens.

Streckenbeschreibung

1. Tag: Algeciras – Cabo de Trafalgar

In **Algeciras** (17 m) orientieren wir uns an der Beschilderung »Cádiz«, das heißt an der Nationalstraße 340. Sie steigt an zu den Ausläufern der Sierra de Ojén und überwindet die Paßhöhen von *Bujeo* (320 m) und *Cabrito* (340 m). Links lädt der **Mirador del Estrecho** ein zu einem großartigen Blick über die Straße von Gibraltar bis zur marokkanischen Küste, die optisch beherrscht wird vom hochragenden Jebel Musa (848 m), der afrikanischen »Säule des Herakles«, während Gibraltar das europäische »Standbein« des Sagenhelden bildet.

Rechter Hand auf den Kammhöhen erzeugen moderne Windräder Strom. Übersehen Sie bei der Abfahrt nicht die Linksabzweigung nach **Tarifa**. Dort »parkt« man am besten im Zentrum beim Café Central bzw. der Kirche San Mateo und liest zum besseren Verständnis des netten Städtchens die Einleitung von Tour 30. Im weiteren Verlauf der Strecke entlang der *Costa de la Luz* Richtung Cádiz reihen sich die Campingplätze und Hotels. Ungefähr 7 Kilometer nach Tarifa sitzt rechts auf einem Fels der mittelalterliche **Torre del Peña**. Am hochziehenden Bergrükken dahinter fand man die in San Mateo zu Tarifa eingemauerte westgotische Grabplatte aus dem Jahre 674.

Etwas später wird links draußen am Atlantik die größte einzeln postierte **Wanderdüne** der Costa de la Luz, die Duna de Valdevaqueros, sichtbar. Die Zufahrt (1,5 km) zweigt beim Restaurante El Olivo links ab, zum Camping »El Jardin de las Dunas«; Badestrand.

Nun entfernt sich die Nationalstraße 340 vom Atlantik. Noch etwa 20 Kilometer sind wir dem Verkehr preisgegeben, dann wendet sich die Route links. Kornfelder und Weidewiesen bestimmen das Antlitz der Gegend. *Zarzuela* wird passiert. Das weiße Fischerstädtchen **Zahara de los Atunes** erscheint. Die zugehörige Bahia de la Plata wird von den Einheimischen »La Playa de los Alemánes« genannt, wegen der deutschen Kolonie in dem von Mauren gegründeten, einst von

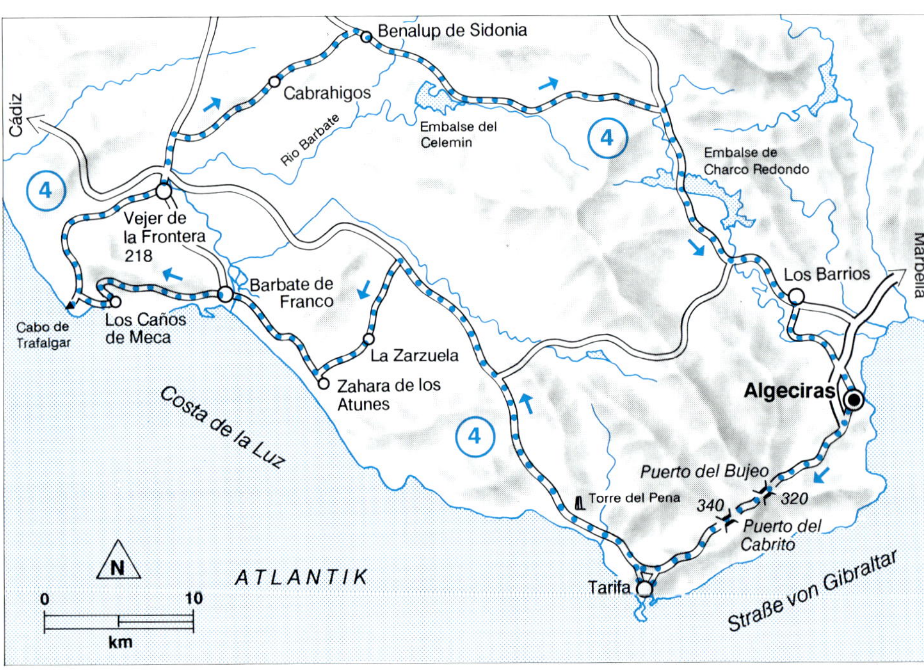

Thunfischfang und Seeräuberei lebenden Ort, von dem Cervantes in seiner Novelle »Le ilustre Fregona« schrieb, er sei die »Akademie der Thunfischer«. Hotels und Pensionen; Thunfisch-Spezialitätenlokal: Marisquería Porfiri.

Wieder am Atlantik, tauchen nordwestlich die Felsklippen des Cabo de Trafalgar auf, an dem bereits der Leuchtturm zu sehen ist. Die Strände sind leider militärisches Sperrgebiet. Kurz vor Barbate erstrecken sich landeinwärts die Sümpfe der Marismas de Barbate.

Der Hafen von **Barbate de Franco** (10 m) liegt im Schutz großer Molen. Es ist die Heimat einer kleinen Fangflotte, die vornehmlich für die Fischfabriken ausläuft. Hier landete Ende Juli 1936 General Franco aus Spanisch-Marokko mit seinen faschistischen Invasionstruppen und stürzte das Land in einen grauenvollen Bürgerkrieg. Anschließend errichtete er eine Diktatur, die bis zu seinem Tod 1975 bestand. Deshalb scheint mir der zusätzliche Stadtname »de Franco« nicht unbedingt eine Auszeichnung zu sein! Auch sonst darf man Barbate schnell vergessen: Aus dem »Centro Ciudad« geradeaus, bis uns die Tafeln »Cabo de Trafalgar« den Weg weisen. Jetzt heißt es überlegt schalten und kräftig strampeln! Fast 200 Höhenmeter müssen bewältigt werden. Doch bereits nach 3 Kilometern ist die größte Steigung geschafft, und wir radeln in den prächtigen Pinienwäldern des 1989 gegründeten Naturparks Acantilado y Pinar de Barbate (2017 Hektar).

Erneut tritt der Atlantik ins Blickfeld. **Los Caños de Meca**, während der siebziger Jahre deutscher »Hippie-Treff« und auch heute noch bei jungen Leuten, vornehmlich Surfern, beliebt, ist eine hübsche Villen- und Feriensiedlung. Der Strand endet südöstlich an Steilwänden, aus denen Süßwasserquellen sprudeln. Bei Ebbe kann man zu den Grotten und Wasserfällen spazieren. An der Felsküste haust eine Kuh- und Seidenreiher-Kolonie, die u. a. zur Ausweisung des Naturparks beitrug.

Westlich von Los Caños de Meca führt links ein Stichsträßchen (1 Kilometer) über einen Damm zum Faro de Trafalgar am **Cabo de Trafalgar**. Es wird von einer Verwerfungszone gebildet, welche die Gleichförmigkeit der Küstenlinie unterbricht. Vor Trafalgar fand 1805 jene Seeschlacht statt, in welcher England unter Admiral Nelson, obwohl zahlenmäßig unterlegen, die französisch-spanische Flotte besiegte und dadurch zur maritimen Weltmacht aufstieg.

An der Abzweigung zum »Cabo« wartet das empfehlenswerte Restaurant »Casa Pedro«. Der Wirt ist, wie die Bilder und Plakate im Gastraum kundtun, ein »aficionado«, ja, er kennt sogar den mittlerweile legendären »El Cordobés« persönlich, erwähnt er stolz.

Nützliche Informationen

Anfahrt: Von Málaga 133 km (streckenweise Schnellstraße), von Cádiz 124 km. Bahnhof unweit der Schnellstraße; Direktzüge von Madrid über Ronda.

Ausgangsort: *Algeciras*, 86000 Einwohner. Hafenstadt an der gleichnamigen Bucht am Mittelmeer, gegenüber von Gibraltar. Höchste Kriminalitätsrate Andalusiens (Rauschgift etc.)!

Streckenlänge: Insgesamt 84 km. Algeciras – Tarifa: 21 km. Tarifa – Zahara de los Atunes: 40 km. Zahara – Cabo de Trafalgar: 23 km.

Zielpunkt: *Cabo de Trafalgar*. Privatzimmer; Hostal Miramar, Hostal William, Camping Camaleon und Trafalgar bei *Los Caños de Meca*. In *Vejer de la Frontera* preiswertes Hostal La Janda (Cerro Clarina, außerhalb der Altstadt); Tel. 450142. Teuer, in einem ehemaligen Kloster des 17. Jahrhunderts an der zentralen Plazuela: Convento de San Francisco; Tel. (956) 451001.

Unterkunft und Verpflegung: In Algeciras zahlreiche Hotels, Hostals, Casas Huéspedes (einfache Zimmer). Westlich des Bahnhofs: *Octavio* (S. Bernardo 1); Tel. (956) 652700. *Angelo Hispaño* (Avenida Villanueva 7), Tel. (956) 600100. Hafengegend (Avenida de la Marina) bei Dunkelheit meiden!

Camping: *Costasol* (an der Schnellstraße, nördlich des Bahnhofs); Tel. (956) 660219.

Jugendherberge: *Albergue Juvenil*, 9 km vom Bahnhof in Algeciras, rechts oberhalb der Straße nach Tarifa. Nur im Sommer geöffnet; Tel. (956) 679060.

Auskunft: Oficina de Información de Turismo (am Hafen), Juan de la Cierva, E-11200 Algeciras; Tel. (956) 600911.

2. Tag: Cabo de Trafalgar – Algeciras

Richtung »Vejer« durch intensiv kultivierte Landwirtschaft. Wer die Auffahrt nach **Vejer de la Frontera** (218 m) schafft, erlebt das schönste andalusische Gemeinwesen an der Costa de la Luz, seit 1976 unter Denkmalschutz. »Frontera« weist, wie bei allen Städten mit diesem Zusatz, auf die einstige Grenze zwischen dem christlichen und maurischen Spanien hin, war also Frontfestung während der katholischen Rückeroberung ab Mitte des 13. Jahrhunderts. Die 539 Jahre dauernde Anwesenheit der Muslime hat das Städtchen unverkennbar geprägt, wenn auch die Frauen außer zu besonderen Festlichkeiten nicht mehr – wie bis in die fünfziger Jahre – »cobijadas« tragen, schwarze Gewänder, die nur ein Auge freilassen. In der Bar Tirino an der Plazuela, wo sich vier Gäßchen treffen, scheint die Zeit stillgestanden zu sein. San Salvador, die Fassade mit Efeu überzogen, fußt auf den Grundmauern einer Moschee, den Glockenturm bildet das erhöhte Minarett; daneben die Alcazaba. Das ehemalige Judenviertel (Calle Judería) zieht sich entlang der Stadtmauer. Auf der palmenumsäumten runden Plaza de España, unterhalb des Arco de la Villa, fanden einst Stierkämpfe statt.

Zu Füßen des »pueblo blanco« verläßt man die laute Nationalstraße 340 nach Norden und folgt der »Ruta del Toro« Richtung Medina Sidonia, aber nur etwa 3 Kilometer lang. Dann rechts. Auf dem Kirchturm von **Cabrahigos** flirtet ein Storchenpaar. Rinder bevölkern die Wiesen. Und wo Weidevieh ist, sind meist auch weiße Kuhreiher, denn ihre wichtigste Nahrung bilden die das Vieh suchenden Insekten. Der beständige, im Sommer heiße, trockene Ostwind (*Levante*), winters meist der Westwind (*Poniente*), beugt den Baumwuchs und erfordert Bewässerungsanlagen. Die Korkeichenbestände nehmen zu, schließlich nähern wir uns dem Naturpark Los Alcornocales (siehe auch Tour 28).

Am Ortsanfang von **Benalup de Sidonia** bietet rechts das Hostal Garcia preiswerte Unterkunft. Nun auf der Straße 212 südöstlich Richtung Algeciras, vorbei am **Embalse del Celemin** durch eine bewegte Landschaft 23 Kilometer zur querverlaufenden Straße 440. Rechts, zwischen Sierra de Junquillo (rechts) und Sierra de Montecoche. Es folgt, nach dem Restaurant Venta la Polvorilla, der **Embalse de Charco Redondo**. Letzte erwähnenswerte Steigung. Die Straße passiert interessante Felsbildungen und bringt uns nach **Los Barrios** (u. a. Hotel Real). Das dort nach rechts abzweigende unauffällige Sträßchen nicht übersehen! Es führt nämlich direkt nach **Algeciras**, wo man beim *Camping Costasol* an der Autovia herauskommt.

Nützliche Informationen

Streckenlänge: Insgesamt 81 km. Cabo de Trafalgar – Benalup de Sidonia: 31 km. Benalup – Algeciras: 50 km.

R5 Durch die Provinz Huelva

Nationalpark Doñana und Costa de la Luz

Streckencharakter: Ab La Rábida Steigungen und Gefälle über etwa 40 Kilometer; sonst flach.
Streckenlänge: 135 Kilometer.
Beste Jahreszeit: Frühling, Frühsommer, Herbst. An Wochenenden und Feiertagen starker Verkehr auf der Strecke Almonte – Matalascañas.

Huelva, Stadt und Provinz, letztere mit rund 500000 Einwohnern auf einer Fläche von 10000 Quadratkilometern am Westrand Andalusiens, grenzt an Portugal und den Atlantik, ist im Februar und März Erdbeer-Lieferant für den Kontinent. Die Stadt, hervorgegangen aus einer phönizischen Handelsniederlassung, liegt zurückversetzt von der Costa de la Luz auf der von den ökologisch toten Flüssen Rio Tinto und Rio Odiel umspülten Halbinsel Ribera de la Anticoba.

Huelva wurde 1755 – wie Lissabon – von einem Erdbeben zerstört und ist neu erstanden als industrielles Zentrum und, der Tradition treu bleibend, als Hafen, hauptsächlich für die Erzverschiffung der Kupferminen. Raffinerien und Chemiefabriken bestimmen das

Schirmpinien an der Costa de la Luz auf der Rückfahrt nach Huelva.

Weichbild der Metropole, lassen jeglichen Glanz der nahen Küste des Lichts vermissen. Dadurch wird die Radtour zum Kontrasterlebnis zwischen einer industriell verseuchten Welt und dem ursprünglichen Hinterland. Sie gipfelt im Nationalpark Doñana, jener einzigartigen Landschaft aus Wald, Sumpf und Dünen, in der sich Fauna und Flora Afrikas und Europas begegnen, Luchse pirschen, Adler horsten, Abertausende Zugvögel rasten. Zum Ausklang der makellose Saum des Atlantiks: Costa de la Luz.

Streckenbeschreibung

In **Huelva** beim Verlassen des **Bahnhofs** rechts auf der *Avenida de Italia*, worauf uns die Schilder »Mazagón, Palos« übernehmen: 500 Meter nach dem Bahnhof rechts (Avenida de Cádiz). Rechter Hand wird die Arena sichtbar. Wo man hinschaut, Industrieanlagen, »verbrannte Erde« im übertragenen Sinne.

Nach 4,5 Kilometern, vor dem Rio Tinto, steht rechts auf der Punta del Sebo seit 1929 das monumentale, 36 Meter hohe **Kolumbus-Denkmal**, aus Granit gehauen von der amerikanischen Bildhauerin Gertrude Vanderbilt-Whitney. Kolumbus, in Seemannskleidung, richtet seinen Blick zum Ozean, in den er am 3. August 1492 stach. Zur Erinnerung feiert Huelva alljährlich während der ersten Augustwoche die Fiestas Colombinas.

Anschließend leitet uns die Beschilderung »La Rábida« auf der »Ruta Colombina«. Auch **La Rábida** hat seine Kolumbus-Säule, erstellt 1892 zum vierhundertjährigen Jubiläum der Entdeckung Amerikas. Doch erst 1954 meißelte Luis Martinez Feduchi die Reliefs: Kampfszenen der Eroberer mit den chancenlosen Eingeborenen. Den Abschluß der Parkanlage bildet der **Convento de Santa Maria de la Rábida**, ein kleines Franziskanerkloster des 14. Jahrhunderts. Hier logierte Kolumbus (und sein fünfjähriger Sohn Diego aus der Liaison mit der Portugiesin Felipa Moniz) 1484 sechs Monate lang, von den gebildeten Mönchen tatkräftig für sein Vorhaben unterstützt. Acht Jahre später ließ der Seeheld die Anker lichten, nicht ohne vorher in der Kirche den Schutz der »Virgen de los Milagros« (Seitenkapelle) erfleht zu haben. Daniel Vázquez Diaz malte 1929/30 die Wandgemälde des Aufbruchs zur »Neuen Welt«. Geöffnet außer Mo. 9–13 Uhr, 16–20 Uhr; Führungen (ab 10 Uhr) an der Klosterpforte erfragen.

Weiter auf der »Ruta Colombina«, vorbei am *Zwei-Sterne-Hotel Santa Maria* (Tel. [955] 350511) nach **Palos de la Frontera**. Vom heute verlandeten Hafen liefen am 3. August 1492 die Schiffe des um 1451 als Sohn eines Webers in Genua geborenen Cristoforo Colombo aus. Er fuhr als Admiral auf der von Juan de la Cosa manövrierten »Santa Maria« (1600 Tonnen). Kapitäne der »Pinta« (60 Tonnen) und »Nina« (45 Tonnen) waren Söhne der Stadt: Martin Alonso und sein Bruder Vicente Yánez Pinzón. Martin Alonso, dem Palos ein Museum (Casa Museo Pinzón) widmete, ist in einem Denkmal gegenüber

Rast in El Rocío, am Saum der Doñana. Die Kirche ist Wallfahrtsziel und Heiligtum Andalusiens. Sie hütet die hingebungsvoll verehrte »Nuestra Señora del Rocío«.

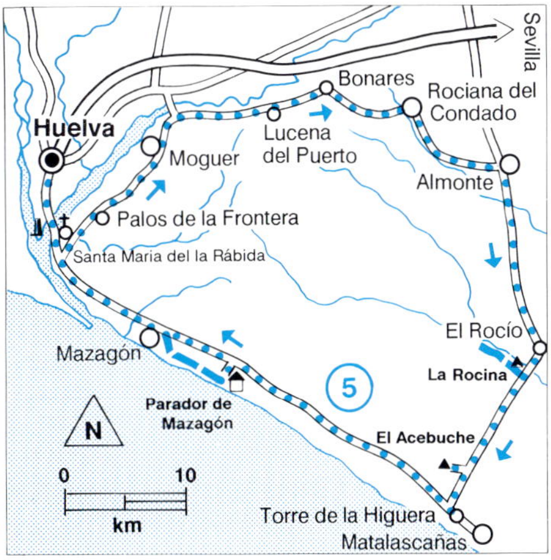

dem Rathaus verewigt. Das Trinkwasser für die Expedition wurde in Fässer aus dem ursprünglich maurischen Brunnenhaus unterhalb des Chores der Kirche San Jorge gefüllt. *San Jorge* steht an der Stelle einer Moschee. Durch die spitzbogige Puerta de los Novios schritten Kolumbus und die Pinzón-Brüder nach einer Messe zu den Karavellen. In Ermangelung heimischer Matrosen, die vor den Weiten des »Finsteren Meeres« furchtsam erstarrten und überdies den Plan utopisch fanden, seien 87 Sträflinge angeheuert worden. In der Nacht vom 11. auf den 12. Oktober 1492 rief ein Matrose im Mastkorb: »Land in Sicht« – Indien, wie Kolumbus meinte, in Wirklichkeit die Bahamas.

Moguer ehrt einen impressionistischen Lyriker und Romancier als seinen größten Sohn: Juan Ramón Jiménez (1881–1958), 1956 Nobelpreisträger für Literatur; Gedenkstätte (*Casa Museo*) in der Calle Nueva, wo er seine Jugend verbrachte. Betrachten Sie den Glockenturm der Pfarrkirche Nuestra Señora de la Granada. Er hat große Ähnlichkeit mit der »Giralda« zu Sevilla.

Nach 4 Kilometern biegt man rechts in die Straße 622 ein: Richtung *Lucena del Puerto*, das schon bald erscheint, überragt vom spitzen Kirchturm. Bergan. Die Vegetation ändert sich. Hier und dort Erdbeerplantagen. Die Straße durchmißt die Pinienwälder der *Montes Pinos* und senkt sich nach *Bonares*, das beherrscht wird vom mächtigen Turm seiner Pfarrkirche. Nächstes Ziel ist Rociana. Auf den Wiesen stolzieren weiße Kuhreiher. Maulesel ziehen den Pflug. Von **Rociana del Condado**, einer Weißweingegend, sind es noch 10,5 Kilometer bis **Almonte**, wo man auf die Straße von der Autovia stößt und südwärts mühelos nach **El Rocío** rollt (siehe Tour 32).

Nationalpark Doñana: Erste Exkursionsmöglichkeit nach 1 Kilometer rechts bei *El Rocina* (Tour 32). *El Acebuche*, wohin nach 11 Kilometern rechts ein Sträßchen abzweigt, wird bei Tour 31 vorgestellt.

Das schnurgerade Asphaltband endet in **Torre de la Higuera** abrupt vor dem Atlantik, am westlichen Rand der Retortenstadt Matalascañas. Wer nicht einkehrt oder badet, fährt kurz vorher rechts, Richtung Huelva. Brettleben dahin, wie mit dem Lineal gezogen, etwa 23 Kilometer lang. Dann verweist links eine Tafel zum **Parador de Mazagón**; siehe Tour 33.

Variante bei Ebbe (span. *reflujo*): Links des Parador steil abwärts an die Costa de la Luz, und am Strand, nahe am Wasser, auf festem Untergrund 6 Kilometer in den Badeort **Mazagón** radeln. Die Straße (am besten links auf der alten Straße) führt direkt nach **Mazagón** und weiter nach **Huelva**.

Nützliche Informationen

Anfahrt: Autovia von Sevilla 81 km. Endstation der Bahnstrecke von Madrid über Madrid–Córdoba–Sevilla.

Ausgangsort: *Huelva*, 127000 Einwohner. Provinzhauptstadt.

Streckenlänge: Insgesamt 135 km (ohne Abstecher). Huelva – La Rábida: 10 km. La Rábida – Almonte: 45 km. Almonte – El Rocío: 15 km. El Rocío – Matalascañas: 16 km. Matalascañas – Mazagón: 29 km. Mazagón – Huelva: 20 km.

Unterkunft und Verpflegung: Hotels in Bahnhofsnähe: *San Miguel* (Calle Santa Maria 6), Tel. (955) 245203. Teurer: *Costa de la Luz* (Calle José Maria Amo 8), Tel. (955) 256422. Bestes Haus, für die Radtour günstig gelegen: *Luz Huelva* (Alameda Sundheim 26); Tel. (955) 250011. Restaurants und Tapa-Bars: *Calle Berdigon*.

Auskunft: Oficina de Turismo, Avenida de Alemania 1, E-21001 Huelva; Tel. (955) 257403.

Anhang

Nützliche Reiseinformationen

Abschleppen: Durch Privatfahrzeuge verboten. Für das Abschleppen eine »grua« anfordern.
ADAC-Notruf: Barcelona, ganzjährig, deutschsprachig, Tel. (93) 3008800 oder 2008044. Für Andalusien nächster Notrufdienst (Juni–September) in Alicante, Tel. (96) 5112654.
Alkohol: Grenze bei 0,8 Promille.
Anschnallen: Pflicht außerhalb geschlossener Ortschaften.
Apotheken: »Farmacias« sind wochentags 9–13, 14–19 Uhr geöffnet, samstags 9–12.30 Uhr. Nachtdienste bis 22 Uhr, später Medikamente nur gegen Rezept. Rezeptfreie Medikamente sind billiger als in Deutschland.
Auskunft: Spanische Fremdenverkehrsämter: 40212 Düsseldorf, Graf-Adolf-Straße 1, Tel. (0211) 370467. 60323 Frankfurt/Main, Myliusstraße 14, Tel. (069) 725084. 80331 München, Oberanger 6, Tel. (089) 2609570.
Autobahn: Mautpflichtig ab der Grenze bis Alicante, sowie Sevilla–Cádiz. 100 Kilometer kosten etwa 1100 Pesetas. Bezahlung an den Mautstellen mit gängigen Kreditkarten möglich.
Baden: Objektive Auskunft über die Wasserqualität der Badeorte unter Tel. (95) 4273599. Die »Blaue Flagge« bewertet weniger die Wasserqualität, sondern den Strand an sich.
Banken: Geöffnet 9–14 Uhr, Sa. bis 13 Uhr.
Bankomat-Service: In größeren Städten. Die Automaten nehmen auch Scheckkarten (Geheimnummer) nichtspanischer Banken. Pro Tag 30000 Pesetas.
Benzin: Durch die Freigabe des Benzinpreises 1993 lohnt es sich, die Preistafeln an den Tankstellen zu vergleichen, obwohl die Preise unter dem von der Regierung festgelegten Limit liegen müssen.
Durchschnittliche Literpreise Herbst 1993: Normalbenzin (92 Oktan) 1,30 Mark, Bleifrei (95 Oktan) 1,33 DM, Super (98 Oktan) 1,35 DM, Diesel (gasoleo) 1,05 DM. – In Frankreich etwa 20 Pfennige teurer, Diesel 10 Pfennige billiger.
Briefmarken: »Sellos« (sprich »seyos«) erhält man in Postämtern und Tabakläden (*estancos*). Postkarten und Briefe in EU-Länder 45 Pts., sonst 65 Pts. (Stand 1994).
Diplomatische Vertretungen: Konsulate für Deutschland in Almería, Tel. (951) 340555, Granada, Tel. (958) 293352, Jerez de la Frontera, Tel. (956) 301100, Málaga, Tel. (95) 2227866, Sevilla, Tel. (95) 4457811. Für Österreich in Málaga, Tel. (95) 2441281, Sevilla, Tel. (95) 4222162. Für die Schweiz in Málaga, Tel. (95) 2217266, Sevilla, Tel. (95) 4575355. Für die Niederlande in Algeciras, Tel. (956) 656355, Málaga, Tel. (95) 2279954.
Essenszeiten: Mittag zwischen 14 und 16 Uhr, Abend frühestens ab 19.30 Uhr.
Euroschecks: Abhebung bei Banken, Wechselstuben und in großen Hotels maximal 25000 Pesetas mit Scheckkarte und Ausweis. Günstigster Kurs in Banken.
Euroscheck-Verlust (auch Karte): Zentraler Sperrannahme-Dienst Tel. (0794) 69740987 in Deutschland.
Fremdenverkehrsämter in Spanien: Allgemein Mo.–Fr. von 9–13 Uhr, 16–19 Uhr geöffnet, Sa. bis 13 Uhr.
Frühstück: Ausgiebiges Frühstück bzw. Buffett bieten meist nur Touristenhotels. Üblicherweise wird in einer Bar gefrühstückt: Espresso (*café solo*), Espresso mit einem Schuß Milch (*café cortado*), Milchkaffee (*café con leche*), Espresso mit einem Schuß Brandy (*café carajillo*). Dazu »croissants« oder »tostado«: getoastetes Brötchen mit Butter (*mantequilla*), Marmelade (*mermelada*), Honig (*miel*).
Geschäftszeiten: Üblicherweise Mo.–Sa. 9–13 Uhr, 16–19 Uhr.
Gleitschirm-Fliegen: Fly & Bike, Karl Heinz Baumgärtner, E-0470 Roquetas de Mar; Tel. und Fax aus Deutschland (0034/51) 333477.
Informationen: Über die landesweit gültige Nummer 901300600 zwischen 10 und 20 Uhr touristische Auskünfte (Veranstaltungen aller Art, Wetterprognosen, nächstes Krankenhaus etc.), wochentags englisch, an Wochenenden auch deutsch.
Kfz-Papiere: Führerschein, Fahrzeugschein, Grüne Versicherungskarte.
Krankenschein: Auslandskrankenscheine sind zwar gültig, werden jedoch erfahrungsgemäß von den Ärzten abgelehnt. Am besten Auslandszusatz-Versicherung abschließen!
Kreditkarten: Werden in nahezu sämtlichen Hotels, vielen Restaurants und Tankstellen akzeptiert.
Kreditkartenverlust: American Express, Tel. (91) 5720320. Diners Club, Tel. (91) 5418000. Eurocard/Visa/Master, Tel. (91) 5196000.
Notfall: Spanier transportieren Leichtverletzte meist im Privatwagen mit Dauerhupe und aus dem Fenster wehenden Taschentuch. Sie genießen Vorfahrtsrechte wie die »ambulancia«.

Notruf: 091 für »ambulancia« (auch 092), »policia« und »bomberos« (Feuerwehr).
Paradores: Mustergültige staatliche Hotels der gehobenen Klasse (ab drei Sterne) mit eigenen Parkplätzen. Auskünfte: Ibero Hotel Reservierung, Berliner Allee 22, 40212 Düsseldorf; Tel. (0211) 8582176.
Post: Postämter (*correos*) meist nur 9–14 Uhr, Sa. bis 13 Uhr geöffnet. Hauptpostämter in den Großstädten rund um die Uhr. Keine Telefonate möglich!
Postsparbuch: Abhebung gebührenfrei bei allen Postämtern innerhalb von 30 Tagen im Gegenwert von DM 2000,–, pro Tag höchstens DM 1000,–, umgerechnet in runden Hunderterbeträgen.
Telefonieren: Für internationale Gespräche zuerst 07 wählen, Dauerton abwarten, weiterwählen für Deutschland **49,** Österreich **43**, Schweiz **41**, Niederlande **31**, dann die Ortsnetzkennzahl ohne die erste Zahl. Am billigsten sind Münzfernsprecher. Mindestgebühr für ein Auslandsgespräch 200 Pesetas. Teurer: Staatliche Telefonzentralen (*telefónicas*), erkennbar an einem stilisierten, punktierten grünen »T«, geöffnet von 9–13 Uhr, 16–19 Uhr; in größeren Städten 9–22 Uhr. Ebenso Fernsprecher in Bars etc. mit Zähluhr sowie Zimmertelefone der Hotels. In »telefónicas« kann man auch R-Gespräche (*cobro revertido*) anmelden. Gespräche nach Spanien: **0034**, dann Vorwahl der Provinz ohne die Neun, dann die Nummer des Teilnehmers.
Trinkgeld: Üblich für Gepäckträger, Taxichauffeure usw.; in Restaurants etwa 10 Prozent des Preises.

Weiterführende Literatur

Allgemein

Baumgart/Mrakitsch: *Garcia Lorca und Granada.* Athenäum Verlag, Frankfurt/Main 1988
Benedek, Carl: *Das iberische Erbe Spaniens. Die räselhafte Geschichte eines Volkes.* Casimir Katz Verlag, Gernsbach 1990
Brenan, Gerald: *Südlich von Granada.* Verlag Jenior & Pressler, Kassel 1990
Defourneaux, Marcelin: *Spanien im Goldenen Zeitalter.* Reclam Verlag, Stuttgart 1986
Erlanger, Philippe: *Isabella die Katholische.* Casimir Katz Verlag, Gernsbach 1990
Gautier, Théophile: *Reise in Andalusien.* Verlag H. Hugendubel, München 1981
Haensch/Haberkamp de Antón: *Kleines Spanien-Lexikon.* C. H. Beck'sche Verlagsbuchhandlung, München 1989
Merian: Andalusien. Nummer 12/43. Jahrgang. Hoffmann und Campe Verlag, Hamburg 1990
Mérimée, Prosper: *Carmen.* Diogenes Verlag, Zürich 1984
Morton, Henry Vollam: *Wanderungen in Spanien.* Societäts-Verlag, Frankfurt/Main 1974
Vilar, Pierre: *Spanien. Das Land und seine Geschichte.* Wagenbach Verlag, Berlin 1992
Weimer, Wolfram: *Andalusien.* Verlag Ellert & Richter, Hamburg 1989

Reiseführer

(Da sich die Reiseführer in den Textaussagen verständlicherweise weitgehend gleichen – Ausnahmen sind Alfonso Lowe und Robert van Hees – wird nur eine kleine Auswahl vorgestellt.)
Asal/Schäfer: *Andalusien.* Peter Meyer Reiseführer, Katzenelnbogen 1992
Faber, Gustav: *Andalusien.* Artemis & Winkler Verlag, München 1991
Hälker, Anna Maria: *Andalusien.* DuMont Verlag, Köln 1992
Hees, Robert van: *Andalusien.* Reclams Kunstführer. Verlag Philipp Reclam, Stuttgart 1992
Lowe, Alfonso: *Andalusien.* Prestel Verlag, München 1992
Möbius, Michael: *Andalusien.* Verlag Baumann & Stromer, Zürich 1989
Reclams Kunstführer: Siehe Hees, Robert van.

Araber und Islam

Breuer-Bergmann, Helmut: *Maurisches Spanien.* Edition Weltkultur, Berlin 1983
Burckhardt, Titus: *Die maurische Kultur in Spanien.* Verlag Callwey, München 1980
Crespi, Gabriele: *Die Araber in Europa.* Belser Verlag, Stuttgart 1992
Mandel, Gabriele: *Wie erkenne ich islamische Kunst?* Gondrom Verlag, Bindlach 1991

Naturführer

Cabo, Roberto: *Spanien.* BLV Verlagsgesellschaft, München 1991
Grunfeld, Frederic: *Spanien.* Westermann Verlag, Braunschweig 1990

Klettern

Burnier/Potard: *Escalades en Espagne.* P & P, Chamonix 1990

Flamenco

Schreiner, Claus: *Flamenco.* Fischer Verlag, Frankfurt/Main 1988
Zeitschrift: La Caña. An Kiosken erhältlich.

Semana Santa

Müllerburg, Mario: *Die Saeta der Semana Senta.* Schäuble Verlag, Rheinfelden 1985

Stierkampf

Hemingway, Ernest: *Gefährlicher Sommer.* Rowohlt Verlag, Reinbek 1989. – Tod am Nachmittag. Rowohlt Verlag, Reinbek 1990

Imhasly, Pierre: *Corrida.* Verlag H. Erpf, Bern 1982

Rollhäuser, Lorenz: *Toros, Toreros.* Rowohlt Verlag, Reinbek 1990

Zeitschriften

Das aktuelle Spanienmagazin: Schwerpunkt Andalusien und Costa del Sol. Erscheint monatlich bei Costasol Ediciones, Apartado 274, E-29740 Torre del Mar/Málaga

Kontakt. Monatsmagazin für Gesamtspanien: C. Ricardo Calvo 21, E-08022 Barcelona

Einige wichtige Redewendungen im Zusammenhang mit dem Fahrrad

Wo ist der Bahnhof?	Dónde está la estación?
Wann fährt ein Zug nach...?	Cuándo sale un tren para...?
Abfahrt	Salida
Ankunft	Llegada (sprich: yegada)
Fahrschein	Billete (sprich: biyette)
Ich möchte dieses Fahrrad nach... aufgeben!	Quisiera facturar este bicicleta para...!
Geht das Fahrrad mit demselben Zug ab?	Sale la bicicleta en el mismo tren?
Fahrradschlauch	Cámara de aire
Fahrradmantel	Cubierta
Fahrradkette	Cadena

Kunstgeschichtliche und andere Ausdrücke

Alcázar	Burg der Mauren
Alcazaba	Maurische Zitadelle, Schloß
Aljibe	Zisterne
Arco	Bogen, Torbogen
Arrecife	Riff, Felsbank
Arroyo	Bach
Azulejos	Glasierte farbige Keramikfliesen
Barrio	Stadtviertel, Vorstadt
Bifurcación	Abzweigung, Straßengabelung
Ciudad	Stadt
Cueva	Höhle
Embalse	Stausee
Ermita	Kleine Landkirche, Einsiedelei
Fuente	Quelle
Iglesia	Kirche
Mauren	Nordafrikanische, muslimische Eroberer Spaniens. Benannt nach der römischen Provinz »Mauretania Tingitana«
Mezquita	Moschee
Mirador	Aussichtsplatz
Morisken	Zum Christentum übergetretene Moslems
Mudejaren	Unter christlicher Herrschaft lebende Moslems
Parador	Staatliches Hotel, Rasthaus
Paso prohibido	Durchgang verboten
Patio	Geschlossener Innenhof
Playa	Badestrand
Pozo	Brunnen
Puente	Brücke
Puerta	Pforte, Tor
Puerto	Paß, Hafen
Reconquista	Zurückgewinnung der von den Mauren besetzten Gebiete durch die Christen
Torreón	Wachturm
Vega	Fruchtbare Ebene, Landstrich
Venta	Schenke, Ausflugslokal
Virgen	Jungfrau Maria
Derecha	Rechts
Izquierda	Links
Seguido	Geradeaus

Register

Die gerade stehenden Ziffern verweisen auf die Textseiten, die *kursiven* auf die Seiten mit Abbildungen; Zusatz (R) bei den Radtouren.

Bildnachweis

Gunda Amberg, Gröbenzell: 2/3, 85, 163, 167
Dieter Herbrecht, München: 11, 148
Bildarchiv Mauritius (Foto: Kord): Einband/Vorderseite
Rudolf A. Steiger, Germering: Einband/Rückseite, 10, 12, 32, 35, 46/47, 54, 88, 92/93, 97, 101, 105, 109, 114, 114/115, 126, 131, 135, 143, 149, 152, 169, 177, 179.
Alle übrigen Fotos stammen vom Autor des Buches.

Die Tourenkärtchen und die Übersichtskarte zeichnete Eugen E.Hüsler, Dietramszell.

Wanderführer von Bruckmann

Henning Böhme
Wanderungen auf Mallorca

Henning Bohme
Wanderungen im Harz

Helmut Dumler
Wanderungen am Gardasee
40 Touren zwischen Monte Baldo und Adamello, Trient und Verona.
Mit Tips für Surfer und Mountainbiker.

Helmut Dumler
Wanderungen in der Eifel
40 Touren mit den Mosel-Höhenwegen und einem Verzeichnis der Hauptwanderwege des Eifelvereins.

Helmut Dumler
Wanderungen in der Toskana
Städte – Inseln – Berge

Gert Hirner
Wanderungen auf dem Peloponnes

Gert Hirner/Jakob Murböck
Wanderungen auf Kreta

Gert Hirner
Wanderungen auf Korsika
Mit GR 20 und Tra Mare e Monti

Maria und Bernd Riffler
Wanderungen in der Provence

Sonderband
Die schönsten Wanderungen am Mittelmeer
33 Touren auf Kreta, dem Peloponnes, Korsika, in der Toskana, in Ligurien und auf Mallorca.

Martin Locher/Holger Wolandt
Wanderungen in Ligurien

Bruckmann Verlag

Helmut Dumler, geb. 1940 in Augsburg, ist einer der meistgelesenen Wanderbuch-Autoren. Seit 1968 arbeitet er als freier Journalist und veröffentlichte seither mehr als 100 Bücher. Außerdem ist er tätig als Vortragsreferent und als Reiseleiter. Von Helmut Dumler erschienen zuletzt in dieser Reihe »Wanderungen in Umbrien«, »Wanderungen im Bayerischen Wald« und »Gipfelziele in den Allgäuer Alpen«.

Für den Naturfreund und Wanderer hält Andalusien, Spaniens südlichste Region, eine außerordentliche Vielfalt bereit: hügelige Hochflächen mit endlosen Olivenhainen und wogenden Sonnenblumenfeldern, Korkeichenwälder, Dünengürtel und feuchtheiße »marismas«, Sumpfgebiete im Delta des Guadalquivir, das felsige Szenario des Torcal de Antequera, weiße Dörfer an den Hängen der Alpujarras, die Höhlenwohnungen der »gitanos«, aber auch die Kunstschätze der fünf großen Städte in Andalusien.

Die Südspitze der Iberischen Halbinsel bildet eine Kultur- und Naturlandschaft, in der sich die Gegensätze anziehen. In Gibraltar berühren sich Afrika und Europa, nur wenige Kilometer hinter der Küste steigen die Berge bis über dreitausend Meter an. Und wo könnte der Gegensatz zu den kargen Sierras größer sein als im Nationalpark Coto de Doñana, einer Urlandschaft aus Wald, Sumpf und Dünen, wo Luchse und Königsadler leben, Flamingos und Störche zu beobachten sind.

Im Anhang zu jeder der 40 Touren, die fünf längere Etappen mit dem Fahrrad einschließen, findet der Leser alle notwendigen Informationen wie Gehzeiten, Höhenunterschiede, Einkehr- und Unterkunftsmöglichkeiten samt Campingplätzen und Jugendherbergen, Verkehrsverbindungen, Karten- und Literaturhinweise. Wegeskizzen, Stadtpläne und landschaftstypische Fotos vervollständigen die vom Autor exakt beschriebenen Touren, darunter zahlreiche »Erstbegehungen« im faszinierenden Andalusien.